公共服务法治化研究

GONGGONG FUWU FAZHIHUA YANJIU

杨清望◎著

中南大学出版社
www.csupress.com.cn
·长沙·

图书在版编目(CIP)数据

公共服务法治化研究 / 杨清望著. —长沙：中南
大学出版社，2020.10

　　ISBN 978 - 7 - 5487 - 3555 - 7

　　Ⅰ.①公… Ⅱ.①杨… Ⅲ.①公共服务—法治—研究
—中国 Ⅳ.①D922.110.4

中国版本图书馆 CIP 数据核字(2019)第 017292 号

公共服务法治化研究

杨清望　著

□责任编辑	沈常阳	
□责任印制	易红卫	
□出版发行	中南大学出版社	
	社址：长沙市麓山南路	邮编：410083
	发行科电话：0731 - 88876770	传真：0731 - 88710482
□印　　装	湖南省汇昌印务有限公司	

□开　　本	710 mm×1000 mm 1/16　　□印张 17　　□字数 324 千字
□版　　次	2020 年 7 月第 1 版　　□2020 年 10 月第 1 次印刷
□书　　号	ISBN 978 - 7 - 5487 - 3555 - 7
□定　　价	65.00 元

图书出现印装问题，请与经销商调换

前言 Preface

　　我国社会主要矛盾已经转化为人民日益增长的美好生活需要和不平衡不充分的发展之间的矛盾。改革开放初期，我国经济落后、物质匮乏，社会主要矛盾是人民日益增长的物质文化需要同落后的社会生产之间的矛盾，此时，以经济建设为主线的政府行为逻辑具有深刻的必然性和合理性。但随着经济社会的巨大发展，一些深层次问题又暴露出来。特别是在公共服务诸领域，出现了一系列问题。"城乡、区域、经济社会发展很不平衡，人口资源环境压力加大；就业、社会保障、收入分配、教育、医疗、住房、安全生产、社会治安等方面关系群众切身利益的问题比较突出。"①这引发了一系列社会矛盾，严重影响经济的可持续发展和社会和谐稳定。

　　在此背景下，必须对传统的"建设型政府"体制进行深刻变革。"转变政府职能"成为政府改革的核心议题。改变政府管理模式，构建服务型政府，促进全面建成小康社会，便理所当然成为政府改革的具体目标。1995 年前后，学界开始探讨"服务行政"概念，并于 1998 年前后正式提出"服务型政府"的概念。2004 年 2 月 21 日，温家宝在中央党校省部级主要领导干部"树立和落实科学发展观"专题研究班结业式上正式提出"建设服务型政府"的目标。2006 年 10 月，中国共产党第十六届六中全会通过《关于构建社会主义和谐社会若干重大问题的决定》，进一步明确要求"建设服务型政府，强化社会管理和公共服务职能"。

---

① 参见《中共中央关于构建社会主义和谐社会若干重大问题的决定》，《人民日报》2006 年 10 月 19 日，第 1 版。

这是"服务型政府"第一次被写入党的指导性文件当中。2007 年 10 月 15 日，中国共产党第十七次全国代表大会的报告中再次把"加快行政管理体制改革，建设服务型政府"作为发展社会主义民主政治的重要内容而予以强调。2008 年 2 月 23 日，胡锦涛在中共中央政治局第四次集体学习时强调要"扎扎实实推进服务型政府建设，全面提高为人民服务能力和水平"，确立了建设服务型政府的基本纲领。2019 年 10 月 31 日，党的十九届四中全会《中共中央关于坚持和完善中国特色社会主义制度 推进国家治理体系和治理能力现代化若干重大问题的决定》进一步指出："必须坚持一切行政机关为人民服务、对人民负责、受人民监督，创新行政方式，提高行政效能，建设人民满意的服务型政府。"

服务型政府建设的一个根本保证在于推进公共服务法治化建设。2012 年 7 月 11 日，国务院正式印发了《国家基本公共服务体系"十二五"规划》（以下简称《"十二五"规划》），提出到 2020 年"基本实现基本公共服务均等化"的目标。2014 年 10 月，党的十八届四中全会审议通过《中共中央关于全面推进依法治国若干重大问题的决定》，其中"关于加强重点领域立法"方面指出："依法加强和规范公共服务，完善教育、就业、收入分配、社会保障、医疗卫生、食品安全、扶贫、慈善、社会救助和妇女儿童、老年人、残疾人合法权益保护等方面的法律法规。"2017 年 10 月，习近平在党的十九大报告中进一步指出，"要抓住人民最关心最直接最现实的利益问题……完善公共服务体系，保障群众基本生活，不断满足人民日益增长的美好生活需要"，并从教育、就业、社会保障、医疗卫生、国家安全等七个方面论述了如何"提高保障和改善民生水平，加强和创新社会治理"。2019 年 10 月 31 日，党的十九届四中全会《决定》进一步指出："必须健全幼有所育、学有所教、劳有所得、病有所医、老有所养、住有所居、弱有所扶等方面国家基本公共服务制度体系，尽力而为，量力而行，注重加强普惠性、基础性、兜底性民生建设，保障群众基本生活。创新公共服务提供方式，鼓励支持社会力量兴办公益事业，满足人民多层次多样化需求，使改革发展成果更多更公平惠及全体人民。"目前，虽然我国公共服务功能性立法已有不少，如就业促进法、义务教育法、劳动合同法、药品管理法、道路交通安全法、水污染防治法、大气污染防治法等，政府也在不断制定公共服务相关法规、规章和政策，但是"住不起房、看不起病、上不起学"等社会问题并没得到有效化解。这就产生一种两难困境：第一，就普通民众而言，有关公共服务的立法越来越多，但是公共服务法律体系却没有建立起来，公民对公共服务的"应有权利"并没有全部有效转化为"实有权利"；第二，就政府而言，政府在不断推进传统服务方式的改变（例如电子化办公等），但真正以服务型政府理念为指导，真正"以服务行政模式履行政府法定义务"的体制机制架构仍然难言完全实现。所以，如何满足人民群众日益增长的公共服务需要与政府服务能力不足之间的矛盾成为我国推进经济社会持续发展和政府治理能力提升的巨大阻碍。因此，如何落实十九届四中全会《决定》的精神，建构基本公共服务法律体系，促进公共服务法治化成为重大时代课题。

　　与公共管理学界、经济学界对公共服务的热烈研究不同，法学界对公共服务的研究一直不够精细、深入，不能有效回应我国公共服务法治化建设的实践要求。为此，本书从法学的视角对公共服务法治化建设的理论脉络、法理依据、实践经验、内容体系、运行机制、保障措施等展开全面研究，试图推进我国公共服务法治化的理论发展和制度建设。本书总体构成如下：第一章，公共服务法治化概述。重点论述公共服务的概念和种类，明晰公共服务特别是纯公共服务具有的非排他性、非竞争性、非营利性特点，并由此勾勒出公共服务法治化的基本框架。第二章，西方公共服务提供的基本理论。重点介绍福斯多夫"生存照顾"理论、蒂特马斯"福利国家"理论、马歇尔"公民资格"理论、登哈特夫妇"新公共服务"理论等的形成、演变及不足，总结归纳其科学要素，阐述其对我国公共服务法治化建设的启示意义。第三章，公共服务权利与义务的法理。重点研究公共服务权利和义务的理论证成，并探讨权利与义务的边界和公共服务立法的基本原则。第四章，公共服务建设法治化的西方经验和中国实践。介绍我国公共服务不足、不均和不便难题的表现，并由此为解决方法奠定基础。第五章，公共服务的意义域与内容体系。由公共服务对于个体、社会和国家的意义来框定公共服务的内容体系。第六章，政府提供公共服务均等化的法治保障。通过我国与西方在公共服务均等化方面的比较研究，为推进我们公共服务均等化的法治保障提供经验借鉴。第七章，公共服务供给模式的法律规制。寻找国家—市场—社会多元结合的供给路径，为丰富公共服务供给途径提供探索。第八章，公共服务评估机制的建构，通过建构公共服务评估体系确保公共服务提供的合目的性。第九章，公共服务保障体系法治建设。分析财政、基础设施、科技等保障手段的作用。第十章，公共服务监督管理与法律责任。结合公共服务监督管理的现状，分析公共服务提供中的法律责任的基本形式及认定方法，完善公共服务的法律救济制度机制。

目录 Contents

第一章 公共服务法治化概述

第一节 公共服务概述

一、公共服务的概念

公共服务是一个广为人知而又难以界定的术语。政府为社会提供法律、政策、公共设施等被称为公共服务,非政府组织、部门,甚至单一个体提供一定范围的服务有时也被称为公共服务。概念的混乱导致认识上的偏差,其中之一便是对公共服务供给方式认识上的不一,故公共服务概念的界定将有助于对公共服务供给的研究,也有助于人们正确认识公共服务。

"公共"一词,从汉语语源上看,出自《史记·张释之冯唐列传》:"释之曰:'法者天子所与天下公共也。今法如此而更重之,是法不信于民也。'"意在从性质上指称"公有的;公用的";从主体上看,也指称"大家""公众"。例如,(唐)罗隐《谗书·丹商非不肖》:"盖陶唐欲推大器于公共,故先以不肖之名废之。"从形式上讲,也指"共同",如苏辙《论御试策题札子》之二:"臣愿陛下明诏,臣等公共商议,见其可而后行,审其失而后罢。"①从特征上讲,公共是指可以同时供许多人使用,也就是指非排他性和非竞争性,即无法阻止某个人使用。根据《辞海》的解释,"公共"意指"属于社会的;公有公用的"。

"服务"一词,是指为他人做事,并使他人从中受益的一种有偿或无偿的活动。这种活动是指不以实物形式而以提供劳动的形式满足他人的某种特殊需要。"服务"一词在四种意义上使用:①为社会或他人利益办事。如孙中山《民权主义》第三讲:"人人应该以服务为目的,不当以夺取为目的。"②任职。如朱

---

① https://baike.baidu.com/item/%E5%85%AC%E5%85%B1/3398497?fr=aladdin.

自清《回来杂记》："回到北平来，回到原来服务的学校里，好些老工友见了面用道地的北平话道：'您回来啦！'"邹韬奋《患难余生记》第二章："后来他在上海《商报》，我也在上海《时事新报》服务，算是报界同人。"③贸易方面。服务是个人或社会组织为消费者直接或凭借某种工具、设备、设施和媒体等间接做的工作或进行的一种经济活动，是向消费者个人或企业提供的，旨在满足对方某种特定需求的一种活动，其生产可能与物质产品有关，也可能无关，是对其他经济单位的个人、商品或服务增加价值，并主要以活动形式展现其使用价值或效用。④ITIL，即 IT 行业服务管理库。服务是为客户提供价值的一种手段，使客户不用承担额外的成本和风险就可获得所期望的结果。① 根据《辞海》的解释，"服务"意指三重意思，①履行职务。如责任在身，自当服务。②任职。如他服务于政府机关。③替社会、别人做事。如人生当以服务为目的。②

在英语中，"公共"一词对应"public"，其来源于拉丁语 pūblicus，作为形容词，它包含四重意思：①是或属于人民、国家或社区的；②公共的、一般的；③公职人员、治安法官；④等同于拉丁语中的 pūblicum，即公共财产、公用设施等。③ 根据《柯林斯英语词典》，从词性上看，其有形容词和名词两种。作为名词，它意指"公众、民众、听众"等；作为"服务"（service），它由作为形容词的public 修饰，包括四重基本含义：①from people，表示获得公众认可支持的观点，即"公众的"；②for people，表示为公众所使用的公共设施、公共服务、公共建筑，如图书馆等，即"公共的"；③not private，一是用来表示一些公开的会议、宣言等，此即"公开的"，二是用来指一些社会性的职位、角色或者生活，此即"社会性的"；④state，用来表示国家的财政资金、财政支出、国家性服务等，此即"国家的"。

"服务"一词对应"service"，其来源于拉丁语 serva 或 servus，原意指"仆人、奴隶"。④ 根据《柯林斯英语词典》，现代英文中 service 一词是在八种意义上使用的，其中六种意思与公共服务相关：一是指服务设施（facility）；二是指酒店、宾馆服务；三是指公共交通（火车、公共汽车）服务；四是指任职服务；五是指公共服务业务，例如邮政业；六是指某种仪式，例如宗教仪式服务。

汉语中将"公共"与"服务"合成"公共服务"一词的做法来源于英文"public service"。根据《柯林斯英语词典》，public service 有以下几重含义：第一，公共

① https：//baike. baidu. com/item/% E6% 9C% 8D% E5% 8A% A1/85523
② http：//www. cihai123. com/cidian/1062032. html
③ https：//en. wiktionary. org/wiki/publicus#Latin
④ https：//en. wiktionary. org/wiki/serva#Latin

服务是指由政府或官方机构为某一特定社会的全体人民谋福利而组织的医疗保健、交通运输或废物清除等服务。第二，公共服务是指由政府提供或支付的活动和工作，尤其是通过公务员提供的活动和工作。第三，公共服务广播是由官方或政府组织而不是由商业公司提供的电视和广播节目，这类节目经常提供信息格式教育和娱乐。第四，公共服务活动和工作类型关心的是帮助人们，为他们提供他们所需要的，而不是赚取利润。第五，如果您执行了一项公共服务，意味着您做了一些帮助他人或使特定社区中的人受益的事情。《牛津高阶英汉双解词典》将公共服务界定为："①公共事业，公营事业；②公益事业（或服务）；③政府、政府部门。"①

　　总之，"公共服务"是 21 世纪公共行政和政府改革的核心概念。笔者认为，公共服务是指行政机关及相关主体为保障公民基本生存条件并满足社会公共需要，向社会成员提供无差别的公共产品和公共服务的行为。这些公共服务中除基本公共服务由政府直接生产提供外，其他公共服务应由市场生产为主，政府间接提供，政府是所有公共服务提供的责任承担者。

二、公共服务与公共物品

　　探讨公共服务很难避开公共物品理论，因为英美等西方国家对公共服务的研究肇始于经济学领域，而经济学与之对应的术语是公共物品，所以此处用简短篇幅对公共物品予以介绍。最为经典的公共物品定义是 20 世纪 50 年代由美国经济学家萨缪尔森所确定的。萨缪尔森指出公共物品是具有非排他性和非竞争性的物品。根据萨缪尔森的研究，他认为公共物品具有两个特性：一是非排他性，二是非竞争性。公共物品的特性决定了某个人对公共物品的消费并不会减少或者削弱其他人的消费。公共物品的这种特性也使得市场无法有效提供。

　　最早关于公共物品的论述见于英国著名思想家霍布斯所著《利维坦》一书。在该书中，霍布斯提出了"大家的和平和共同的防卫"，这种由政府所提供的治安和国防性质的服务被认为是公共物品。随后，英国经济学家威廉·配第在《赋税论》中论述了公共物品存在的必要性。英国著名经济学家亚当·斯密认为国家有三项职能：国防治安、司法、建设公共设施；指出向社会提供普遍公共物品是国家的职能之一，政府提供公共服务是对市场功能的有效替代。到了19 世纪，英国著名思想家穆勒提出公共物品的提供是必要的，由于收费的困难，使得很少有私人团体自愿提供，因此诸如道路、公共卫生等应当由政府提供。以上学者的研究不同程度地论及公共物品这一特殊物品存在的必要性以及

---

①　牛津高阶英汉双解词典［M］.8 版.北京：商务印书馆，2014：1654.

该物品的特性,虽未形成完整理论,但为后人继续研究奠定了基础。第一个正式提出公共物品概念的是美国财政学家林达尔,他指出:"公共物品是国家对人民的一般给付,个人或者集团通过赋税的形式购买公共物品。"①20世纪50年代,美国经济学家萨缪尔森在一系列文章中对公共物品进行了论述。至此,公共物品理论正式形成。

公共服务、公共产品和公共物品三个概念在很多情况下被人混用,人们并未对其予以严格区分。经济学中一般将公共物品、公共服务、公共产品均以公共产品指称,行政管理学一般将公共物品区分为公共服务和公共产品,在这里公共物品是公共服务的上位概念。相比较而言,法学上对公共服务、公共物品研究较少,一般使用公共产品的概念。陈云良教授从法学角度给出了公共物品的定义,并将公共物品作为公共服务和公共产品的种概念。② 公共产品和公共物品,在一般意义上来说,特指具有一定物理形态的具体物体,而公共服务的提供不但包括具体的公共服务项目,还包括提供服务这样一种行为过程。也可以这样说,公共服务的一部分是以公共物品的形式提供,另一部分是以公共服务行为本身这一过程作为提供对象。公共服务的范畴是宽于公共物品的,因为政府提供的公共服务不限于公共物品,还有提供服务的行为过程,所以本书以公共服务而非公共物品作为研究对象。

三、公共服务的种类

公共服务的种类与公共服务的概念密切相关。学者对于公共服务有着不同的理解,李军鹏认为:"公共服务是指政府为满足社会公共需要而提供的产品与服务的总称;它是由以政府机关为主的公共部门生产的、供全社会所有公民共同消费、平等享受的社会产品。"③有些学者把公共服务与公共产品等同起来,如江民融认为:"公共产品与公共服务是一致的概念。"④而刘星认为:"公共服务可以从动态和静态这两方面来理解,作为动态的公共服务,是公共服务机构所从事的满足公共需求的活动;作为静态的公共服务,是活动的结果,在这个层面上公共服务也就是公共产品,即公共服务产品。"⑤萨缪尔森认为:"公共产品(public goods)是指这样一类商品:将该商品的效用扩展于他人的成本为

---

① 赵成根.新公共管理改革——不断塑造新的平衡[M].北京:北京大学出版社,2007:56.
② 陈云良.服务型政府的公共服务义务[J].人民论坛,2010(29):10.
③ 李军鹏.公共服务学——政府公共服务的理论与实践[M].北京:国家行政学院出版社,2007:2.
④ 江民融.公共服务均等化问题研究[D].厦门:厦门大学,2007:26.
⑤ 刘星.服务型政府:理论反思与制度创新[M].北京:中国政法大学出版社,2007:156.

零；无法排除他人共享。"①袁宏曙教授认为："公共服务就是一个公共团体所从事的、目的在于满足普遍利益需要的各项活动。"②唐铁汉、李军鹏指出公共服务就是政府为满足社会公共需要而提供的产品与服务的总称，而且这种服务主要由政府予以生产、提供，全体社会成员无差别享有③。袁宏曙提出公共服务的主体是公共团体，此处的公共团体包括政府，但不限于政府，还应包括市场等。这一定义指出了公共服务供给的多元化主体，但并未明确公共服务的责任承担者。根据前文对公共服务和公共物品的分析，我们知道提供公共产品的行为实际上也是一种服务行为，服务的提供包括公共产品的提供，前者的范围宽于后者，后者应当包含于前者；再者，服务的生产、提供究竟主要应当由政府还是由其他主体担当，与一国的历史状况、自然资源以及当时生产力发展水平等密切相关，不能一概而论，所以唐铁汉、李军鹏所指公共服务主要由政府生产和提供也不能令人满意。

总之，从供给主体来看，公共服务的供给可以分为政府供给、市场供给和多元供给等方式。公共服务的基本范围或者说基本公共服务包括医疗卫生、义务教育、社会救济、就业服务和养老保险等项目④。这些都是与公民的生活密切相关的服务，直接影响到公民的生存和发展。从重要性程度上来分，可以分为基本公共服务和非基本公共服务。从表现形式上看，可以分为公共产品和服务行为本身，包括加强城乡公共设施建设，发展教育、科技、文化、卫生、体育等公共事业，为社会公众参与社会经济、政治、文化活动等提供保障。公共服务以合作为基础，包括加强城乡公共设施建设，强调政府的服务性，强调公民的权利。⑤ 按照《国家基本公共服务"十二五"规划》，公共服务内容体系构成为：基本公共教育、劳动就业服务、社会保险、基本社会服务、人口和计划生育、基本住房保障、公共文化体育和残疾人基本公共服务等九个方面。

四、公共服务的特征

根据公共产品理论创始人萨缪尔森的观点，公共服务本质上具有公共产品的三大基本属性：非竞争性、非排他性、非营利性。但是这种观点基本是将公共产品等同于传统的纯公共产品，现在的公共产品和公共服务提供正呈现出多

---

① 萨缪尔森，诺德豪斯.经济学[M].18 版.萧琛，译.北京：人民邮电出版社，2008：32.

② 袁宏曙.服务型政府互换公法转型——论通过公法变革优化公共服务[J].中国法学，2006(3)：46.

③ 唐铁汉，李军鹏.公共服务的理论演变与发展过程[J].新视野，2005(6)：36.

④ 国家发展改革委宏观经济研究院课题组.促进我国的基本公共服务均等化[J].宏观经济研究，2008 (5)：7-8.

⑤ https：//baike.baidu.com/item/%E5%85%AC%E5%85%B1%E6%9C%8D%E5%8A%A1.

样化的趋势,而且不同领域的公共服务既具有一些共同的公共服务特征,同时也具有自己的特殊规定性。本书第三章进一步阐明,人性尊严维度下的基本公共服务和人性自由维度下的非基本公共服务共同构成了全面的公共服务体系。二者具有不同的属性,但也共享如下基本特征。

(一)公共性

所谓公共性,指的是两层意思:一是公共服务为每个公民所享有,二是每个公民享有最广泛的公共服务。公共性要求政府提供公共服务必须面向社会大众,包括公共设施的公有性、公共服务目的的公益性、公共服务形式的共存性。按照经济学基本理论,公共产品产生于市场经济的"失灵"之处,是与私人产品相对应的一个概念。国内大多数学者正是参照一般公共产品的分析框架,来分析公共产品和服务的特性及其产生的理由的。例如,对公共文化产品的理解,学者们认为,文化产品应该根据其"公共性"的高低分为三类:第一类是纯公共文化产品,是指内容意义的"公共性"特别高,即直接关系到国家文化主权、文化信息安全或社会稳定,或与国家和民族文化创新、传承直接相关的文化产品;第二类是准公共文化产品,是指其内容意义的"公共性"较高,但与国家文化主权、文化信息安全不直接相关的文化产品;第三类是私人文化产品,是指其内容意义的"公共性"较低,并且与国家文化主权、文化信息安全和社会稳定关联不大的文化产品。①

学界对公共服务的范围有两层误解:首先,学界普遍认为,这仅仅指公民在享有"基本"公共服务方面具有公共性或者普遍性;其次,这种"基本"公共服务为每个成员应该或者实际享有。但这恰恰是对公共服务作用于主体范围的误解。这种理解(误解)充其量只是一种理论的逻辑,而现实的逻辑是只有社会弱势群体和中产阶级才需要切实的"生存照顾"意义上的公共服务,因为特权阶层或者富有者根本不需要这种"生存照顾"。所以,不是"基本"公共服务而是非基本公共服务才是社会各个阶层都普遍需要的。对这种普遍性程度理解的错置将非基本公共服务排除在公共服务法治体系建设之外,实是一种不明智之举。这要求:一是被服务主体具有普遍性,不同地域、民族、信仰、性别、职务等的公民都具有接受基本公共服务的权利。二是被服务主体之间具有平等性,以及

① 在文化产品的分类中,国内学者的论述基本一致。具体可参见闫平.文化产品和服务的公共性与公益就性文化事业建设[J].山东社会科学,2008(12).以及齐勇峰.论市场经济条件下公共文化服务事业的改革和发展[C]//文化部社图司、中国文化报社.中国公共文化服务体系建设论丛.2005.("全国公共文化服务体系建设交流研讨会"会议论文集)。

服务者与被服务者间也具有平等性，在态度上需要无差别地为社会公众提供基本公共服务。

公共性中最关键的是公益性。政府提供的公共服务是不以营利为目的，而是以满足公众基本需求为目的，追求的是社会效益的最大化，体现的是国家的公共利益。当然，公益性不代表是完全免费的，但是公共服务单位绝不能像市场服务单位那样，单纯追求经济利益，而必须把社会效益放在首位，始终坚持公益的原则，实行非营利的公共服务。

(二) 变化性

公共服务普遍具有变化性的特征。实践和理论都表明，公共服务的范围不是一成不变的，而是发展变化的。国家的经济发展水平、政府提供公共服务的能力、公共服务行业的差别、公共服务需求的变化等都可能对公共服务范围产生影响。

公共服务的变化性主要表现为对公共产品的不断发展需求。例如，就个体文化需求(服务)而言，文化产品往往具有一次性消费的特点，如电视、电影、戏曲，观众往往只看一遍，所以其变动性更加明显；就集体文化需求(服务)而言，文化权利的具体样态也千变万化，所以"集体文化权利，特别是社区文化权利，应尊重社区的动态特征及其文化"[1]。民族文化需求(服务)和国家文化需求(服务)的变化性，其速度相对要缓慢一点，变化范围相对要小一些，但是仍然会在不同的时代背景下特别是当下全球化背景下体现不同的要求。

(三) 竞争性

传统理论认为，公共服务具有非竞争性的基本特征。1954年，萨缪尔森在《公共支出的纯理论》一文中给出了公共产品的经典定义：公共产品是指在消费上具有非竞争性和受益上具有非排他性的产品。由于市场方式提供具有"搭便车"、投资不足、规模经济上缺乏效率等问题，而具有强制力的政府则可以克服市场供给的诸多缺陷，因而政府应为公共产品的天然提供者。随着公共产品供给理论的进一步发展，学者们意识到，根据公共产品所具有的非排他性和非竞争性程度，可将公共产品分为纯粹的公共产品和准公共产品。

例如，就文化服务和文化产品而言，单纯的政策扶持并不利于提升文化产品的品质，更不能由此带来文化大繁荣，充其量只是文化产量的繁荣。所以，

---

[1] Yvonne Donders, FOUNDATIONS OF COLLECTIVE CULTURAL RIGHTS IN INTERNATIONAL HUMAN RIGHTS LAW, Amsterdam Law School Legal Studies Research Paper No. 2015 – 23, p. 18.

必须确保基本文化市场的繁荣，维护公共文化服务的竞争性，才能为各个主体特别是公民文化权的实现提供切实的基础。所以，大多数文化产品应该交由市场提供，政府采购不能变成对落后文化产业的垄断保护。

（四）地域性

所谓地域性，是指公共服务不但在国家和地区之间存在差别，而且即使在同一个国家的同一个省、市、县甚至乡村之间都存在差别。公共服务的地域性来源于权利实现条件的地域性和地方财力的限制性。例如，公共文化服务的地域性就是"文化相对主义"的体现，其基本公共文化服务内容也必然不同。而且，公共文化服务只有切合地方的"民情"才能有鲜活的生命力。由此，国家公共文化服务立法必须在把握公共文化服务需求的地域差别的情况下，抽象共同的文化权利；在界定公共文化服务的概念和定义时，必须考虑我国的具体特征，否则对公共文化服务概念的理解很可能是空洞的。此外，国家层面的立法又不宜过多过细规定基本公共文化服务的形式，而是鼓励地方在《立法法》赋予的立法权限内，通过地方立法的形式来保护和发展地方的公共文化服务。

（五）法定性

如上所述，公共服务的有效提供必须基于法律的规定，也就是说一定要规定为法律权利和法律义务，这样才具有请求权基础。而且不仅如此，基本公共服务权利是人的基本人权实现的保障，是人之所以为人的保障，所以还应该被拓展为公民的一项基本权利，从而上升为一项宪法权利。对非基本公共服务而言，它同样十分重要，因为人有价值实现的要求，社会也需要个人充分发挥才能，而不是只保证人能够从肉体上活着。所以，这些非基本公共服务的保障也需要法律化，亦即权利化和义务化，而不能仅仅停留在道德权利的层面或者以经济水平发展不够来延缓它的实现。

（六）公平性

学界普遍认为，基本公共服务具有公平性的特征，即每个公民都平等享有基本公共服务的权利，基本公共服务应该覆盖全社会。普遍性是基本公共服务权利的基本要求，也是基本公共服务内容发展的内在必然。然而恰恰相反，基本公共服务权利的"平等"不是强调普遍性而是强调特殊性。公民享有基本公共服务和社会保障的"资格"在法律上来源于"公民身份"，这是一种法律和逻辑上的普遍性；然而在现实上却来源于部分公民陷入困难的现实，基本公共服务是对其进行"生存照顾"。这恰恰是一种"不平等"，不过这是一种具有"德性"的不平等。但是，在任何特定的阶段，它都不具有所有公民都平等享有的那种意义上的普遍性。即使对那些目前生活虽然不需要国家给付但将来随时可能处于基本生活水准之下的公民来说也是如此。所以，公共服务的公平性更应该指向所有的公共服务，这样既从静态上保证社会弱势群体获得良好的保障，也能从动态上保障那些在市场竞争等方面产生的失败者；既强调公共服务和社会保障对弱势群体人格尊严保护的跟踪或者跟进，更强调其对公民基于人性自由而实现自我和社会发展的激励和助推。

第二节　公共服务的基本原则

一、普惠均等原则

普惠均等原则设定的根本依据在于改革开放之后不断扩大的城乡差距，其要解决的是政府服务不足和不均的问题。

改革开放四十多年来，我国的经济建设着眼于做大经济总量（即"做大蛋糕"）和不断调整经济结构，促进经济的可持续发展，即"做好蛋糕"。由此我国的经济建设取得了巨大的成绩，GDP 总量已经超过日本跃居世界第二位。但是伴随这种巨大成就而来的是城乡差距和贫富差距不断扩大。根据联合国开发署2005 年公布的数据，与中国经济的快速增长相比，中国的社会发展处于中等偏下水平，在世界排名中名列前 100 名之外；基尼系数连续数年超过国际警戒线。经济社会发展不均衡等一些深层次问题进一步显现出来，具体表现在城乡居民收入不均等、不同群体之福利水平和社会保障等基本公共服务方面的差距进一步扩大。就公共服务本身而言，公共服务供给的总量不足，政府在公共服务整体供给上并不均衡。例如，政府对社会中弱势群体、贫困人口的照顾仍然不够，导致一部分群众缺乏基本生活保障；农村基础设施建设普遍比较落后，信息的传播和教育也有很大障碍。同时涉及农村可持续发展中的公共服务短缺，包括农村的教育、医疗保障以及环境保护等方面。这些公共服务对于提高农村的可持续发展具有重要意义，但是目前政府的投入还不够，这不仅损害了农民的利益，更会威胁到国家的长治久安和经济的可持续发展。显然，如何合理分配社会财富即"分好蛋糕"，怎样有效解决服务不足和不均，如何将做大蛋糕、做好蛋糕和分好蛋糕有机协调统一起来，已经成为重大的理论问题和实践问题。

毫无疑问，普惠均等原则就是要解决"分好蛋糕"这一根本问题。通过完善政府服务的内容，从经济调节、市场监管、社会管理等政务服务和公共服务基本方面入手，在基础公共设施、公用事业、社会性服务、公共安全等方面提供系统的服务。

从理论上讲，普惠均等原则强调以人为本，是公平正义原则的体现。公平和正义历来是法律最为重要的一个价值，是人类社会的基本价值取向和行为标准。在西方，柏拉图首先提出了比较完整的正义理论，将正义看作是社会和谐的表现。罗尔斯在也曾在其巨著《正义论》中提出过正义的一般观念："所有的社会基本善——自由和机会、收入和财富及自尊的基础——都应该被平等地分配，除非对一些或所有社会基本善的一种不平等的分配有利于最不利者。"温家宝也指出："公平正义比太阳还要有光辉。"所以，必须加紧建设对保障社会公平正义具有重大作用的制度，保障社会公平正义，完善民主权利保障制度、法律制度、司法体制机制、社会保障制度等。因此，必须在相关立法中设定这一原则，规定行政机关向全体社会成员普遍平等提供政府服务，保证公平公正。

二、水平适当原则

水平适当原则源于"分好蛋糕"的根本要求。普惠均等原则强调的是静态意义上服务产品的公平提供，而水平适当原则强调的是动态意义上服务产品的可持续提供；前者着眼于公共产品的分配，二者着眼于公共产品分配后的社会效应乃至对于整个社会可持续发展的支配意义。

自 20 世纪 80 年代以来，伴随着改革开放我国经历了巨大的社会变迁，在全面建设小康社会时期，居民的个人生活水平不断提高。随着生活水平的提高，人们基本生存需求得到了满足，因此人们最需要的东西从私人物品转变成公共服务，各种数据都表明公众对公共服务的需求呈现出不断增长的趋势，对公共服务需求的层次也在不断提高。例如，群众对缩小收入差距、实现社会再分配的要求更为迫切，公共安全和环境保护成为全社会普遍需要的公共服务，社会化的发展不断需要新的、数量更多、质量要求更高的公共服务。民众对公共服务需求的提高，使政府在增加服务数量和质量方面都承担了巨大的压力。但是，在急剧增长的公共服务需求压力下却出现了公共服务供给总量不足与局部公共服务供给过奢的矛盾。在少数边远贫困落后地区，在人们温饱问题尚不能完全解决的情况下，有些政府部门还斥巨资大力修建高档宾馆、休闲娱乐广场等，名义上是提高居民的生活条件，但实际上这些公共服务的利用率极为低下，极大地浪费了公共资源。因此，政府必须从地区的实际需求出发，在经济条件允许的条件下同步增加公共服务，在保证基本公共服务得到满足的情况下提供更多有效率的公共服务。

政府应当从提供普遍的、基本的、大众的公共服务迈向多元化的公共服务，如基础教育、公共医疗卫生、社会保障、弱势群体保护、环境保护、收入分配、公共设施等诸多方面，克服"一条腿长、一条腿短"的弊端。提出水平适当原则旨在解决中央一再强调的公共服务总量不足的问题，主张公共服务供给充沛而且又不超越社会的承受能力。由此可见，水平适当原则不仅仅旨在解决公共服务供给不足的问题，同时也包含了经济同比例增加、不要过度、可持续发展等深刻含义。

三、便民原则

便民原则要解决的是如何使民众享受到高效便捷的服务。

政府的基本职能就是为人民群众提供公共服务，而有效提供公共服务归根结底在于促进经济发展和提高人民群众的福利。政府服务的基本职能在于不断满足人民群众的需求，提高社会的整体福利。让人民群众满意，是政府提供公共服务最首要的义务。

政府为人民群众提供公共服务必须及时高效。当下，我国正处于从传统农业社会向工业社会加速转型的关键时期，此时由于我国经济结构和社会结构的急剧变化，人口、教育、医疗卫生和环境等方面的问题日益突显，使得目前政府公共服务的供给捉襟见肘，但这些恰恰都是人民群众最为需求的基本公共服务，社会权利分化导致的不均衡需要政府提高公共服务的效率，解决因市场的功能性缺陷所导致的社会问题，尤其是城乡公共服务供给的不均衡严重影响社会的稳定，直接导致很多农村贫困群体最基本的生存权和发展权得不到保障，甚至危及党的事业，因此解决上述问题刻不容缓。政府部门必须提高为人民服务的效率，从基层开始解决最突出的社会问题，通过有效率的政府行为为人民群众提供公共服务，采取各种有效的措施方便人民群众的工作生活，以保证经济和社会的全面协调发展。

所以公共服务便民原则的核心就是要让人民满意，以方便、高效的方式提供公共服务，保证质量，不得扰民或刁难服务对象。着力改造政府服务的方式，搭建科学合理的服务平台。

四、依法服务原则

政府提供公共服务必须依法进行。

建设服务型政府关键在于转变政府职能。早期的管理型政府强调政府对经济社会的约束、管理作用，而服务型政府职能更加强调政府在促进经济、社会发展，以教育、卫生、社会保障等公共服务作为政府的职能重心的服务作用。政府职能的转变，必然会形成公权力的相互制约并且形成互相制约的内在机制，而这些机制的建立和健全必然要求政府在公共服务领域的决策程序上更民主化，在决策结果上更科学化，所以，服务型政府本身必须是一个法治政府。

我国政府就其本质而言，是依照国家根本大法建立并依据宪法原则而运作的。在我国，公民享有民主选举和监督的权力，公民通过正常的法律程序可以参与到政府的决策中来，这能很好地限制政府的权力，是"有限"服务型政府的法律保障。宪法保障了公民表达意愿的权力，政府只有尊重宪法才能在全社会树立政府的权威和公信力，才能更好地为人民群众提供公共服务，增进人民的幸福、社会的安定以及促进社会的和谐发展。服务型政府的角色定位在于服务者，因此政府的服务必须符合公民的意志，必须以反映公民意志的法律作为依据提供公共服务，政府权力行为必须符合法定的程序，且不能擅自扩大自己的权力，这样才能体现出政府服务者的特征。完善公民的参与制度，更需要建立健全相应的法律制度，包括民主选举制度和民主监督制度，在宪法和法律的绝对权威下行使政府的服务职能，政府的所有权力都必须来自法律，来自人民的授权，使公共服务发生在法律和人民的密切监督之下。

服务型政府必须是一个高效的、廉洁的政府。服务型政府部门行使行政权力的过程实际上是提供公共服务、履行行政职能的过程。其行为必须受到监督，违法必究这是依法行政的基本要求。在政府加强公共服务发展的同时必须依法加强监督，提高政府工作的法治化程度，防止潜在的寻租行为及腐败问题，具体可以依据《行政许可法》，完善公示制度、听证制度、监督检查制度、过错责任追究制度等。整合行政许可事项，完善工作方式，既要实现行政许可行为的法治化，也要实现工作方式的便利化、节约化。规范工作流程，提高政府工作的法治化、规范化程度。依法行政的同时必须依法理财，即强调对公共预算的依法监督。已经实施的《预算法》《政府采购法》以及《税收征管法》等构成了我国的财政法律体系，但是资金分配的规范化及法治化建设仍有很大的提升空间，必须进一步完善我国的财政收入分配体系，优化公共服务的支出，严格依照并执行相关的法律法规，将法治观念贯穿于财政工作的全过程之中，提高服务型政府公务预算的法治化程度。依法建立一套有效的政府服务绩效评估机制，这样才能有效地监督政府服务工作，保证公共服务的质量并提高公共服务的效率。

第二章　西方公共服务提供的基本理论

第一节　从福利国家到公共服务：
西方公共服务理论的演变

一、理论渊源

从理论渊源上看，公共服务理论从福利国家思想发展而来。自工业革命和启蒙运动以来，由于在促进效率和发展方面的巨大优势，自由主义经济学传统成为主导性的经济理论。在古典自由主义传统理论中，市场是资源配置的主要力量，也是财富分配的主导逻辑，国家充当的是"守夜人"的角色，对公民仅仅承担"补充责任"或者"剩余责任"。这种市场至上的理论带来了资本主义的巨大发展，但是也带来日益严重的贫困和失业问题，并成为社会秩序和资本主义进一步发展的隐忧。1644 年，英国《济贫法案》开创了国家救济制度的先河。正是源于对这些问题的思考和更好地捍卫自由资本主义，英国著名思想家约翰·斯图尔特·穆勒(J. S. Mill, 1806—1873)最早系统提出了福利国家的思想方案。此后，随着资本主义在欧洲的全面发展，福利国家思想也在西方得到全面发展："19 世纪 80 年代德国的社会保险制度，1911 年英国的国家保险法案，20世纪 30 年代美国的新政，都是福利国家思想的早期实践"[①]。

二、理论发展

1942 年，英国经济学家 W. 贝弗里奇基于马歇尔社会权利视角向政府提出了《贝弗里奇报告》，首次明确地阐述了福利国家思想。[②] 二战后，福利国家思

[①]　https://baike.so.com/doc/5753746 - 5966507.html

[②]　关信平. 西方"福利国家之父"——贝弗里奇——兼论《贝弗里奇报告》的诞生和影响[J]. 社会学研究，1993(6).

想流行起来，俨然成为破解经济滞胀和国家繁荣的密钥。自英国工党政府宣布建成福利国家之后，瑞典、联邦德国等国相继宣布建成福利国家。总之，"二战后的欧洲国家遵循《贝弗里奇报告》的普遍性的原则，社会保障体系覆盖面遍及全体公民，基本达到了'从摇篮到坟墓'的水平，福利国家制度普遍建立起来，这一制度立足于为全体社会公民提供普遍的生活保障，福利制度的原则也完成了一个从选择性原则向普遍性原则的转化"①。

早期的福利国家思想将其"法理"依据诉诸"人性"。著名功利主义哲学家边沁(Jeremy Bentham, 1748—1832)认为，人的活动的目的是追求幸福，从而以"幸福"来界定福利。"功利是指任何客体的这么一种性质：由此，它倾向于给利益有关者带来实惠、好处、快乐、利益或幸福，或者倾向于防止让有关者遭受损害、痛苦、祸患或不幸；如果利益有关者是一般的共同体，那就是共同体的幸福，如果是一个具体的个人，那就是这个人的幸福。"②将追求幸福作为人的活动目的具有久远的传统，早在古希腊时期就构成了基本伦理价值准则。"幸福是完善的和自足的，是所有活动的目的。"③"当一项政府措施(这只是一种特殊的行动，由特殊的人去做)之增大共同体幸福的倾向大于它减少这一幸福的倾向时，它就可以说是符合或服从功利原理。"④可见，功利原则不仅是从人性中抽象出来的，而且进一步成为行为善恶的标准，也发展成为国家立法的指导标准，亦即追求幸福是"道德和立法"的原理、准则。自由主义大师穆勒也认为正义的道德基础导源于功利和最大幸福原理之中。⑤

现代福利国家思想以福利经济学为代表，福利经济学本质上坚持经济学"成本—收益"分析模式，主张在不损害发展的前提下通过市场和国家共同改善和提高福利。其代表人物是英国著名经济学家庇古(Arthur Cecil Pigou, 1877—1959)，其1920年发表的《福利经济学》是这一领域的代表之作。尽管庇古沿袭了边沁以来的满足人的幸福的福利判断，但是其有显著超越同时期其他"福利国家理论"的一面。这体现为他提出的著名的"庇古税"，并主张"对有正外部性的活动给予补贴"。而且他为福利措施设置了三个准则：一是鼓励资本自由流转，而且不损害资本利益最大化和增殖这个资本运作的基本规律。二是防止福利滋生人的懒惰和资源浪费。简单说来，就是福利投资也要做到"有利润"，防止福利资本赤字，使得福利投入难以为继。三是反对无条件补贴，福利不但

---

① 赵浩华.欧洲福利国家制度变迁研究[D].哈尔滨：黑龙江大学，2018：43.
② 边沁.道德与立法原理导论[M].时殷弘，译.北京：商务印书馆，2012：58.
③ 亚里士多德.尼各马可伦理学[M].廖申白，译.北京：商务印书馆，2013：18.
④ 边沁.道德与立法原理导论[M].时殷弘，译.北京：商务印书馆，2012：59.
⑤ 密尔.功利主义[M].徐大建，译.北京：商务印书馆，2014：63.

应该用来保护人的基本权利，而且应该主要用来鼓励人的发展。① 这一理论的要旨不仅在于它从根本上突破了国家提供福利的"国家福利主义"，而且它保留和重申了古典自由主义传统。这对于后世反省凯恩斯主义等国家干预政策和国家福利主义的困境提供了有力的理论准备和预见性的解决办法。这一思想为后来思想家卡尔多、希克斯和伯格森、萨缪尔森等继承发展，形成了"新福利经济学"。其中两个最著名的福利经济学理论：一是"卡尔多—希克斯效率"，即"如果一个人的境况由于变革而变好，因而他能够补偿另一个人的损失而且还有剩余，那么整体的效益就改进了"；二是伯格森（1938）和萨缪尔森（1947）的"社会福利函数"，即 $W = F(Z_1, Z_2, \cdots, Z_n)$。这是把社会福利视为社会每个成员所购买的商品和所提供的生产要素以及其他有关变量的函数的一种理论。由于每个人的"福利"需求是不一样的，所以试图通过帕累托最优化原理来确定资源和财富配置的最优状态。换言之，在社会福利的提供中，确保经济效率是实现福利最大化的必要条件，而合理分配财富是实现福利最大化的充分条件。所以，市场和政府在资源配置的协调发展成为必然。

　　总而言之，早期的福利国家理论和福利国家建设确实一度成为克服资本主义弊端的有力武器，甚至一度上升为一种不容置疑的基本政治权利，取得了真理地位。但是由庇古开创的福利经济学对其可能引发的道德难题十分警醒。随着福利国家的发展，公民为实现福利最大化各出奇招，志愿失业、不劳而获、"有的甚至开着宝马车领救济和粮食券"。福利国家原本是接济人之所难，让失败者有东山再起的机会，哪知道竟然成了助长懒惰和依赖等不良风气的温床。由此，挖掘庇古的福利经济学传统成为必然诉求。

第二节　福斯多夫"生存照顾"理论

一、服务与"生存照顾"结合：趋向行政扩权

　　传统福利国家理论及其实践的热潮并不能为庇古的福利经济学所泼的冷水浇灭，甚至相反，庇古的理论很容易被认为是危言耸听或者至少不合时宜。为了维系传统福利国家实践，在一定意义上也为了取悦民众而获得对政权"德性"的认同，福利国家理论和实践必然走向极端。这一时期的代表人物是德国著名行政法学家厄斯特·福斯多夫（Ernst Forsthoff, 1902—1974），他于 1938 年在《当成是服务主体的行政》一文中首次提出"服务行政"（leistungsverwaltung）的

---

① 庇古. 福利经济学[M]. 金镝，译. 北京：华夏出版社，2017.

概念,并同期提出"生存照顾"的理论。

福斯多夫的"生存照顾"(daseinsvorsorge)理论是对其服务行政的"法理"阐释,换句话说,服务是形式,"生存照顾"是理由。福斯多夫将二者联系起来,是基于自工业革命以来资本主义发展的现实。由于资本主义的发展和大规模生产对生活方式的影响,人不但已经很难离群索居,而且没有国家提供公共服务,自身生存都可能无法继续,自由权也无法实现。及前所述,福利权已经成为一种基本政治权利,而国家也负有"生存照顾"的义务。为了更好履行"生存照顾"职责义务,突破传统行政"限权"理念而对政府及其公共机构进行广泛"扩权"成为必然。

也恰恰就是这种突破,使得政府"服务"职责与"生存照顾"结合产生了巨大的副作用,促成了"扩权"需要与纳粹集权专制思想的融合。从理论上看,福斯多夫的"服务行政"理论是对自资产阶级革命以来行政法治传统的巨大颠覆。恰如著名行政法学家陈新民深刻指出的那样,福斯多夫开创了行政法学之新时代,这与德国著名行政法学家奥托·迈耶(Otto Mayer,1846—1924)的传统行政法理论大相径庭,传统行政法呼唤对权力的限制,认同法律至上、比例原则、越权无效等理念,并未涉及政府对人民的生存照顾义务。① 事实上,纳粹集权专制的悲惨历史说明,这种扛着为"生存照顾"而"服务"人民的大旗的政府必然愈发走向权力的不断扩张,并成为一只反噬人民的"利维坦"。

二、以"生存照顾"重塑服务行政

如上所述,福斯多夫提出"生存照顾"理论和"服务行政"概念是在 20 世纪 30 年代中后期,当时正是德国纳粹专制政权得势之时,纳粹集权理念盛行。在一定程度上,也正是基于对纳粹理念和国家集权的崇拜,福斯多夫才形成了《当成是服务主体的行政》一文。显而易见,这种理论必然导致集权问题。所以,其在二战前后受到学界的广泛批判。

基于对批判的回应和对纳粹集权所带来的灾难结果之反思,福斯多夫在不断修正自己的理论。这表现为后来在 1950 年发表的《行政法教科书》,1959 年发表的《服务行政的法律问题》,1971 年发表的《工业社会时代的国家》等文章中对生存照顾理论加以修正、完善。在这些著述中,福斯多夫保留了"生存照顾"的理论,但是对其与政府间的关系框架进行了舍弃甚至颠覆,亦即从归于行政的"服务",转向了由国家提供的"生存照顾"。此外,慕尼黑大学著名的彼德·巴杜拉教授(Pete Badura)在 1966 年发表了《视为服务行政及社会法治国家

---

① 陈新民. 公法学札记[M]. 北京:中国政法大学出版社,2001.

行政任务的生存照顾》，进一步丰富行政是福利国家的工具和"生存照顾"学说。经德国 G. Durig, Arnold Kottgen 等公法学者的努力，以及日本等大陆法系国家或者地区和我国的行政法学者的深入分析和研究，服务行政发展成为一种重要的理论学说，并对行政法学理论产生重要的学术影响。[1]

福斯多夫的修正主要是重新认识奥托·迈耶的行政法"限权"传统，并将"生存照顾"义务与宪法联系起来。福斯多夫不但强调"生存照顾"的义务，而且将这种义务作为框定政府职权范围的依据。他认为，"法治国家之原则，乃依法律来治理国家以及保障人权。但是，在 20 世纪这种情形已有改变。人民总是先求能够生存，以后才会要求享有自由、秩序与福祉。国家因此而负有广泛的人民生存照顾之义务，并受这种义务之拘束。不仅是德国，也是各国宪法发展之趋势。任何一个国家为了维持国家稳定，就必须提供人民生存之照顾。"[2]

三、评价

尽管福斯多夫的"生存照顾"理论经过改良后成为当代行政法的重要理论，但是其仍然具有如下不足：第一，什么是政府服务的范围？其尽管抛弃了纳粹集权的理论，但是对政府服务的范围仍然缺少清晰的界定。所以，尽管其试图框定政府服务的职权范围，但是如果没有清晰的法律规定，就不能限制政府"扩权"的本能。第二，没有充分关注公共服务供给的效率问题，在竞争缺乏和市场不充分的地方，政府提供公共服务很容易导致低效甚至无效，所以市场、社会、国家作为公共服务提供的"三位一体"制度成为必然。而福斯多夫对这些问题也没有充分关注，所以，其理论发展到现在充其量只能解释部分"社会保障"制度建设问题，而对更为广泛的公共服务理论和制度问题解释力不足。

第三节　蒂特马斯"福利国家"理论

一、理论背景

英国作为最老牌的资本主义国家，资本主义发展中遇到的问题首先在英国表现出来，垄断、财富过度集中、贫富差距等问题在不断吞噬资本主义的文明成果。一战、二战的爆发，都是资本主义经历严重动乱和危机的体现，资本主义的终结论和社会主义思潮自此盛行。1884 年，韦伯夫妇(Sidney and Beatrice

---

[1] 相关学术史梳理参见：孙兵. 公众参与：服务行政的合法证成与动力供给[J]. 河北法学，2010(7).
[2] 陈新民. 公法学札记[M]. 北京：中国政法大学出版社，2001：46.

Webb）、萧伯纳等在英国成立"费边社"（Fabian Society），他们在斯宾塞"社会进化论"的立场上合乎逻辑地推导出资本主义必然"自然"发展到社会主义，坚持通过国家政策的不断改良、进化、渐变，最终实现社会主义。

也正是在这种背景下，理查德·蒂特马斯（Richard Titmuss，1907—1973）于 1950 年出版了《社会政策的问题》（*Problems of Social Policy*）一书，从而被学界誉为英国社会政策的鼻祖和现代社会政策理论的创始人，并于 1950 年被有费边社大本营之称的伦敦经济学院聘为社会行政系创系教授。其后蒂特马斯又相继发表了一系列重要论著，1958 年《福利国家评析》（*Essays on the Welfare State*）、1962 年《收入分配与社会变迁》（*Income Distribution and Social Change*）、1968 年《福利承诺》（*Commitment to Welfare*）和 1970 年《礼物关系》（*The Gift Relationship：From Human Blood to Social Policy*）。通过这一系列论著，蒂特马斯全面阐述了其"福利国家"思想。

二、福利国家理论的要点

第一，福利国家理论来源于对放任自由主义者市场万能论的反思。作为费边主义者，蒂特马斯反对市场神话论。蒂特马斯认为，市场的充分发展和工业化浪潮必然引发"社会成本"问题。按照"谁受益谁负责"的基本逻辑，获益最大的资本家自然应该承担更多的社会成本，但现实恰恰相反，作为社会强势一方的资本家却承担更少比例的社会成本和责任，而社会弱势群体甚至中产阶级却承担更多的社会成本。社会政策和法律不是在弥补这种状况，相反却是在扩大这种社会不平等状况。放任自由资本主义根本无力实现社会正义、提升社会效益和促进行政效率。

第二，社会政策的目标在于实现个人需求与社会需求的动态平衡。其理论基础在于它秉承费边主义的传统，认为在工业化浪潮中，人们因劳动力分工不同和所处社会结构、社会环境的不断变化而愈发相互依赖，同时过分市场化使得这种相互依赖性和社会结构异常脆弱，个人经不起周围环境变化的冲击，同时个人受到冲击又可能反噬社会结构。所以，福利国家建设必须致力满足个人需要，同时又必须根据社会实际能力量力而行，循序渐进。

第三，福利带来的浪费是福利国家建设的必然要求。在政府提供福利的实践中，一个现实问题是国民所需要的福利种类越来越多、经费支出也越来越大，政府财力面临巨大挑战。所以，有一部分学者认为，福利应当救济那些真正需要帮助的人，而且总体上应该是有期限的，不能形成一种"养懒人的制度"。大量的福利要求，如住房、医疗、教育等应该交由市场来解决。只有这样，才能保证社会的效率价值，维护资本主义的自由价值观。然而，蒂特马斯认为，每个人都是社会分工的一个环节，从而也是服务于他人的贡献者。对于那些服务中的"失败者"，必须给予额外的倾斜保护，从这个意义上，"福利必须是浪费的"（Welfare Has to be Wasteful）。① 换句话说，浪费是一种必要的恶。

第四，福利制度的困难在于福利的一元化和污名化。"福利制度养懒人""福利制度阻碍经济效率""福利制度妨碍自由"等是福利制度和福利国家建设面临的最大批评。对此，蒂特马斯独辟蹊径，创见性地对福利做了三种区分，即社会福利（social welfare）、职业福利（occupational welfare）和财政福利（fiscal welfare）。而被学者批评的社会福利犹如浮在水面的冰山，只是最显见的一种福利，其本质是对没有自卫能力的个人和家庭的一种救助。但是广泛存在水面之下的是另外两种福利，即职业福利和财政福利，"它们是国家通过税收减免等方式完成的对医疗、教育和社会服务部门的转移支付，从而使这些部门有可能改善硬件设备和人力资源，不断提高服务质量；它们也是企业用可以免税的利润给雇员提供的养老金、带薪休假、子女教育费用、餐食和娱乐、继续培训等福利待遇，让雇员有所保障。但是，享用后面这两种福利需要很高的门槛，而且常常是社会经济地位越高的人，能享受到的服务就越多、越优质，却不需要背负任何污名，并视之为理所当然。"② 所以，福利本身是一种多元的福利，是每个人都在享有的。而享有更高福利（职业福利和财政福利）的人却在攻击那些享有最低福利（社会福利）的弱势群体，这才是悲剧之所在。

三、评价

蒂特马斯的三分福利观非常深刻，但是其根本缺陷在于它并不是用来说明福利之于社会普遍进步的意义，而是用来说明福利不平等、社会不公正，即没有将这些不同类型的福利发展为普遍的公共服务需求，并由此阐发普遍公共服务对社会发展的决定意义。所以其蕴含的伟大意义显然为这种限定而大打折扣。之后哈耶克在《慈善的经济学》（The Economics of Charity）一书中深刻批判了蒂特马斯的理论，在一定的意义上，蒂特马斯败给了哈耶克的新自由主义，并被撒切尔夫人抛弃。所以，福利的三分观并不应该只停留在"福利平等"的诉求层面，换句话说，如果蒂特马斯将福利限定在社会福利之上，而将所谓的职业福利和财政福利拓展为"公共服务"，那么或许其将拥有更突出的地位。这也是本书将在后续部分阐述公共服务的"意义域"对公共服务范围规制的重要理论起点。

---

① 鲁伊. 重访蒂特马斯[J]. 三联生活周刊, 2012(43).

② 鲁伊. 重访蒂特马斯[J]. 三联生活周刊, 2012(43).

第四节　马歇尔"公民资格"理论

一、理论背景

如前所述，横亘在福利制度面前的最大挑战就是它容易被笑话为一种"养懒汉"的制度，这就从根本上毁灭了国家福利制度的德性基础。蒂特马斯的解释是不仅是弱势群体在享受福利，而西方的既得利益集团或者权贵阶层也在享受"福利"，只不过福利的类型不同而已。但是这种说法并不能从根本上解决问题，所以也遭到以哈耶克为代表的新自由主义的猛烈攻击。T. H. 马歇尔（Thomas Humphrey Marshall，1893—1981）的公民资格（citizenship）理论正是试图在不动摇自由市场价值观的前提下探讨如何为福利制度进行证成并建构合适的福利制度的理论。

二、马歇尔"公民资格"理论要点

第一，"公民资格"理论的基本立场：捍卫以自由市场为基础的福利制度之"法理"。

国家和社会对个人提供服务的法理基础是什么？福斯多夫将其界定为国家的"生存照顾"义务。蒂特马斯界定为基于每个人事实上都享有不同的福利，每个人都处在社会连带关系之中，所以国家有责任帮助社会弱势群体。如上所述，无论是福斯多夫还是蒂特马斯都有可能指向反自由市场的结论。但如果以自由权利特别是财产权为出发点，又可能推导出市场至上的结论。所以，正是为了克服上述两种极端，英国著名社会学家马歇尔提出了"公民资格"理论，他认为公民资格由公民（诸）权利（civil rights）、政治（诸）权利（political rights）和社会（诸）权利（social rights）组成，而社会权利可以直接从公民资格中推导出来，并且"并非一切公民资格的权利都是在逻辑上从公民权利特别是财产权利衍生出来，社会权利可直接而独立地隶属于公民资格本身"①。如此一来，福利制度的证成就不需要财产权利这个逻辑起点，从而一方面既可以将福利制度视为国家的义务，另一方面又可以捍卫自由市场的地位。

第二，"社会权利"：由公共服务实现文明人过体面生活的一种权利。

所谓社会权利，即公民资格构成中的"社会要素"（social element），指的是

---

① 巴巴利特.公民资格.台湾桂冠图书公司，1991.转引自：吴水浩.析马歇尔的社会权利与公民权利矛盾[J].理论界，2007(4).

从某种程度的经济福利与安全到充分享有社会遗产并依据社会通行标准享受文明生活的权利等一系列权利。① 与这一要素紧密相连的机构是教育体制和社会公共服务体系。政府保障每一个公民的最低所得、营养、健康、住房、教育水平，对于国民来说，这是一种政治权利而非慈善。② 公民获得社会保障和公共服务的社会权利基础在于这是一种其作为共同体成员的完全成员身份（full membership）。换言之，福利并不根源于福斯多夫的"照顾"观，不根源于蒂特马斯的"攀比"观，更不根源于自由主义理论中的国家"垂怜"观，而是根源于公民资格的内在要求。这不但消除了对福利的污名化和诋毁，而且保存了对自由市场的尊重，更是将国家作为提供福利的主体合乎逻辑地推导出来，从而实现福利与资本主义的有机结合。时至今日，公民资格理论仍然是理解公共服务的重要理论视角，英国公共服务法研究权威 Tony Prosser 教授说："公共服务法是使所有公民可以非歧视性地享受到基本公共服务的法律……它基于平等主义的权利，这种权利产生于公民资格而不是在市场上的竞购能力。"③

三、评价

马歇尔"公民资格"理论的重要贡献在于其不仅为福利去污名化，而且为国家提供福利的义务进行了证成。但是，由于其对公民权利、政治权利、社会权利的分类及其互动关系缺少深入分析，如果其过于强调国家在提供福利中的作用，可能会导致专制的结果。换句话说，当下社会治理是一个国家主导和社会参与的多元互动过程，公民始终是"国家—社会—个人"多元互动关系中的最终落脚点。从个人自由的角度来理解国家福利制度建设才能防止国家和社会对个人自由的可能侵犯。从社会福利和公共服务提供的视角来看，国家、社会组织甚至个人都可能是供给主体，但是公民资格理论却在此缺乏可靠的理论基础。

时至今日，由英国著名社会学家安东尼·吉登斯（Anthony Giddens）和英国

① 应该说，一些学者将"citizenship"译为"公民权"是不正确的，应该译为"公民资格"。否则，公民资格包含的权利之一—"civil rights"译为公民权就不妥了，但是学界译为"民事权利"或者"民事因素"均不准确。例如：马歇尔然后重新解释了问题，以便探索显而易见的阶级不平等与公民权的预期性平等之间的关系。马歇尔确定了公民权概念中的三个因素。公民权的民事因素涉及"个人自由所需的权利：个人自由，言论自由，思想和信仰自由，对自己财产的权利和签署合法契约的权利，以及法律的权利"。参见（英）罗伯特·平克. "公民权"与"福利国家"的理论基础：T. H. 马歇尔福利思想综述[J]. 刘继同译. 社会福利，2013（1）.

② 马歇尔. 公民身份与社会阶级[M]//郭忠华，刘训练. 公民身份与社会阶级. 南京：江苏人民出版社，2007：7-8.

③ Prosser T. Public Service Law: Privatization's Unexpected Offspring [M]. Law and Contemporary Problems, Vol. 63, No. 4, Public Perspectives on Privatization (Autumn, 2000), pp. 63-64.

21

前首相布莱尔推进的"第三条道路"成为欧美主流国家的支配性理论。其理论的核心就在于所提出的福利改革原则："无责任即无权利"，主张强调个人的责任和义务，也就是个人享有福利权必须以承担相应义务为前提条件，这就破除了传统福利国家将福利权作为一种基本政治权利或者天赋权利的预设。此后，"第三条道路"的理论主张为克林顿、施罗德、达伽马、若斯潘等西方国家领导人纷纷主张，也成为当下西方国家继续福利制度改革发展的基石。

第五节　登哈特夫妇"新公共服务"理论

与经济学研究公共服务的视角不同，在行政管理和行政法学领域，对公共服务的研究与政府管理体制的改革发展密切相关，形成了丰富的理论和实践。探讨公共服务法治化的理论和实践必须紧紧以"新公共服务理论"为出发点。

一、理论背景

(一) 传统的公共行政理论

19 世纪末 20 世纪初，传统的公共行政理论认为政治与行政是分离的，行政机构只是一个复杂的组织结构，他们的责任主要是贯彻执行议会制定的公共政策，因此，行政机构的目标就是"把实现最可靠且最有效率的运作当作其可能的目标"。议会的职责除了制定公共政策，还要监督行政机构是否忠实高效地执行议会的政策。因此，首先，行政官员必须对民选政治家负责并保持价值上的中立。其次，行政官员应当被有效地组织起来，形成有效的组织结构并采取最有效的行动方式。为了提高效率，行政官员尤其是行政首脑会被赋予足够大的行政权力，一个强有力的行政长官才能有效地调动和安排人员来贯彻执行公共政策。这种二分法对美国政治体制的影响表现为美国很多地方政府采取议会—经理制。然而，事实上，行政官员根本不可能扮演消极的执法角色，并且，行政与政治在实践中也根本无法实现二分。既然行政与政治无法实现二分，行政官员就会通过各种途径影响立法者，加之，二分法将行政的目标定义为高效，那么行政机构便会以效率来衡量和影响公共政策的制定，这将会与民主、代议制等宪政理念产生冲突。另外，这种二分法导致行政机构缺乏灵活性，并且由于行政权力的扩大，导致行政机构异化成庞大笨拙的机械，使得原先期望实现的效率这一目标也落空了。

（二）新公共管理理论

20世纪80年代，西方传统政府官僚体制出现危机，政府权力过大，政府财政赤字，花钱多，效果小。为此，一些学者受"经济人"理论的影响，即理性的个体在任何决策情形中，都试图以最小的成本获得最大的收益，掀起了一场政府重塑运动。他们主要针对传统的官僚制理论，将工商业中的管理哲学嫁接到公共部门形成了一系列理论，即将经济人的决策方式套用到公共决策中，这些理论被统称为新公共管理理论，其中最典型的理论是企业家政府理论。企业家政府理论认为造成这一现象的原因不在于政府中工作的人，而是在于他们工作所在的体制，他们希望将自上而下的官僚体制转变为自下而上的、简政放权式的企业家政府模式。为此，他们企图重新定义政府的本质和特征，改革政府的不良体制，因此，他们提出了新公共管理理论，该理论的主要观点如下：①政府应集中精力"掌好舵"（即做好决策工作）而非"划好桨"（即做好具体的服务性工作），以便"居高临下"，用政策吸引竞争者，保持最大的灵活性来应对变化着的环境，出色地扮演好自己的角色。②引入市场竞争机制，铲除官僚机构的弊病，简政放权，只制定服务的目标，减少相关的管制，授权让公众参与提供服务，放手让人们去履行各自的责任，以便减少成本，使服务更加优质。③鼓励公众在提供服务时尽可能满足顾客的需要，不是官僚政治的需要，故政府应像企业一样具备"顾客意识"，建立"顾客驱使"的制度。④政府应具有一种"投资"观点，应把利润动机引入公共服务，变管理者为企业家，学会花钱来省钱，为回报而投资。政府应讲究效果，对各部门业绩的衡量重在成果而不是投入项目的多少。总之，将行政系统从规则驱动型政府改为结果驱动型政府，政府只需要制定宏观的政策，微观的政策和实施的责任则应当转移给公民。新公共管理理论对实践的影响很大，如撒切尔夫人在英国实行缩减政府规模的新保守主义而引起的英国改革，克林顿政府也在美国发起了创建一个花钱少、效率高的政府的运动。

但是，新公共管理理论，尤其是它所倡导的价值却遭到来自各方的批评，一些学者认为企业家精神会损害美国的社会公正等民主和宪政价值，偏离政府三权分立等基本政治模式。另一方面，一些学者也不同意将重塑政府作为对传统的行政管理理论的改进，不认为由于官僚制下的行政系统效率低，就应该转而把效率提高到最核心的地位。这些批评催生了一种新的政府理论，即以美国著名公共行政学家罗伯特·登哈特为代表的学者提出的新公共服务理论。

二、公共行政的规范性基础

登哈特夫妇认为民主价值观、公民权和服务是公民对公共行政领域的公意的体现。他们希望能将这些价值观重新纳入公共行政领域,并以此价值观为基础来建立理论性框架。公共行政的价值在于通过公共服务以增进共同的利益①。毋庸置疑,从公共行政史上看,公共行政被要求促进一种"善",但是"新公共管理理论"认为这种"善"是效率,是以具体的公共政策的结果为导向的管理,而不是为了共同的利益来管理。换句话说,登哈特夫妇认为重要的不是行政效率,而是帮助公民实现好的生活。

公务员回应的对象是公民而非"顾客"。与传统的由法律规定的公民的权利和义务不同,登哈特夫妇引入了新的公民权理论,新的公民权理论认为具有公民权的个人应该积极参与政治生活,影响政治系统,换句话说,公民应该积极影响立法,而不是被动地由法律来定义自己的权利和义务。而政府存在的目的就是要保障这种公民权,使公民结合自身的利益做出的决策能够自由地、公正地相互影响。个体通过对共同体的积极参与了解公共事务、增强自己的集体责任感和归属感,通过自由公正地交换决策信息,使自身的利益和公共利益达到一个良好的平衡。这种新的公民权理论,假定公民不是一个自私自利的"经济人",而是一个会合理考虑自己的利益,同时具有公共精神、奉献精神的客体。正如作者在其著作的序言中讲到的,在"9·11"事件中,是什么让警察和消防队员,在别人都在逃生的时候,他们却冒着生命危险往世贸中心的楼上冲。②

公共利益而非效率是政府服务的核心。公共利益的内涵是如此丰富和复杂,以至于要确定它的内涵和边界几乎变得不可能。但是公共利益却是行为和决策的伦理标准,是这个社会需要的一种理想的指引、最高的道德标准,对我们的思想具有重要的塑造作用。公共利益是目标而非副产品,政府追求的应该是公共利益,而非效益。那么,如何确定公共利益是由公意决定的?政府应该尽可能给公民创造能让公民无拘无束和真诚对话的平台或者环境。在传统的公共行政理论中,公共利益这一观念被清除出了公共行政理论,公共利益被认为是议会应该关注的事情,而不是行政机构应该关注的事情,行政人员只能通过

---

① 珍妮特·V.登哈特,罗伯特·B.登哈特. 新公共服务:服务,而不是掌舵[M]. 丁煌,译. 北京:中国人民大学出版社,2004:2.

② 珍妮特·V.登哈特,罗伯特·B.登哈特. 新公共服务:服务,而不是掌舵[M]. 丁煌,译. 北京:中国人民大学出版社,2004:xii.

高效的执行立法机构制定的政策间接服务于公共利益。按照新公共管理理论，政府应该像市场中的企业家那样去考虑利益，而不是考虑公共利益。他们认为公共利益难以界定，甚至根本不存在，即使公共利益存在，那也是作为顾客的公民在进行个人选择时所产生的一个副产品。登哈特夫妇认为公共利益应该是一种超越个人利益的聚合的共同利益，政府获得公民信任的前提是行政官员能够根据自我利益之外的共同的利益来行动。① 政府的责任在于通过民主程序努力去发现公共利益并确保公共利益居于支配的地位。

三、政府的职能

政府的职能是服务而非"掌舵"。传统的公共行政理论认为公民的作用只是定期选举官员，其他时候则需要服从政府的指挥，政府关心的是如何通过控制行为来保障法律规定的公民权利，为此，政府设计了详细的规则和程序，政府的功能是"划桨"而非"掌舵"，但是这导致政府缺乏灵活性与低效。新公共管理理论希望通过引入企业家精神来祛除政府这一弊病，认为政府应该被赋予更多的裁量权，通过"掌舵"来激励公民努力去实现政府制定的公共决策。但是新公共服务理论认为当今世界越来越多的人希望参与公共决策，行政机构不再能也不应当垄断公共决策，受决策影响的人们也希望自己的声音能够得到关注。行政官员的角色不再是一个职位一个决策者，而是民意输入和输出的中介机构，从领导的角色转化为公仆，强调的是先有民意的输入，才能做出具有约束性的决策；而非新公共管理理论所强调的那样，政府的主要功能是掌控社会的发展方向。政府所扮演的角色应该是民意的仲裁者、调停者。约束性公共政策的产生不应当是政府意志的体现，而应当是政府基于综合社会不同政见和不同利益集团而产生的综合考量。

为公民服务，而不是为顾客服务。根据亚里士多德的观点，公民之所以参加城邦的公共事务，在于公民能够在参与中实现人性的完善。这种观点到了卢梭那里，公民被直接界定为把共同体的利益放在心上并行动的人。在一个共同体中，公民既处于支配又处于被支配的地位，他们可以分享自己的观点，但是同时也要尊重他人的观点。而政府的作用首先在于培育公民参与，为有效的和负责任的公民行动奠定基础。政府的作用在于促进公民广泛地平等地行使权力和权威，而不是将权力垄断在自己的手里，只被少数精英所分享。政治理论一直关心的问题是合乎道德的问题，新的公共服务理论认为，行政机构应该在促

---

① 珍妮特·V.登哈特，罗伯特·B.登哈特. 新公共服务：服务，而不是掌舵[M]. 丁煌，译. 北京：中国人民大学出版社，2004：77.

进公民参与公共事务的过程中，通过公民教育，使公民成为更有道德的人，公民的责任意识和偶尔的牺牲精神会将人们联合起来，让人们获得更好的生活。因此，行政机构最核心的目的便是引导公民行使积极的公民权，并为公民提供一个平等对话的平台。

在新公共服务理论中，行政官员的政治责任是一个复杂的问题。责任政府作为民主政体中一个重要的概念，是政治治理的基础，公共行政的有效性取决于如何保证行政官员负责任的问题。而最为重要的是，政府官员负责的标准是什么，由谁来评判？公共行政中的责任是通过内部控制和外部控制来实现的，内部控制是指上级官员和行政组织机构本身具有的控制作用，外部控制是指立法监督、媒体、公共舆论监督等。传统的公共行政理论认为行政官员主要向议会负责，主要责任是执行议会制定的法律，评价主体主要是行政部门内部，以及立法机关和司法机关。新公共管理理论认为传统的公共行政理论由于不以结果来衡量行政部门的负责人，因此，他们提出以结果为行政责任的主要评价标准。另外，由于他们提出行政部门应该向"顾客"服务，所以，"顾客"的回应成了评价行政有效性的主要标准，政府的责任在于满足"顾客"的偏好，在于资源的有效利用。尽管新公共服务理论依然强调对行政行为的结果与效率的测量，但是最主要的衡量标准是行政机关的行为是否符合道德，是否符合民主原则，是否符合公共利益的期望。行政官员的责任不仅仅是对上级负责，也不仅仅是关注结果，而是关乎宪法和法律、共同体的价值观、政治规范、职业标准、公民利益等多维度的责任。总而言之，公共部门中的责任应基于这样一种理念：公共行政官员即便是在涉及复杂价值判断和重叠规范的情况下也能够并且应该为了公共利益而为公民服务。①

尽管中国与美国的国情不尽相同，但是在全球化浪潮之下，随着我国改革开放、加入世界贸易组织等一系列事件的发生，中国与很多西方国家所面临的问题是相似的。例如，如何建立一个既高效又民主、既有代表性又负责任的政府？如何在保证市场活力的同时，补救自由市场固有的缺陷？同时，我们也相信有些普适性的价值在世界各国是共通的，如尊重人、保障公民权的积极行使、促进公共利益、完善政府的责任、培养公民的责任意识和奉献精神等。登哈特夫妇以新公民权和公共利益为规范基础，提出了政府的主要责任是"公共服务"而非"掌舵"为中心的理论体系，对解决中国当前面临的国内外一系列问题具有启发性意义。

---

① 珍妮特·V. 登哈特，罗伯特·B. 登哈特. 新公共服务：服务，而不是掌舵[M]. 丁煌，译. 北京：中国人民大学出版社，2004：115.

第三章　公共服务权利与义务的法理

第一节　公共服务权利的法理

何谓"法理"？张文显教授概括了八种含义：①法之道理，法之"是"理；②法之原理，法的学理、学说；③法之条理；④法之公理；⑤法之原则；⑥法之美德；⑦法之价值；⑧法理学。① 从本质上来看，"法理"研究指向科学性。舒国滢教授指出："作为科学的法教义学，研究对象就是法理（拉丁语叫作 ratio juris）……法理的研究是一种'应然'（sollen）的研究，其中纠结着法的价值和目的论考量……法学是独特的实践学问，它会把实践问题首先转化为自己的专业知识问题来解决。"②法理作为法学的核心范畴，其实践指向是法律判断讲法理、法律决策有法理、法律行动依法理、法律诉求合法理。所以，为科学界定我国公共服务权利义务的法理基础、主体、性质、特点、功能、内容，积极实现公共服务权利义务，同样必须深刻剖析其法理的多重面向及其实践要求。

一、公共服务权利的德性基础：维护人性尊严和人的自由

如前所述，西方学者对公共服务的界定经历了一个由公共服务混沌一体到相对清晰的过程，而对政府提供公共服务和社会保障或社会福利的法理基础也有不同界定。福斯多夫的"生存照顾"理论，蒂特马斯的"多元及普遍福利"理论，马歇尔的"公民资格"理论等都是对其法理基础的阐释，登哈特夫妇的"新公共服务"理论推进了对政府服务的要求，这些理论都对界定我国的公共服务

---

① 张文显.法理：法理学的中心主题和法学的共同关注[J].清华法学，2017(4).
② 舒国滢.求解当代中国法学发展的"戴逸之问"——舒国滢教授访谈录[J].北方法学，2018(4).

权利和政府义务提供了理论准备或者借鉴。

公共服务权利的人性基础在于人性尊严（human dignity）和人的自由，这一问题是在工业革命之后社会巨大变革和人际关系结构发生巨大变化的背景下凸显出来的。如前文所述，公共服务思想直接源于福斯多夫在20世纪30年代提出的"服务行政"与"生存照顾"理论。福斯多夫提出这种理念是有其时代背景的。在19世纪以来的工业国家中，社会生产和生活方式急剧转变，导致人们可自由掌控的赖以生存的社会资源越来越少，个人生存自我负责的制度前提已不复存在，人们强烈依赖公共机构的生存照顾。① 界定公共服务权利和政府义务的法理基础必须牢牢把握两个基本点：一是人性和人权的要求，二是公共服务的功能指向。从公共服务产生的人性基础和功能指向来看，公共服务权利的规定、服务范围的划定以及政府义务的设定等均与其密切相关。

（一）人性尊严与基本公共服务

从维护人性尊严的角度来解读的话，公共服务根源于资本主义发展的不平衡带来的社会矛盾。② 工业革命之后，资本主义取得了巨大发展，但同时社会贫富不均所产生的社会问题日趋严重，资本主义国家逐渐开始在不危及整个制度的前提下采取一系列措施来保障贫困劳动者或因工业化带来的不能继续过着自我照顾的生活的弱势群体过上最基本的生活。在这种背景下，西方许多国家从20世纪初开始向公民提供社会保障、免费初等教育、医疗服务等基本公共服务。与此同时，保障贫困人群过上满足最低水准的生活，也成为国家政权自证合法性的要求。任何国家为了维护执政基础和社会稳定，就必须为人们提供生存照顾，唯有确保国民生存的基础，国家才可免于倾覆之命运。

从人性尊严的维度看，政府提供的公共服务只能限定在"基本公共服务"的范围内。基本公共服务旨在满足个人基本需求，保护人的基本生存权利，促进社会和谐和公正。"基本公共服务以维护人性尊严和实现社会分配正义为价值目标。"③它包括基本生活水准、医疗卫生健康、公共教育、社会保障、劳动就业服务、公共文化等基本内容，还包括解决人的生存、发展和维护社会稳定所需要的社会就业、社会分配、社会保障、社会福利、社会秩序这些基本公共服务。它们直接影响人的寿命、健康、尊严和生活的意义。④

---

① 陈新民.公法学札记[M].北京：国政法大学出版社，2001：47－59.
② 王进文."人的尊严"义疏：理论溯源、规范实践与本土化建构[J].中国法律评论，2017（02）.
③ 盛喜，毛俊响.基本公共服务权利的性质和内容[J].湖南警察学院学报，2015（5）.
④ 联合国开发计划署.中国人类发展报告2007/2008 惠及13亿人的基本公共服务[M].北京：中国对外翻译出版公司，2008：24.

对公民基本公共服务保护的首要法律途径是将其转化为公民的法律权利和政府的给付义务。换句话说，确立基本公共服务权利和政府给付义务的直接目的就是为公民实现基本公共服务需求提供"请求权"基础。

第一，从公共服务作为公民权利的角度来看，维护人性尊严是基本公共服务权利的价值依归。基本公共服务权利的产生源自对人性尊严的关怀以及对公民人性基本需求的积极回应。将获得社会救济、基本医疗和免费教育等基本公共服务确立为公民的基本权利，就像赋予公民生命、自由和财产等传统自由权一样，源自人的固有尊严，应该得到国家法律的承认、尊重和保障。确立基本公共服务权利这一基本概念，对于切实保障公民享受国家提供的基本公共服务尤为重要。如果公共服务只规定为政府的义务，而不能转变为公民的权利，那么，政府的这种义务没有相应的权力制约，随时有可能演变成可以寻租的权力。这种背景下的公共服务，更多的是依赖统治者的执政理念，多少带有恩惠或施舍的人治色彩。相反，确立基本公共服务权利的概念，则可以为社会成员享受基本公共服务提供具有强制力的保护，同时也可以制约政府因公共服务而产生的权力，保障服务型政府在权力制约的框架下运作。"现代人民要求国家的服务提供已经不像以往——例如人民请求国家给予救济金会觉得羞耻。人民请求国家及生存照顾机构的服务，已毫不涉及自尊心之损害"。[①] 尊重和保障人的尊严，满足每个人最低限度生活需要，就必然推导出公民要求国家提供基本公共服务的权利和国家对公民提供基本公共服务的义务。

第二，公民与国家的关系是基本公共服务权利和国家给付义务存在的法理前提。这有深刻的法哲学依据：首先，根据洛克社会契约论观点，个人让渡一部分自然权利成立政府并对政府履行纳税等相关义务，政府就有义务提供基本公共服务，保障公民享有维护个人尊严的基本生活条件，并使其享受社会的公正和平等待遇。民众加入这种社会契约，"他就授权社会，或者授权给社会的立法机关，根据社会公共福利的要求为他们制定法律"[②]。这种国家和公民的关系模式，最终被宪法所确认，成为公民基本权利规范的主要内容。不仅如此，我们还可以进一步来分析基本公共服务权利与人权或公民基本权利之间的内在联系。其次，根据罗尔斯"社会正义"或者社会契约论的观点，社会制度的正义必须满足两项基本条件或者遵循两项基本原则，一是自由优先，二是差别原则。在差别原则中，他又认为必须进一步满足另外两项原则，一是机会开

① 陈新民.公法学札记[M].北京：中国政法大学出版社，2001：59.
② 洛克.政府论（下）[M].叶启芳，瞿菊农，译.北京：商务印书馆，1970：54.

放,二是分配向社会弱势者倾斜。① 基本公共服务就是实现对弱势群体的救助或者特别保护的体现。换言之,国家不仅要保障每个人平等的自由权,而且还要积极发挥职能,通过社会再分配手段,在机会均等的原则下保证对处于不利的人们的经济、社会权利予以补偿,以实现最少受惠者的最大利益。基本公共服务的这种法理已经成为世界多数国家的共识,并以经济、社会和文化权利的形式被写入宪法和国际人权条约。

(二)人的自由、发展与全面公共服务

之所以将公共服务限定在"基本"范围内,其根本原因是将公共服务的法理锁定为维护"人的基本尊严"权利而产生的"生存照顾"义务,无论这种权利和义务是基于人性还是契约。但蒂特马斯早已指出,事实上每个人都需要也正在享受"多元及普遍福利"。由是观之,基本公共服务权利和义务并不能反映"全面"的公共服务现实。从法理上看,这种狭隘的基本公共服务理念充其量只表征了人性尊严的基本要求,而没有反映人性自由的价值要求。所以,现代国家不但要建立基本公共服务和社会保障制度,更应该尽可能推行全面公共服务制度。

人性自由的真谛是赋予人的理性自主权,并激励每个人发挥自己的才能实现自己的价值,公共服务就是给有梦想的人提供基本保障、启动条件、可能失败后的避风港和东山再起的契机。学界一般认为,公共服务理念的出现,表明现代国家已开始了从自由法治国向社会法治国的转变。自由法治国追求的是个人负责和自我决定的自由精神与市场经济;社会法治国则不同,它在自由法治国的基础上融入了社会性的思想,奉行的是在尊重个人自由的基础上的国家干预与全民福利,强调的是自由的行使必须顾及公共利益。在这种转变过程中,国家不再是单纯的秩序维护者,而是通过包括经济调控在内的各种手段,为公民提供生存照顾的服务,并保障人民能够维持合乎人性尊严的基本生活。事实上,这些观念产生的直接原因是对人性尊严与人性自由的混同,也是对公共服务意义体系的简化。虽然说公共服务的产生既是现代行政管理方式和理念变革的产物,同时也是适应 20 世纪以来社会发展的需要以及维护个人生存与发展的必然选择,但是其意义体系远比"人性尊严"要求下的"生存照顾"复杂得多。人性自由维度之下的非基本公共服务与人性尊严下的基本公共服务一起构成全面的公共服务体系,笔者将在第五章做详细阐述。

---

① 罗尔斯.正义论[M].何怀宏,何包钢,廖申白,译.北京:中国社会科学出版社,1988:57-61.

二、公共服务权利的基本功能

与后文论述的公共服务意义不同，所谓基本公共服务权利的功能是指确认公民的公共权利具有的规范作用。按照法律规范作用的法理，此即公共服务权利和法律具有的指引、评价、预测、教育、强制作用的体现。从权利功能的性质和宪法实现来看，公共服务基本权利包括建构功能、防御功能、受益功能、救济功能。基本公共服务权利也包含基本权利的诸项功能。

第一，公共服务权利具有建构功能。所谓建构功能，首先是指在公共服务权利的基础上，可以建构起整个公共服务法律制度体系。这不仅要求公共服务立法必须贯穿公共服务权利保障的主线，而且应该在对公共服务做出全面分类的基础上，建立公共服务基本法、领域法的基本内容体系，以及法典、单行法、行政法规、地方性法规、政府规章的法律结构体系。其次，是指公共服务权利具有建构和维系社会基本价值的功能。如上所述，基本公共服务旨在维护人的尊严，非基本公共服务旨在维护人性自由，二者都需要通过公共服务法律权利和义务的方式确认、保护和实现。公共服务权利上升为宪法基本权利并由此建构全面的公共服务法律制度体系，从而具有包含程序保障和制度保障等客观价值秩序功能。所谓客观价值秩序功能，是指基本权利除了是个人权利之外，还是基本法所确立的价值秩序，这一秩序构成立法机关建构国家各种制度的原则，也构成行政权和司法权在执行和解释法律时的上位指导原则。① 它要求国家立法和行政机关应建立各种制度，保障公民基本公共服务权利的实现，如国家有义务建立覆盖全民的社会保障制度，建立促进公民自由的经济、社会、文化活动制度。

第二，公共服务权利具备防御功能。防御功能是指"基本权赋予人民的一种法律地位，于国家侵犯到其受基本权所保护的法益时，直接根据基本权规定，请求国家停止侵害，藉以达到防卫受基本权保护的法益，使免于遭受国家恣意干预的目的。"② 防御功能亦可称为在公共服务方面侵权责任的请求权功能。相应地，国家和其他任何组织个人负有停止侵害的不作为义务。就基本公共服务权利而言，防御功能要求国家立法机关、行政机关不得采取侵害公民的基本公共服务权利的积极作为，或者说，对于公民的基本公共服务权利，国家负有消极不作为的尊重义务。例如，国家不得采取任何措施阻碍公民实现受教

---

① 张翔.基本权利的规范构建[M].北京：高等教育出版社，2008：112.
② 许宗力.基本权的功能与司法审查[M]//许宗力.宪法与法治国行政.台北：元照出版公司，1999：184.

育权,不得采取任何措施干预公民享有的物质帮助权等。

第三,公共服务权利具备请求功能。请求功能是指公共服务权利主体可"直接根据基本权规定,请求国家提供特定经济与社会给予","人民既有请求国家提供给付的权利,相对地,国家负有提供给付的义务"。① 请求权的权利基础是受益权。受益权功能在传统的基本权利学说中被普遍认为是经济、社会权利才具有的权能,但是正如霍尔姆斯与桑斯坦所言,任何权利都是积极权利,任何权利的实现都需要成本,都包含受益权功能。② 就基本公共服务权利而言,受益权功能要求国家履行给付义务。例如,国家必须投入资源保障公民免费享受九年义务教育,保障公民享受均等化的社会保障,提供并不断改善维持健康所必需的医疗设施条件等。基本公共服务本质上是国家提供产品或服务的过程,因而也是立法积极作为或行政给付的过程,它必然包含使公民受益的功能。与防御功能是自由权的主要功能相对应,受益权功能是基本公共服务权利的主要功能,这是由基本公共服务的本质所决定的。

第四,基本公共服务权利具备保护权功能。保护权功能是指国家采取各种措施保护人民基本权利,使其免受来自第三人的侵犯,因此保护权功能实质上是制止侵害功能。保护权功能也是所有基本权利都具有的权能,但它并非是核心权能。这是因为,保护权功能所针对的是对防御功能的侵害,是对防御权的救济。正是因为如此,基于基本权利的性质,保护权权能也赋予公民相对应的请求权。就基本公共服务权利而言,保护权功能要求国家采取各种措施,防止第三人侵犯公民的基本公共服务权利。例如,国家行政机关应该采取积极措施,保护公民免受就业服务、免受教育等方面的歧视待遇。

三、国内外公共服务权利的规范体系

基本公共服务权利的法律基础来源于宪法以及国际人权公约中的相关规定。在规范和法律层面上,基本公共服务权利最早是以经济、社会权利条款的形式出现在一些国家的宪法和普通法律之中。俄国十月革命胜利后,1918 年宪法首次专门规定了劳动权、受教育权等经济、社会权利。在西欧宪法中,使公民经济、社会权利正式获得基本权利地位的是 1919 年德国魏玛宪法。德国魏玛宪法在第二篇第二章(共同生活)及第五章(经济生活)中规定了许多由政府

① 许宗力.基本权的功能与司法审查[M]//许宗力.宪法与法治国行政.台北:元照出版公司,1999:187.
② 史蒂芬·霍尔姆斯,凯斯·R.桑斯坦.权利的成本——为什么自由依赖于税[M].毕竞悦,译.北京:北京大学出版社,2004:19-30.

提供基本公共服务以保障人民经济、社会权利的条款。比如国民小学教育免费（第 145 条）、资助中下收入者能就读中等以上学校（第 146 条）、国家经济制度应保障每个人都能获得维持生存的生活（151 条）；保障劳工的权利（第 157 条、159 条）、社会保险制度（第 161 条）、最低限度的工作条件（第 162 条）、获得工作及失业救济权利（第 13 条）等。受魏玛宪法的影响，二战之后许多国家的宪法都多少带有社会法治国家的色彩，详细规定了公民的经济、社会和文化权利，规定国家有义务提供基本公共服务，以维持公民能够获得合乎人类尊严的生活。对此，荷兰学者范得文评论道，社会基本权利的存在是为了人类真正自由及人类尊严。国家不再只是保障及维护过去（18 世纪及 19 世纪）追求个人主义式的自由，而应该是促使每个人可以拥有真正的自由，能在社会中发展其人格。①

　　我国《宪法》对公民享有基本公共服务权利、政府提供基本公共服务的义务也做了全面而详细的规定。《宪法》总纲部分除了第 1、2、3 条是规定国体、政体和民主集中制等基本政治制度外，第 4 条至第 29 条都不同程度地涉及国家提供公共服务的规定，尤其是在第 8、11、13、14、16、17、18、19、21、26 条规定了国家在发展经济、社会权利方面的职责。如《宪法》第 14 条第 3 款规定："国家建立健全同经济发展水平相适应的社会保障制度。"第 19 条规定："国家发展社会主义的教育事业，提高全国人民的科学文化水平。国家举办各种学校，普及初等义务教育，发展中等教育、职业教育和高等教育，并且发展学前教育。"除此之外，《宪法》在第二章"公民基本权利义务"中明确规定了公民享有劳动权、休息权、物质帮助请求权、受教育权以及文化权利等基本权利，这表明国家承担提供包括医疗、教育、社会保障和就业服务在内的基本公共服务的义务，个人获得基本公共服务实质上已经得到宪法的承认并上升为公民的基本权利，只不过它是以经济、社会和文化权利的形式出现在宪法中而已。

　　基本公共服务权利也以经济、社会和文化权利的形式出现在国际人权文件中。《世界人权宣言》第 22 条强调：每个人，作为社会的一员，有权享受社会保障，并有权享受他的个人尊严和人格的自由发展所必需的经济、社会和文化方面各种权利的实现。基于此，《世界人权宣言》承认每个人享有工作权，休息权，提供包括食物、衣着、住房、医疗和必要的社会服务在内的最低生活水准权，社会保障权，受教育权和文化权利等。《经济、社会及文化权利国际公约》将《世界人权宣言》中所强调的经济、社会和文化权利法律化、具体化，在第 6

① 陈新民. 德国公法学基础理论（下册）[M]. 济南：山东人民出版社，2001：690.

条至第 15 条中逐条规定人人享有工作权（享有工作机会权利、获得公正和良好工作条件权利、工会权），社会保障权，保护家庭、母亲和儿童、适当生活水准权（主要包括足够的食物、衣着和住房），健康权，受教育权，文化权利。《经济、社会及文化权利国际公约》是国际社会就经济、社会和文化权利保护标准所达成的普遍共识。截至目前，已有 160 个国家批准或加入了该公约，我国已于 2001 年 3 月批准该公约。因此，包括我国在内的世界上绝大部分国家都承担了向其管辖范围内的个人提供最低限度的基本公共服务的义务。

第二节 公共服务义务的法理

"权利和义务是一枚硬币的两面。"对公共服务权利的界定和体系建构相应地设置了国家的公共服务供给义务，但是国家是否是公共服务义务的唯一主体？服务型政府建设如何设定公共服务义务？我国宪法法律是如何规定公共服务义务的？这三个问题的答案不但构成了公共服务义务的法理依据，也构成了公共服务法律义务的规范依据。

一、公共服务义务法理基础及其结构体系

从社会契约论及现代法治理论来看，人类社会之所以需要政府这样一种"必要的恶"，就在于需要它来提供公共服务。公共性乃是政府最基本的属性。自古以来，国防、外交、治安、法律、司法都由国家提供，在近现代宪法中也都体现了政府的这些基本义务。如美国宪法开宗明义地指出制定宪法的目的是提供国内治安、国防、公共福利等公共服务："为建立更完善的联邦，树立正义，保障国内安宁，提供共同防务，促进公共福利，并使我们自己和后代得享自由的幸福，特为美利坚合众国制定本宪法。"德国基本法、意大利宪法及日本宪法则通过对公民基本权利的规定体现政府的公共服务义务，或者在规定公民权利时同时规定政府的义务。例如，日本宪法第 25 条第 1 款规定："全体国民都享有健康和文化的最低限度的生活的权利。"接着在第 2 款规定："国家必须在生活的一切方面为提高和增进社会福利、社会保障以及公共卫生而努力。"意大利宪法第 32 条规定："共和国把健康作为个人的基本权利和社会利益予以保护，保证贫穷者能得到免费医疗。"西方发达资本主义国家宪法主要是对国家机构进行基本安排，规定权力结构。虽然在宪法中没有明文逐条列举政府应当向公民提供哪些公共物品，但都隐含了"政府是一个公共服务组织"这一基本前提。

由于将公共服务（产品）等同为基本公共服务，也就是一种如生存照顾一样

的绝对权利和义务，所以自然可以得出公共服务的非竞争性和非排他性特点，如果非付费者可以和付费者一样共同享用，并且不会减损付费者的权益，这样就没有人愿意支付对价购买公共服务。公共服务的提供者无法向市场收费，无法谋利，所以，没有企业愿意为社会提供公共服务。"公共产品往往被定义为由国家、政府来负责供应的产品，而这些产品的供应又被视为国家、政府存在的根本原因之一。"①即使是坚决反对国家干预的自由主义经济学家也认为公共服务应当由政府来提供，亚当·斯密认为，政府只需要维持和平，建立一个维持严密的执法体系，提供教育和其他最低限度的公共事业，政府无须干预一般的经济事务，放心地让每个人按他自己的方式来行动，就能自然地对公共利益做出最大的贡献②。"君主或联邦的第三项也是最后一项职责就是建立和维护下述各类公共机构和工程。他们虽然可能在极大的程度上对整个社会有益，然而就其性质来说他们的利润却永远也不可能支付给任何个人或少数人，所以也不能指望个人或少数人去建设或维护它们。"③

在承认公共服务既是维护人的尊严也是实现人性自由的保证的前提下，公共服务和公共产品必然具有超越传统纯公共产品的特点，特别是必将鼓励社会组织和个人参与到公共服务和公共产品生产和供给中来，社会组织和个人可能基于授权或者合同取得提供公共服务的资格，享有一定的收益权利和承担相应公共服务的义务。有一种观点认为，社会组织或者个人参与公共服务的生产和供给，在性质上来说仍然不是公共服务供给主体。其关系的实质是政府向其购买公共服务，政府依然是公共服务供给的真实主体。这种观点貌似有理，其实也是经不起推敲的。试问，既然公共服务产品并不牟利或者利润微薄，企业有什么动力参与公共服务提供的"竞标"？所以其结果要么就是试图与政府公共服务采购部门勾结，引发公共服务中的腐败问题；要么就是提供劣质公共服务。所以，破解问题的关键在于恢复公共服务供给的多元主体和多元模式，吸收社会组织和个人积极投入公共服务和公共产品的生产和供给。

社会组织和个人参与公共服务供给后引起了公共服务义务主体和内容结构形式的多样化，形成了"政府无条件给付义务—社会组织基于合同给付义务—其他个人基于参与关系的给付义务—社会连带的给付道德义务"的义务构成体

---

① 梅格纳德·德赛.公共产品：一个从历史角度的探讨[M]//英吉·考尔，等.全球化之道——全球公共产品的提供与管理.北京：人民出版社，2006：55.

② 亚当·斯密.国富论[M].北京：新世界出版社，2007：3.

③ 亚当·斯密.国富论[M].北京：新世界出版社，2007：553.

系。各类主体按照行政法、经济法、合同法和其他相关法律享有相应的权利、履行相应的义务、承担相应的法律责任。本书第十章将进一步探讨这些法律责任的实现方式。

二、服务型政府理念下政府提供公共服务的基本内容

从西方国家的财政预算就可以看出政府的公共属性。西方国家的财政收入主要用于公共物品的供给，履行政府的公共物品供给义务。（参见表 3 - 1）

以美国例①，从 2004 年的年度支出结构看，美国政府的公共服务开支占到 90%，因为其他项目也是用于图书馆、公园、公众建筑物等公共开支，利息是基于公共服务的提供产生的。只有 10% 用于行政公务运转费，不是用于直接提供公共物品。

在瑞典、丹麦和法国等国家的财政支出中，社会保障、教育、医疗保健和一般公共服务是花钱最多的 4 项，共占全部支出的近 80%。尤其是社会保障，在这 3 个国家的财政支出中都占到 42% 以上的比例；而教育、医疗支出，合计起来也占到总支出的 25% 以上。②

在很多学者看来，国防、警察、法律、制度、政府均是公共服务，但是本书所指的公共服务限定在物质意义上。为了明确区分概念，准确把握政府公共服务义务的内涵，化解长期以来的概念混乱，笔者将公共服务义务分解为国家义务和政府义务。那么，成立一个公共政府、建设防御性国防系统、组建警察队伍、制定健全的法律、确立国家基本制度等属于国家公共服务义务，而政府的公共服务义务则是指政府为社会成员提供基本的生存与发展物质条件。那么，由此往前推理一步，公共服务也可以分为国家公共服务和政府公共服务。这样不仅可以很好地区分两种性质完全不同、层次不一样的公共服务义务，还可以把学界一直无法准确定位的公共服务（公共产品）概念精确化。例如，在美国 2005 年的财政支出结构中，国家公共服务（国防、外交）占 21.2%，政府公共服务（保健、养老医疗、收入保障、社会保障、其他）占 61.8%，不能确定的部分（净利息）占 7%（参见图 3 - 1）。

---

① 参见周天勇. 中美财政支出结构和公共服务程度比较［EB/OL］. (2009 - 08 - 06)［2018 - 01 - 05］. http：//www.chinavalue.net/Article/Archive/2009/8/6/187204.html.

② 岑科，陈小瑾.［十问］为什么民众不以偷税为耻?［EB/OL］. (2009 - 03 - 20)［2017 - 10 - 10］. http：//www.infzm.com/content/25786.

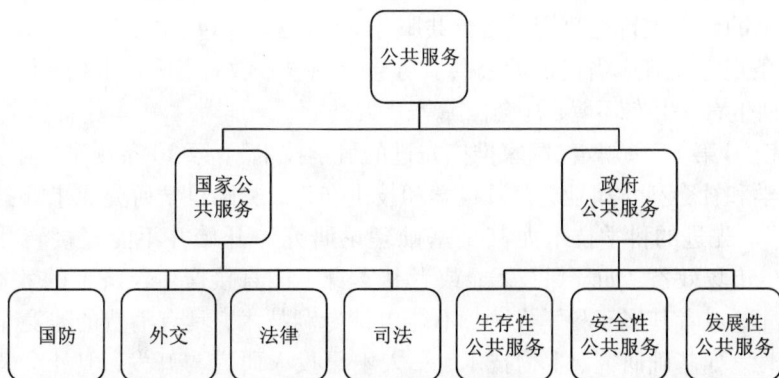

图 3 - 1 公共服务结构图

三、我国宪法对公共服务义务的框定

我国宪法不仅规定了公民的基本权利和义务，还在"总纲"部分一一列举了政府公共服务义务。

政府本身就是一件公共产品，为公共利益而生，为公共利益而存，公共利益就是其自身利益。在现代民主政治体制下，任何超越公共利益的政府都是不合法的。民主国家的宪法关于权力的分类、配置与制衡，无不是为了让国家更好地向社会提供公共服务。我国宪法对政府的公共服务义务做了全面、详细的规定，相对于其他各国宪法而言，这是我国宪法的一个显著特色。《宪法》总纲部分除了第 1、2、3 条是规定国体、政体、民主集中制等基本政治制度外，第 4 条至第 29 条可以说基本都是关于国家与政府公共服务义务的规定。第 4、5、6、7、8 条规定民族政策、法制统一、经济体制、国有经济、集体经济，第 11、12、13、15、16、17、18 条规定非公有经济、保护公共财产、保护私有财产、市场经济、国有企业、集体经济、外资企业，这 12 个条文规定我国基本的经济制度，明确了国家向社会成员提供"制度"这种最基本的公共服务。其中不乏义务性条款，例如，"国家根据各少数民族的特点和需要，帮助各少数民族地区加速经济和文化的发展""国家维护社会主义法制的统一和尊严""国家保障国有经济的巩固和发展""国家保护社会主义的公共财产"等，明确规定国家的公共服务责任。第 9、10 条既是关于自然资源、土地的权属制度，也确定了国家保护公共资源的公共责任。第 24 条规定国家的精神文明建设责任。第 28、29 条规定国家必须提供基本的治安、国防。以上这些抽象的、非物质性、非产品属性的基本制度都是国家公共服务，属于最终公共服务。

本书的研究主旨是政府供给公共服务。《宪法》第 14、19、20、21、22、23、25、26 条规定政府应当提供的公共服务包括科技、教育、医疗卫生、体育、文化、计划生育、生态环境、社会保障等几大类。

《宪法》第 14 条规定"国家推广先进的科学技术"，第 20 条规定"国家发展自然科学和社会科学事业，普及科学和技术知识，奖励科学研究成果和技术发明创造"。先进的科学技术尤其是基础理论研究一开始并不能直接转化为产品，产生市场效益，如环保技术；或者其本身不能直接产生经济上的效益，如空间技术；或者其属于科学发现，不能申请专利技术，具有消费的非竞争性和非排他性，如基础研究、生物技术，私人不愿投入研究与开发，但社会又特别需要，需要政府投资或资助这类研发。政府通过项目资助、设立研究机构、招募科研人员、设置奖项等方式来提供这类公共服务。为履行《宪法》规定的公共科技服务义务，国家制定了《中华人民共和国科学技术进步法》《中华人民共和国促进科技成果转化法》《国家科学技术奖励条例》，增加科学技术这一公共产品的供给。对于如何提供和促进基础研究这一公共服务，我国目前还没有专门的法律作为保障，由于基础研究的特殊性和重要性，笔者认为需要进行专门立法。

《宪法》第 19 条规定："国家发展社会主义的教育事业，提高全国人民的科学文化水平。""国家举办各种学校，普及初等义务教育，发展中等教育、职业教育和高等教育，并且发展学前教育"；"国家发展各种教育设施，扫除文盲，对工人、农民、国家工作人员和其他劳动者进行政治、文化、科学、技术、业务的教育，鼓励自学成才"；"国家推广全国通用的普通话"。教育具有非竞争性，但可以排他，不具有非排他性，是一种准公共产品。市场能够提供付费教育，满足社会的需要，并能从中盈利。但教育事关民族整体素质，事关国家和民族的兴旺，如果任市场从中过度盈利，会导致众多人口无法接受教育，影响整个国家的发展。而且教育具有明显的正外部性，受益的不仅仅是受教育者，国家乃至整个社会都是教育的长期受益者。一般国家都规定政府提供免费的或廉价的基础教育，限制教育的营利性。例如，意大利宪法第 34 条规定："至少为期八年的初级教育为义务免费教育。天资聪明和成绩优良者，即使无力就学，也有权受到高等教育。""共和国通过竞争考试发放奖学金、家庭补贴以及其他资助，以确保上述权利的实施。"语言文字是最为典型的公共产品，消费无法独占，使用无法排他，政府应当向社会提供规范化、标准化的语言文字。为履行《宪法》规定的公共教育服务和公共语言产品供给义务，国家制定了《中华人民共和国义务教育法》《中华人民共和国教育法》《中华人民共和国高等教育法》

《中华人民共和国职业教育法》《中华人民共和国通用语言文字法》等。

《宪法》第 21 条规定："国家发展医疗卫生事业，发展现代医药和我国传统医药，鼓励和支持农村集体经济组织、国家企业事业组织和街道组织举办各种医疗卫生设施，开展群众性的卫生活动，保护人民健康。""国家发展体育事业，开展群众性的体育活动，增强人民体质。"疾病与灾害的预防和控制主要属于公共服务，公共体育设施和体育服务属于公共服务，应当由政府来提供。美国电影《世界末日》描述了政府不能履行提供病毒疫苗义务时人类自我毁灭的世界末日景象。医疗服务本属于典型的竞争性物品，由市场提供，但本着人道主义的精神及政府本身的公共性，现代国家都承担向社会成员免费或以低廉的价格提供最基本的医疗服务，为公民提供最基本的生存条件。由于疾病预防、疫苗接种本身不是经济学意义上真正的公共产品，是拟制的公共产品，不具备非竞争性和非排他性，在法治程度不高的社会，在政府的供给过程中极易被市场化。2010 年的"山西疫苗"事件暴露的不仅仅是山西的问题，应当由己及他，防止问题疫苗在全国蔓延。为了履行公共医药卫生体育服务义务，国家制定了《中华人民共和国药品管理法》《中华人民共和国传染病防治法》《疫苗流通和预防接种管理条例》《中华人民共和国体育法》等。

《宪法》第 22 条规定："国家发展为人民服务、为社会主义服务的文学艺术事业、新闻广播电视事业、出版发行事业、图书馆博物馆文化馆和其他文化事业，开展群众性的文化活动。""国家保护名胜古迹、珍贵文物和其他重要历史文化遗产。"其中无线广播电视、部分名胜古迹属于非竞争性和非排他性的公共产品；而图书馆、博物馆、文化馆、封闭性文物古迹属于具有非竞争性的准公共产品；珍贵文物如果作为展览品是准公共产品，如果作为收藏品则是私人物品，但由于其属于公共资源，政府对其具有保护职责。为了履行实施《宪法》规定的公共文化服务义务，国家制定了《中华人民共和国文物保护法》《风景名胜区条例》等。

维持合理的人口增长速度，这是社会的基本要求，但这一服务具有明显的非竞争性和非排他性，每一个个体都可以享受到其带来的好处，因此属于典型的公共服务，应当由政府提供，所以，《宪法》第 25 条规定："国家推行计划生育，使人口的增长同经济和社会发展计划相适应。"为此，国家制定了《中华人民共和国计划生育法》。无论是控制人口过快增长还是过快下降都是政府公共服务义务。

良好的生态环境也是一种典型的公共产品，再加上许多种环境污染作为一种负外部性，致害人不需要承担责任，只能由政府承担责任，所以，各国法律及有关国际公约都规定政府有环境保护的义务，如《京都议定书》要求成员国减少温室气体的排放，为保持正常的气候尽义务。2009 年以来，我国政府致力转变经济结构，发展低碳经济，实际上是对全体国民和国际社会履行公共环境服务义务（减排义务）。我国《宪法》第 26 条规定："国家保护和改善生活环境和生态环境，防治污染和其他公害。""国家组织和鼓励植树造林，保护林木。"为了保障正常的生态、生活环境，我国制定了《中华人民共和国环境保护法》《中华人民共和国水污染防治法》《中华人民共和国大气污染防治法》等一系列防治环境污染、恶化的法律。巨大自然灾害发生频率越来越高，积极应对全球气候变暖，减少碳排放正在成为各国政府最重要的公共服务义务以及全球性公共服务义务。2007 年，中国制定了《应对气候变化国家方案》，成立了国家应对气候变化领导小组。

养老、就医、避难等本是个人事务，有关服务不是真正意义上的公共服务，他人没有义务为生活困难者提供此类无偿服务。但这一类在当今社会属于典型的公共服务的产品和服务。在人类早期历史中"要么根本不存在（如公共卫生），要么就是由志愿者或私人来负责提供"。① 到后来这些事务才逐步演变成为政府的义务，1601 年英国《济贫法》最早规定政府对贫困者救济的义务，政府逐步开始承担为有特殊困难而无法自理的社会成员提供最低生活保障和健康保障的责任，各国法律将为社会成员提供基本的生活健康保障拟制为公共服务，规定为政府的义务。社会保险、社会救济、社会福利、优抚安置等社会保障都已成为现代国家的政府义务。我国《宪法》第 14 条第 4 款规定："国家建立健全同经济发展水平相适应的社会保障制度。"为此，国家制定了《中华人民共和国劳动法》《中华人民共和国就业促进法》《失业保险条例》《工伤保险条例》《城市居民最低生活保障条例》《城市生活无着的流浪乞讨人员救助管理办法》《中华人民共和国劳动保险条例》等。

我国现有法律对政府三大类公共服务义务均有比较全面系统的规定，除了少数行业或部门，几乎在每一个细分领域均有配套的法律、法规或规章。

从建设服务型政府的要求来看，现有政府公共物品供给法律制度还存在两个主要问题：一是原有法律规定远远落后于社会经济发展水平，不少只体现贫困社会的要求，达不到现代小康生活要求，例如，《劳动保险条例》已完全落后于现实，实际早已被单独的失业保险、工伤保险、医疗保险制度代替；二是不少领域还没有法律对政府公共物品供给义务做统一规定，如住房保障、医疗保险、基础研究等还没有统一的法律规定，亟须立法。这两个问题尤其是第一个

---

① 梅格纳德·德赛. 公共产品：一个从历史角度的探讨[M]//英吉·考尔，等. 全球化之道——公共产品的提供与管理. 张春波，高静，译. 北京：人民出版社，2006：58.

问题，貌似简单，但要完全解决却十分困难，因为现有政府各种公共物品供给义务分散在众多法律、法规中，要统一修改使公共物品供给达到小康水平，保持完全一致几乎是不可能的。比较事半功倍的做法是首先制定一部适用于所有公共服务领域的基本法，即"政府公共服务法"或"政府公共服务保障法"。

既有管理又有服务的问题，如何以服务的方式来进行经济调节、市场监管和社会管理，即政务服务的问题，因此，也可以将政务服务和公共服务统一在一部法律中，制定"政府服务法"。

第三节　非公民享有公共服务权利及边界的法理

一、非公民权利的基本理论

"非公民"（non-citizen）既是一个政治概念，尤其是我国计划生育基本国策下特指因不符合人口政策出生却没有户口的自然人，又是一个学术概念，只是在学界非公民的具体定义和内涵没有得到统一。研究传统社会的权力与政治的学者普遍认为非公民是指生活在传统社会中的臣民，他们在臣民意识的影响下，在土地所有权的权力束缚下，家国不分，家国一体，对于权力既没有认可的资格，更没有参与的权利。[①] 于建星则认为非公民应包括臣民与惰民，惰民是臣民中的一部分，两者分开而谈，是因为两者划分的标准不同，臣民是专制政体下自身不具备政治权利，又没有谋求政治与人身权利欲望的人，而惰民则是臣民中缺乏自尊与自强自立精神的人，他们依赖心理强，臣民是从权利与权利意识的角度划分的，而惰民则是从精神维度划分的。[②] 有些学者认为非公民是在一国的公民中被剥夺公民权利的人，即一国中不具备部分或全部公民权利的公民。[③] 如奴隶、古罗马的妇女群体等都是非公民的范畴。

从字面意义上看，在一国领域内，非公民是与公民相对的范畴，非公民指的是在一国领土范围内，除被国家宪法认定为公民以外的所有主体。在我国，根据《宪法》第 33 条的规定，我国公民是指具有我国国籍的人。首先，这里的"人"，不能做扩大解释，人就是自然人，法人或非法人组织等被当然地排除在外。其次，拥有我国的国籍并不当然的等同于拥有户口，因为根据《国籍法》第 4 条的规定，同时具备两个条件则自动拥有我国国籍：其一，父母中的任一方

① 武守志.权力机制与传统中国[J].社会·经济·科学，2002(2).
② 于建星."非公民"意识论——兼论臣民意识与惰民意识之异同[J].河北工程大学学报，2010(4)。
③ 雍正江.论古代雅典的非公民妇女[J]，贵州社会科学，2012(3).

为中国人；其二，本人出生地为中国。也就是说政治意义上的绝大多数非公民实际上是我国公民。因此在我国非公民的具体范围既包括我国领土内的外国人与无国籍人，也包括非自然人即法人、社会团体等非法人组织。对于法人与非法人组织，各国均会通过公司法等相应法律将其权利义务加以固定下来。

因此，本书的非公民不是政治术语，也不是指代古代专制社会背景下的概念，而是仅仅作为现代社会背景下的一个学术概念加以探讨，所指代的是在一国国土范围内不具有该国国籍的外国人与无国籍人。

非公民权利的根本渊源是人权，确切地说是国际人权。

第二次世界大战以前，人权问题并没有引发世界范围的关注，那时的人们普遍认为人权是国内管辖事项，是一国内政。只有个别问题或个别领域如奴隶制度等才有国际共识，才有相关的国际法存在。第一次世界大战之后，虽然对人权领域的问题也有涉及，但仍然存在于个别领域，大家所广知的国际劳工领域的国际劳工法的出现，虽然被普遍作为保护人权成为世界领域关注焦点的重要事件，但实际上其关注的重点并不是人权保护问题，而是技术标准问题。

第二次世界大战期间发表的《联合国宣言》，保护人权成为其目标之一。这样的觉悟始于两次世界大战的惨烈。侵略战争总伴随着侵略方的肆无忌惮与野蛮残酷，尤其二战期间，德国法西斯对犹太民族的种族灭绝政策以及日本军国主义在南京的大屠杀。这样的残暴行径激起了世界人民的愤怒，也促使人们开始反思社会、反思人性。战争使世界人民付出了惨痛的代价，人们开始渴望和平。当人们发现侵略行为总是伴随着对人权的践踏时，尊重和保护人权也在这样的背景下开始成为全世界的共识。

1944 年，在筹建新的世界组织联合国的时候，美国提出了联合国的目的之一为推动人权保护的提案，参会的四大国美苏中英均表示同意并最终通过了《关于建立普遍性的国际组织的建议案》，在建议案中明确提出联合国的基本任务之一就是推动人权保护。

1945 年，在旧金山会议期间，人权问题继续受到重视，这一问题由一个专门的小组委员会讨论。这个小组的讨论结果首先承认了二战前的普遍观点，人权保护是一个内政问题，但同时又提出在人权遭受侵害而威胁到联合国宪章的实施，违背联合国宪章的宗旨时，就不仅仅是一国内政的问题了。① 由此可见，当时该小组对人权问题的观点相对保守一点，其实这也不难理解，当时的二战战胜国美苏英法（我国虽为主导二战后世界格局的五大战胜国之一，但当时的地位实在没有过多话语权，因此在此排除），各个国家都有自己的人权问题。

———————————

① 陈世材. 国际组织——联合国体系的研究[M]. 北京：中国友谊出版公司，1986：219 – 220.

美国的种族歧视严重，虽然目前已经在法律上消除，但其影响至今存在。苏联的众所周知的劳改营，里面践踏人权的事情不绝于耳。英法推行殖民统治，二战本身就是殖民范围的重新划定，在利益面前，殖民帝国都不会因人权问题轻言放弃。因此当时预想推动人权保护的只是一些无实力、无地位、备受压迫与殖民的小国，在大国国家利益面前，没有话语权的他们的诉求被理所当然地忽视了。①

1945 年，《联合国宪章》正式生效，在其内容中关于人权保护的条款多达 9 条，但是处处保守，措辞谨慎。当时对于人权保护是否为各个会员国的义务有着截然不同的两种理解，而且这种争议直到现在仍然存在。一种观点认为人权保护条款之规定只对联合国各机构部门有约束，体现的是联合国的职责而不是会员的国家义务。另一种观点则认为这些人权条款实际上创设了会员国人权保护的国家义务，如赫斯·劳特派特认为，联合国各个会员国有义务遵守联合国宪章的规定，因此对于联合国宪章中关于人权保护的规定，各个会员国应该遵守，为各会员国创设人权保护的义务是联合国宪章的应有之意。②

1948 年 12 月 10 日，《世界人权宣言》通过，它的前 20 条规定了各种政治权利和公民权利，后面则规定了各种经济、文化、社会权利。尽管内容是全面的综合的，且吸收了世界各种宗教与各色价值观的内容，但是仍被人们诟病太过西方化。在效力方面，国际社会也渐渐达成了共识，认为其仅仅是联合国的宣言，不具有法律约束力。更为讽刺的是对于当时的世界强国而言，其主张起草该宣言的主要动力是在人权方面占领制高点以免遭此方面的抨击，同时又可以获得批评别的国家人权问题的机会和理由，从这可以看出，人权只是一种政治工具而已。③ 比如，美国就强调该宣言无法律约束力，其国内的种族问题在本质上是国家内政，不容他国干涉和指责。④

虽然《世界人权宣言》不具备强制的法律约束力，且制定之时各国动机不纯，但是其后续影响确实幅远。各国宪法纷纷借鉴，保护人权也越来越成为世界各国的共识，虽然各国对于人权到底是什么的共识至今未能达成，但是人权

---

① 托马斯·伯·根索尔，黛娜·谢尔顿，戴维·斯图尔特.国际人权法精要[M].黎作恒，译.北京：法律出版社，2008：21.

② Lauterpacht H. Sovereignty and Human Rights[M]//Lauterpacht E. International Law, Being the Collected Papers of Hersch Lauterpacht. Vol. 3, Cambridge University Press, 1977.

③ 格德门德尔·阿尔弗雷德松，阿斯布佐恩·艾德.《世界人权宣言》：努力实现的共同标准[M].中国人权研究会，译.成都：四川人民出版社，1999：7.

④ 格德门德尔·阿尔弗雷德松，阿斯布佐恩·艾德.《世界人权宣言》：努力实现的共同标准[M].中国人权研究会，译.成都：四川人民出版社，1999：8.

保护的前进步伐一直没有停滞。

《世界人权宣言》与之后通过的《公民权利和政治权利国际公约》①、《经济、社会及文化权利国际公约》共同构成了今天大家所说的"国际人权宪章"。

国际人权宪章中的人权针对生活在世界上的所有人，没有国籍的区别，包含一国境内的非公民，各种经济、政治、文化、社会权利也没有区别。人权的保护是非公民权利保护的始源，也是其根本依据。

非公民权利还来源于另外一种国际法理论即国家主权相对理论。

国家主权相对理论是从国家主权绝对理论中发展与演变而来的。主权是国家的四大要素之一，对内具有最高性，对外具有独立性。国家主权原则是国际交往的首要原则，但是国家主权并不是至高无上的。人们对这一事实的认识同样来自两次世界大战。在第一次世界大战之前，主权被认为是至高无上的，如博丹在定义主权时认为主权具有绝对性，在《论共和国》中，他认为主权是君主在其国内享有的除受自然法和神法限制外，其他均不受限制的绝对权力。② 荷兰学者格劳秀斯与博丹的观点一致，也认为主权具有绝对性，它是国家的最高统治权，除神法、自然法以外不受其他任何限制。③ 之后，卢梭在人民主权论中提出主权具有三大原则，其一就是绝对性。④

但在第一次世界大战之后，人们渐渐认识到这种理论的错误性。如果国家主权被认定为是至高无上的，是绝对的，那其内涵就引申为主权者在国内具有无限的不受约束的权力，在与他国的交往中具有完全的行动自由。对内的无限权力忽视了其对应的责任，而对外的绝对自由则在战争中体现出它的绝对危害，比如种族灭绝与南京大屠杀。

这种主权绝对理论渐渐被人们质疑并慢慢放弃。试想一个主权国家如果通过立法权来制定违背人道主义和侵害人权的法律法规，那人的基本价值与尊严就受到挑战，良好的国际秩序将遭到破坏。主权相对理论开始成为主流。主权

---

① 《公民权利和政治权利国际公约》，英文为 *International Covenant on Civil and Political Rights*，即公民权利是由 civil rights 翻译而来，根据《柯林斯英汉双解大词典》，Civil rights are the rights that people have in a society to equal treatment and equal opportunities, whatever their race, sex, or religion. 即 civil rights 更多的接近于平等权利。根据 Delia Mucica 写的 *Cultural Legislation Why? How? What?*，"公民和政治权利(civil and political rights) 的主要内容是国家不得干预个人的完整性及自由的义务。对比之下，据称，经济、社会及文化权利的实施则需要付出成本，因这些权利要求国家承担向个人提供福利的责任。"因此《公民权利和政治权利国际公约》中的"公民权利"并不是作为公民所享有的所有权利。
② 武磊. 论国家主权的限制[D]. 重庆: 西南政法大学, 2012.
③ Grotius. On the Law of War and Peace[M]. Campbell A C. Batoche Books, 2001: 7 – 8.
④ 邵沙平, 余敏友. 国家法问题专论[M]. 武汉: 武汉大学出版社, 2002: 63 – 64.

是相对的，它要受到国际习惯法原则及主权国家接受的国际法制约。一个国家的立法权不能至高无上，制定的法律必须考虑基本的人权。主权相对理论的发展与深入，不仅仅因为人们对于战争的反省，还来自国际全球化大趋势的需要。在全球化背景下，每个国家都不可能独善其身，积极融入其中才能促进国家的发展。为了更好地与世界上其他国家达成合作意向，促进共同发展，各国有充分的理由将适当的权利给予非公民，并进行权利保护，以期在国际交往中，本国公民能够在世界范围内获得同样的权利与保护。

虽然国家主权相对理论有其无法克制的缺陷，比如在国际霸权主义面前的无能为力，以及近十几年来某些国际行动开始涉及在本质上属于一国内政的事务，但是在国际公认的人权领域，国家主权的相对性成为非公民权利保护的后盾，非公民权利的保护亦成为每个国家的应尽职责。

非公民权利的理论基础中的国际人权理论与国家主权相对理论获得了世界范围的广泛认同，其他的一些理论基础是少数学者的观点。如苏利文·迈克尔（Michael Sullivan）认为资源配置理论是非公民权利的理论基础，他认为国家和公民在应对非公民持续以移民、定居等方式融入宿主社会问题时，大都选择以限制非公民义务范围、限定成为公民的条件及限定其享受社区资源的权利来解决，但解决这一问题更好的方式应该是让所有的社会成员分配重要的及稀缺的社会资源，包括非公民福利。因此，他提出用非公民的贡献来决定其能分配的社会资源即权利。①

二、不可克减的权利与公共服务权利的内容

就如何确定基本公共服务权利的基本内容，学者存在不同的看法。有学者从现今中国国情出发，认为基本公共服务权利包括健康与医疗、教育、社会保障和就业服务权利。② 还有学者借鉴《经济、社会及文化权利国际公约》的规定，认为公共服务权利包括基本生活水准权利、受教育权、健康权、社会保障权、文化权利、就业权、住房权。③

在确定基本公共服务权利基本内容的同时，需要注意国家资源多寡与经济、社会发展程度因素，但是有些最低程度的基本公共服务权利是不能依据一国的资源状况加以减损的。而规定这种最低程度的基本公共服务权利，最权威

---

① Michael Sullivan Justifying Limitations on the "Right" to Exclude Non-Citizens. Mary's University 2012 APSA Meeting-New Orleans 31 August 2012.

② 联合国开发计划署. 中国人类发展报告 2007/2008 惠及 13 亿人的基本公共服务[M]. 北京：中国对外翻译出版公司，2008：100 - 102.

③ 李军鹏. 公共服务学[M]. 北京：国家行政学院出版社，2007：111 - 112.

的参考标准莫过于《经济、社会及文化权利国际公约》中所确立的人权规范。但是，如果就此把基本公共服务权利的基本内容与《经济、社会及文化权利国际公约》中的经济、社会和文化权利完全对等，则湮没了基本公共服务权利存在的独特意义。政府提供公共服务当然可以《经济、社会及文化权利国际公约》为参考标准，但是就基本公共服务权利而言，它不能和该公约中的规范权利完全等同。毕竟，《经济、社会及文化权利国际公约》中所保护的经济、社会和文化权利是一种要求各国努力实现的共同标准，它包括但绝不是最低限度的人权标准。此外，《经济、社会及文化权利国际公约》中所包含的若干权利是分阶段逐步实现的，缔约国在不同阶段承担的实现经济、社会和文化权利的义务是不同的。例如，就公约第 14 条受教育权而言，缔约国在初等、中等、高等教育和基础教育方面的义务并不相同。缔约国必须优先实行义务性的、免费的初等教育。而对于免费中等教育、高等教育的实现，则需要缔约国根据资源状况逐步实施。① 相反，基本公共服务权利是为维持个人基本生活水准以及维护个人尊严所必需的，从必需的程度上讲，它是一种最低限度、优先实现的人权标准，国家在保障基本公共服务权利方面承担的也只是一种最低限度的、立即履行的核心义务。鉴于此，将基本公共服务权利基本内容限于《经济、社会及文化权利国际公约》权利规范中最核心的要素是必要的，这对现今中国而言，则更具现实性。

因此，基本公共服务权利的基本内容在类型方面可以与《经济、社会及文化权利国际公约》中所确立的基本人权等同，如工作权(享有工作机会权利、获得公正和良好工作条件权利、工会权)，社会保障权，保护家庭、母亲和儿童适当生活水准权(主要包括足够的食物、衣着和住房)，健康权，受教育权，文化权利；但是在实质内容方面只能是上述各项权利的核心要素，即"权利最低门槛"。此外，某些国际人权条约也可以成为确定基本公共服务权利内容的参考，如国际劳工组织制定的规定最低限度的社会保障标准的《社会保障(最低标准)公约》(第 102 号公约)。

但是，将基本公共服务权利基本内容寄托于对《经济、社会及文化权利国际公约》核心权利要素的认定，带来的另一个问题是权利规范内容的不确定性。这一问题在当下的中国尤为严峻，因为中国关于经济、社会和文化权利或基本公共服务权利核心内容的立法大多内容空泛、流于形式。因此，唯有国家积极履行《经济、社会及文化权利国际公约》规定的义务，在充分借鉴《经济、社会

---

① 经济、社会和文化权利委员会在 1999 年第 21 届会议上所做的"一般性意见"(受教育的权利)，文件编号：HRI/GEN/1/Rev.7，第 51 段。

及文化权利国际公约》实施监督机构——经济、社会和文化权利委员会——关于解释公约权利规范核心内容的一般性意见以及其他相关国际人权条约的基础上，制定明确而具体的立法，才是确定基本公共服务权利基本内容的最好途径。

权利的克减条款来源于人权法。根据权利的限制理论，无论行为是事实行为还是法律行为，也不管行为的发生是出于故意还是无意的，凡是因国家行为而导致个人的权利受到限制均构成对公民个人基本权利的限制。也就是说国际人权法对缔约国在紧急或特殊情况下限制公民权利是予以认可的，但同时又规定了不可克减条款，即在任何情形下都不认可此种权利限制。《公民权利与政治权利公约》第 4 条第 2 款规定了人权中不可克减的权利①。不可克减的权利包括生命权，不受酷刑或残忍、不人道、侮辱待遇与刑罚，免遭奴役与强迫劳动的权利，不因无力履约而遭监禁，不溯及既往的权利，人格权，思想、良心和宗教自由。这些权利不以国家的紧急情势为限，在任何理由下国家都不可援引第 4 条第 1 款的规定。

不可克减的权利是维护人的人格尊严的最低标准所需要的最低权利，是人赖以生存的最低标准，是人之所以为人的界限。涉及与生命权和人格尊严权直接相关的权利，是完全属于个人自治的权利，并必须确保能够得到保护的权利，这也是公共服务应该保障的人之权利。

1937 年，著名法学家吴经熊先生就在《过去立宪运动的回顾及此次制宪的意义》一文中说到，对于人权的保障，有法律保障主义和宪法保障主义。法律保障主义就是如果法律没有进行明确限制人民的某种权利，这个权利就没有受限，其他规范性文件也无权进行限制。在这样的情况下，制定其他规范性文件的部门虽然无法干涉人民的自由，但是制定法律的立法部门仍可以通过制定法律来加以限制。而宪法保障主义则是在宪法上预留对某种权利的限制，法律亦不可施加限制，那么宪法只要施行，人民的这些权利就得到了落实与保障。②宪法保障主义反映到非公民权利上也就是非公民权利中不可克减的权利。

从权利所有与权利保留的对应关系来看，一般权利分为三类，分别是保留给权利人的权利、保留给权利人与政府订立契约的权利即权利宪法保留以及保留给法律的权利③。不可克减的权利是归属于权利所有者本人的权利。保留给

---

① 不可克减的权利包括生命权，不受酷刑或残忍、不人道、侮辱待遇与刑罚，免遭奴役与强迫劳动的权利，不因无力履约而遭监禁，不溯及既往的权利，人格权，思想、良心和宗教自由。

② 吴经熊.法律哲学研究［M］.北京：清华大学出版社，2005：154 - 155.

③ 肖北庚.法律保留实质是权利保留［J］.现代法学，2008（2）.

权利人的权利也就意味着权利不根据宪法和法律的修改而发生变化，是归属于人本身的，不可被剥夺和削弱。

基本权利的不可克减原则正发展为习惯国际法，这有利于世界各国都加强对不可克减的权利的保护。但是，需要指出的是，不可克减的人权与其他人权居于相同的法律地位，没有高低之分，不可克减的权利不等同于国际法上强行法。①

三、非公民公共服务权利的边界

国际人权法一方面认为人权应该是普遍和平等的，但另一方面又承认各国有权划分公民与非公民，在授权时给予一定的区分，但仅限于在一些特定的情况或特别的事项中对非公民权利范围的做出限制。这样的差别待遇是有限的，这些限制被看作普遍性原则的例外。

(一) 政治权利

政治权利一般被看作是一国公民的权利。如根据《世界人权宣言》第21条规定，每个人都有权通过直接或间接的方式参与本国的国家治理和国家公务，"本国"二字明确将选举权与被选举权归类为公民的权利，非公民被排除在外；而《公民权利和政治权利国际公约》第25条也规定了国家公民有权直接或间接参与公共事务，"公民"点出了政治权利的主体仅限于公民，非公民则无权享有。

因此，在国际人权法中政治权利并不是非公民权利的权利范围，在这一领域，非公民无法获得同公民一样的权利保护。但是国际人权法的规定是各国非公民权利保护的最低标准，可以超越与深入发展。在政治权利领域，许多学者主张，应对长期居住在一国国境内的非公民给予一定范围的权利。这些主张在某些国家也得到了落实，如在葡萄牙的宪法中就明确将选举权与被选举权赋予了基于互惠原则下在葡萄牙长期居住的非公民。

(二) 经济权利

国际人权法对于非公民经济权利的限制有严格的适用范围，只针对发展中国家。发展中国家可以根据自身经济发展的现实情况对非公民的经济权利给予力所能及的保护，也就意味着在发展中国家，公民与非公民的经济权利可以是不一致的。这体现在《经济、社会及文化权利国际公约》第2条中的规定，即发

---

① 刘楠来，等. 人权的普遍性与特殊性[M]. 北京：社会科学文献出版社，1996：151-152.

展中国家可以在考虑自身民族经济的现状和适当考虑人权的状况下，决定其他非国家公民在本国领域内享有的经济权利。

这一条款的对象是特定的，即只面向发展中国家，发达国家不得援引此条款在国内对公民与非公民的经济权利进行区别对待，减少非公民的经济权利。这一条款的指向也非常明确，即除经济权利外，其他权利均不包括在内，任何国家包括发达国家与发展中国家不得援引此条款克减非公民的其他权利。

(三)迁徙权利

从《公民权利和政治权利国际公约》第 12 条可以看出，国际人权法对迁徙权利是持肯定态度的，但这一权利不是绝对的，也受到限制。首先，迁徙必须是符合法律规定的，对于非法的迁徙，国际人权法不给予保护，即非公民只享有合法的迁徙自由；其次，一国的义务是让公民入境，非公民不享有自由进出非本国的权利，主权国家有权拒绝非公民的迁入请求。

在社会实践中，迁徙权利在逐步地扩展其范围，尤其在基于歧视、非人道的情形下，多数人认为非公民拥有进入某一国的权利。该条第 4 款中的"本国"，在许多学者看来，认为不应该等同于"国籍国"，在理解第 4 款时，应赋予长期居住于某国的非公民进入该国的权利。

限制以上非公民权利的目的归根结底就是维护公共秩序稳定。为了维护正常的公共秩序，各国宪法普遍限制了危害公共秩序的行为。限制非公民的政治权利可以保障本国公民的自决权以及管理本国事务的权利免受外国势力的干涉；限制经济权利则是为了促进国民经济的发展，维护国家经济安全，但当今社会以开放共赢为特点，因此这一限制权利，国际人权法只赋予了发展中国家；各个国家的独立与国家版图的划分，是按照人类的生存习惯与生存需求而形成的，已经形成了良好的社会秩序，若允许人们自由迁徙，这种划分本身就失去了意义。因此只要世界的现状不变，迁徙权利就不会无所限制。基于社会秩序的需要，国际人权法也同意各国对于非公民权利的适当限制。

四、非公民公共服务权利的法律规定

(一)国际人权法的法律规定

人权具有普遍性，无论公民还是非公民均应享有人权并获得权利保障和权利救济，而且在联合国人权保护体系中的文件里也强调人权的平等特性以及非歧视的要求，或明或暗的禁止因为国籍而产生的差别待遇，非公民应该与公民一样，应该被平等地对待，但这种平等并不意味着权利相同。基于此，国际人

权法允许一国在公民权利与非公民权利上做出区分。

《世界人权宣言》明确将促进和保护每一个人的所有人权和基本自由是每个国家的义务作为其原则,强调人权的主体是每一个人,既包括公民又包括非公民。1993 年,《维也纳宣言和行动纲领》也明确,尊重和保护人权是国家义务,国家应该按照《联合国宪章》和其他国际人权法的要求来履行国家义务。

非公民权利首先是普遍存在的,其次强调与公民权相较,非公民权利是平等的。例如,《世界人权宣言》的第 1 条,《公民权利和政治权利国际公约》第 2条,指出不得基于国籍、民族、种族等原因而给予公民与非公民差别待遇。

根据国际人权法的规定,非公民应该与公民一样,享有范围一致的权利与自由。非公民权利的范围极其广阔,例如,自决权(《公民权利和政治权利国际公约》第 1 条)、生命权(《公民权利和政治权利国际公约》第 6 条)、人身自由与安全(《公民权利和政治权利国际公约》第 9 条)、人格权(《公民权利和政治权利国际公约》第 16 条)等。(参见表 3 - 2)

表 3 - 2　国际人权法所规定的非公民权利

权利内容	法律条目		
	《世界人权宣言》	《公民权利和政治权利国际公约》	《经济、社会及文化权利国际公约》
生而自由,尊严和权利平等	第 1 条、第 2 条		第 2 条
生命、自由、人身安全	第 3 条	第 6 条、第 9 条	
不为奴隶,不被奴役	第 4 条	第 8 条	
不受酷刑、残忍、不人道或侮辱性待遇或刑罚	第 5 条	第 7 条	
法律人格	第 6 条	第 16 条	
法律面前人人平等	第 7 条	第 26 条、第 27 条	
通过法庭获得救济权	第 8 条		
不被任意逮捕、拘禁或放逐	第 9 条	第 9 条	
公正公开获得裁判权	第 10 条	第 14 条	
无罪推定,不溯及既往	第 11 条	第 14 条、第 15 条	
私生活及住处不被任意干涉;荣誉、名誉不受攻击	第 12 条	第 17 条	
自由迁徙和居住	第 13 条	第 12 条(受公共利益限制)	

权利内容	法律条目		
	《世界人权宣言》	《公民权利和政治权利国际公约》	《经济、社会及文化权利国际公约》
政治庇护	第14条		
享有国籍	第15条		
婚姻自由	第16条	第23条	
财产权	第17条		
宗教自由	第18条	第18条(受公共利益及他人必须自由限制)	
主张和发表意见的自由	第19条	第19条	
集会、结社自由	第20条	第21条(集会违背公共利益除外)、第22条(结社违背公共利益的除外)	第8条(包含罢工权)
参与本国公务的权利	第21条	第25条	
社会保障	第22条		第9条
工作权	第23条		第6条、第7条(工作条件公正、良好)
休息权	第24条		第7条
满足基本生活需要;母亲与儿童受到特别照顾	第25条	第24条(儿童被保护、儿童平等、儿童姓名权、儿童国籍权)	第10条、第11条(免于饥饿的权利)
受教育权	第26条		第13条
参与文化生活;享受创作产生的精神和物质利益	第27条		第15条
要求保障权利和自由的社会和国际秩序	第28条		
仅受法律限制自由	第29条		
自决权		第1条	第1条
男女平等		第3条	第3条
生命权		第6条	

续上表

权利内容	法律条目		
	《世界人权宣言》	《公民权利和政治权利国际公约》	《经济、社会及文化权利国际公约》
被剥夺自由的人给予人道及尊严；被控告的少年与成年人分开		第 10 条	
不因无力履约而被监禁		第 11 条	
不被随意驱逐出境，且应有申诉权		第 13 条	
经济权利			第 2 条(发展中国家可适度保证)
健康权			第 12 条

(二)我国法律对非公民的权利保障

我国法律对非公民的权利保障主要来源于宪法和法律的相关规定。此外，我国是多个国际人权法的缔约国和国际人权组织的成员国，遵守我国已承认的国际人权法、保障非公民权利是我国的国际义务。

1.我国已经承认的国际人权法

我国已经承认了二十多项国际人权法，在国际人权保护方面我国应该积极参与，并切实维护非公民的权利。当然，在批准成为某些国际人权法的缔约国时，我国也根据国家利益做出了一些保留，其中有些保留就与非公民权利相关。

比如在批准《经济、社会及文化权利国际公约》时，我国对其第 8 条规定的工会自由组织权提出了保留，对这一权利适用我国国内法的规定。这一保留并不针对非公民，在这一权利上公民与非公民被平等对待，即依法参加与组织工会的权利，但实际上削弱了国际人权法中的非公民权利，因为众所周知，在我国组织工会并不是公民享有的不受限制的权利，组织工会必须得到我国政府的批准。

涉及非公民权利的保留并不多见，在绝大多数情况下，我国均按照自己承认的国际人权法相关条约的规定来保护在华的非公民，在华非公民亦可以在我国承认的国际人权法规定而我国未提出保留的权利范围内享有权利。

不过，我国加入的国际条约能不能在我国直接适用，到目前为止还无法得到肯定的答案，但这并不影响我国对于非公民权利的保护。从我国一贯的社会实践来看，我国一般是将国际法转化为国内法来实施。比如《儿童权利公约》被转化到我国的《未成年人保护法》等相关法律中，《残疾人权利公约》则主要通过《残疾人保障法》等相关法律得到实施。

2. 我国非公民权利的宪法保障

一个国家宪法最基本的部分就是规定公民权利和义务的部分，我国宪法也不例外。在我国现行宪法（1982 年宪法）第二章就是公民的基本权利和义务。在这一章节中详细地列举了我国公民的各项权利，这里的公民自然指的是中华人民共和国公民而非在我国领域内的非公民。2004 年 3 月 14 日，第十届全国人大二次会议通过宪法修正案，对 1982 年宪法进行了第四次修改，其中一条重要的修改就是增加了尊重和保障人权的规定。很多学者认为该规定的增加意味着我国宪法中的基本权利①主体从我国的公民扩展到了在我国境内的所有人包括非公民。然而，这种说法却经不起推敲。从该规定所处的章节来看，尊重和保障人权是宪法第二章第 33 条的规定②。该章规定的是公民的基本权利和义务，且在尊重和保障人权规定前一句就规定了公民的范围即具有我国国籍。从条文的结构来看，很难证明我国宪法在此处扩展保护了非公民的人权。

我国宪法对于非公民的规定出现在第一章总纲中的第 32 条③。该条没有列举除了政治避难权以外的非公民的其他具体权利，只笼统地概括为合法权利和利益。虽然没有具体规定，宪法的这一条文却成为我国保护非公民权利的最高法律依据，其后在法律法规中关于非公民权利的保护条款皆援引此。

3. 我国法律保护的非公民权利

虽然我国宪法对非公民权利只做了原则性的规定，但是我国现行法律法规中关于非公民权利的条款众多，它们补充了宪法缺失的非公民权利的内容，使非公民权利在我国的权利范围非常广，涵盖了经济、政治、文化、社会等各个方面。

---

① 基本权利就概念而言，英美学者倾向于称之为"人权"，德国学者习惯于用"基本权利"或"基本权"的说法，日本则更多采用"基本人权"的说法。

② 《宪法》第 33 条规定："凡具有中华人民共和国国籍的人都是中华人民共和国公民。中华人民共和国公民在法律面前一律平等。国家尊重和保障人权。任何公民享有宪法和法律规定的权利，同时必须履行宪法和法律规定的义务。"

③ 《宪法》第 32 条规定："中华人民共和国保护在中国境内的外国人的合法权利和利益，在中国境内的外国人必须遵守中华人民共和国的法律。中华人民共和国对于因为政治原因要求避难的外国人，可以给予受庇护的权利。"

要对非公民权利进行确权，就要对属于非公民权利范围内的行为给予保护与支持，对超出我国法律规定的非公民权利范围的行为进行制约。一方面，非公民问题的产生很多来源于执法者对于非公民权利的疑问，当执法者不确定非公民是否具有某项权利而发生执法延迟时，或会损害非公民的权利或会纵容非公民非法行为的发生。另一方面，当非公民权利得到确认时，立法者才能基于权利的性质确认非公民违法行为的法律后果，执法者才能寻求恰当的惩处措施（参见表3-3）。

表3-3 我国宪法、法律、法规等对公民权利与非公民权利的规定

权利类型	公民权	非公民权利		
	公民权利的主要内容	我国法律明确的非公民权利的主要内容	法律条目	备注
权利原则	平等权	平等权	《民法通则》第8条、第10条	
	特定主体的权利（妇女、儿童等）			特别保护特定主体权利。无具体法律条文规定
权利限制	权利与义务一致	必须遵守我国法律规定	《宪法》第32条	
政治权利	参与国家和社会事务	无		《人大组织法》明确只有公民享有
	选举权和被选举权	无		
	言论、出版、集会、结社、游行、示威	集会、游行、示威、首次在中国境内出版或所属国或者经常居住地国同中国签订的协议或者共同参加的国际条约享有的著作权	《集会游行示威法》第34条、《著作权法》第2条	

权利类型	公民权	非公民权利		
	公民权利的主要内容	我国法律明确的非公民权利的主要内容	法律条目	备注
政治权利	批评建议权、申诉权、控告权或者检举权、取得国家赔偿权	国家赔偿权,但其所属国对我国公民限制的实行对等原则	《国家赔偿法》第40条	批评建议权、申诉权、控告权或者检举权无法律规定,但《公务员法》《法官法》等明确规定其接受人民的监督
	宗教信仰自由	宗教信仰自由,但受到限制	《宗教管理条例》第37条	参与宗教活动受宗教事务行政管理部门的管理
人身权、人格权	人身自由权			人身自由权
	人格尊严权			人格尊严权
财产权	财产权	合法财产受法律保护	《民法通则》第8条、第75条	
社会、经济、文化权利	劳动权	劳动权	《劳动法》第4条	《劳动法》没有限定主体
	社会保障权	就业后可参加社会保险	《社会保障法》第97条	
	受教育权	无		《教育法》明确规定公民有受教育的权利
	科学研究、文学艺术创作和其他文化活动的自由			无法律规定
	民族语言文字自由	民族语言文字自由	《民事诉讼法》第5条、第11条	
	住宅权	住宅权	《刑法》第245条	
	通信自由与通信秘密			通信自由与通信秘密

由表3-3可知,我国非公民权利的范围与公民权利的范围不是完全重合的,存在一定差异,既有与公民权利一致的领域(与公民权利完全一致领域及基于互惠原则下与公民权利保持一致的领域),又有适当限制非公民权利的领域,还有严格限制非公民权利的领域。

(1)非公民权利与公民权利一致的领域。

由公民权利与非公民权利在权利范围的对比可知,在我国,大多数的非公民权利的范围与公民权利的范围保持一致。

非公民权利与公民权利的范围完全一致的领域为平等权、人身人格权与财产权及部分经济权利。平等权即法律面前人人平等,平等被认为是人权的根本原则,因此,平等是非公民权利与公民权利都必须遵守的法律原则。我国《民法通则》第8条与第10条规定了非公民的平等权。人身人格权包括人身自由权和人格尊严权,人身人格权是人身属性较强的权利。在《法国民法典》中,人身人格权的依据是归属于人的天然属性。在他们看来,人的自由与尊严是人本身所固有的,不属于法律创制的权利①,因此人身自由与人格尊严是不能被法律剥夺的权利。尽管我国法律没有明文规定非公民享有这两个权利,但是非公民权利依然包括人身自由权与人格尊严权。财产权是自由的基础,现代社会,保护私有财产是所有人的共识,如根据《民法通则》第8条的规定,非公民的合法财产受法律保护,又如公民住宅权,为实现住宅权,政府、个人和国际社会组织承担着重要的责任与义务。

基于互惠原则下与公民权利保持一致的领域是不涉及国家与民族利益的经济领域、文化领域与社会领域。经济、文化、社会权利一般不是人的基本生存必需的权利,属于人的发展所需权利。在这一领域如果不存在侵害我国的国家利益与民族利益的行为,我国法律一般不会对非公民权利进行限制,如《行政诉讼法》第100条第2款规定②,《注册会计师法》第44条规定③,《国家赔偿法》第40条第2款规定④,《著作权法》第12条规定⑤。

---

① 马俊驹. 我国人格权基础理论与立法建构的再思考[J]. 晋阳学刊, 2014(2).

② 《行政诉讼法》第100条第2款规定,外国法院对中华人民共和国公民、组织的行政诉讼权利加以限制的,人民法院对该国公民、组织的行政诉讼权利,实行对等原则。

③ 《注册会计师法》第四十四条规定,外国人申请参加中国注册会计师全国统一考试和注册,按照互惠原则办理。

④ 《国家赔偿法》第40条第2款规定,非公民的所属国对我国公民要求该国国家赔偿的权利不予保护或者限制的,我国与该非公民所属国实行对等原则。

⑤ 《著作权法》第12条规定,在同为知识产权国际保护条约成员国的国家公民(在华非公民)享有我国法律规定的同我国公民相同的知识产权保护

（2）适当限制非公民权利的领域。

在我国，非公民权利适当限制的领域为非参政议政的政治权利领域。政治权利在国际人权法中并不在非公民权利的权利范围内，但我国法律仍然给予非公民一定的政治权利。参与国家和社会事务、选举权和被选举权涉及直接参与政府组成与运作的层面，因此我国《人大组织法》明确规定了这些权利只有公民可以享有，将非公民直接排除在外。其他政治权利，我国法律基本都有涉及，没有完全限制非公民在此的权利，但是这些权利又不是完全赋予非公民的，往往有诸多的条件限制，一般除了与我国公民一样需要在合法的范围内行使权利以外，往往会有严格的程序限制，如非公民享有集会、游行、示威的自由，见我国《集会游行示威法》第34条的规定①。

（3）非公民权利被严格限制的领域。

在我国，非公民权利被严格限制的领域集中于涉及国家利益、民族利益的重要事项方面。与公民个人利益相比较，我国一向是以国家利益与民族利益为重，更何况是与非公民权利或利益相较，而且国家利益与民族利益是我国所有公民的共同利益，维护我国的国家利益尤为重要。

首先政治权利中的参政议政权，是公民参加国家事务的基本途径，也是公民享有主人翁权利的保障。允许非公民享有参政议政权，一方面影响我国的国家独立，外国敌对势力或许可以凭借非公民这一途径来干涉我国内政；另一方面干扰我国的自决权，随着非公民数量的不断增多，若允许其参政议政，我国公民的参与权将受到严重挑战，自己决定自己民族事务的权利可能受到侵害。

其次，非公民在经济权利方面主要是涉及国家利益的部分权利被限制。从属于国家的经济资源是全国人民的共同财产，不容侵占。如我国《渔业法》第46条②的规定，渔业资源属于国家所有，是全民所有，允许非公民进入开发无疑是将公民的财产让与给非公民，损害了全体公民的利益。

最后，对于公民权利中涉及我国国家利益的文化权利，非公民被严格限制。一个国家的文化根基是立国之本，不容动摇，也不容其他人窥视。如《文物保护法》第25条的规定、第33条的规定以及第52条的规定③。

总之，在涉及国家利益与民族利益的领域，我国严格限制非公民的权利。

---

① 《集会游行示威法》第34条规定，外国人在中国境内举行集会、游行、示威，适用本法规定。
② 我国《渔业法》第46条规定，非公民不得擅自进入我国管辖水域从事渔业生产和渔业资源调查活动。
③ 我国《文物保护法》第25条规定，非国有不可移动文物不得转让、抵押给非公民；第33条规定，非公民非经国务院文物行政部门报国务院特别许可，不得在我国境内进行考古调查、勘探、发掘；第52条规定，国家禁止出境的文物，不得转让、出租、质押给非公民。

第四节 公共服务立法的基本原则

一、公共服务立法的核心任务是促进发展

围绕是否进行公共服务立法的一个基本困惑在于：公共服务的发展要求投入更多的经济资源，是对"蛋糕"的分配，可能影响投入经济建设领域的经济资源，从而阻碍经济的发展，使"蛋糕"无法做大。然而，西方发达国家公共服务的实践已经证明：公共服务的发展不但不影响经济的发展，反而能够刺激经济的发展。挪威 1936 年建立了一个公共保险体系。瑞典 1842 年解决了义务教育问题；1928 年通过了《卫生法》，规定县级政府有义务向所有居民提供卫生保健；1930 年解决了养老金制度问题，1950 年建立了比较完善的社会保障体系。① 这些立法在提供高质量的公共服务的同时都引发了经济的快速增长。公共服务究竟是经济社会发展之后的必然要求，还是公共服务的提高促进了经济社会的发展？实践证明，二者显然不是一种单向度的线性关系，而是一个相互建构、相互发展的关系。换言之，只有"分好蛋糕"才能"做大蛋糕"，"蛋糕做大了"也必然要求"蛋糕分好"。由此可见，公共服务立法的核心任务不是简单分配社会财富和资源，而是通过对社会财富和资源的合理配置促进经济和社会的持续发展。

二、公共服务立法的现实要求是优化体制机制

毋庸讳言，提升公共服务是否会影响甚至阻碍权力的高效运作是行政机关非常关心的一个问题。引入公共服务立法就是要从体制上明晰公共服务的范围，增强政府提供和引导公共服务的能力。这改变了那种通过相对消减行政开支的形式来增加公共服务的财政投入的传统模式，从而将改变传统行政机构改革所陷入的"膨胀—精简—再膨胀—再精简"怪圈。西方发达国家的事实证明，在强化公共服务过程中带来的政府膨胀并不一定是坏事，反而可能是好事。例如，"北欧国家 1960 年后的 30 年里，公共服务部门吸纳就业能力比私有部门大得多。挪威公共部门吸纳就业人数占全国新增就业人口的 85%，各级政府吸纳就业人口占总就业人口的比重从 13% 增至 30%。挪威地方政府雇员增长了3.3 倍，卫生和社会服务部门雇员人数增长了 5.8 倍。"②所以，优化权力的运

---

① 赵新峰，宋立根.地方政府公共服务部门改革研究〔M〕.北京：人民出版社，2007：317–318.
② 赵新峰，宋立根.地方政府公共服务部门改革研究〔M〕.北京：人民出版社，2007：317.

行不是简单地删减政府的机构设置和工作人员，而是要将政府机关及其公务人员从繁文缛节中解脱出来，根据"公共服务心理动机"（public service motivation）①建立有效的激励模式，培育政府根据环境变化和社会要求而进行自我调适的能力，积极投入保护和发展公共服务的事业。综上所述，公共服务立法的现实要求不是限缩权力机构的职权，而是优化权力的运行方式，扩大对公共服务的提供和监管。

三、公共服务立法的历史使命是改善民众心理结构

如前所述，公共服务的个体意义要求维护个人的基本财产权利、基本尊严权利和基本社会保障权利，这不单单是利益共享的问题，更不只是为了维护和谐稳定的权宜之计，而是社会发展的原始动力。"只有当福利制度被设计成为刺激工作和经济增长的机制时，平等才是生产力。完善的社会保障有利于创新，使人们勇于接受挑战和承担风险。因此，医疗保健、社会服务、健康保险、劳动等方面的立法有利于经济增长。维特伯格也指出，平等的社会分配，更容易实现经济增长。建立国家福利体系，有助于刺激经济。"②从这层意义上可以说，社会的持续发展必然要求建立内容充分、结构合理的公共服务体系，公共服务体系的建立和健全也必将为社会的持续发展提供持续的动力。综上所述，公共服务立法的历史使命不是对民众需求的应景式被动回应，而是通过公共服务主动改善民众心理结构，为社会提供持续发展的动力。

① Francois P. Public Service Motivation' as An Argument for Government Provision [J]. Journal of Public Economics, Volume 78, Issue 3, November 2000, p.275.

② 赵新峰，宋立根.地方政府公共服务部门改革研究[M].北京：人民出版社，2007：318.

第四章　公共服务建设法治化的
西方经验和中国实践

　　自 2004 年温家宝在中央党校举办的省部级领导干部"树立和落实科学发展观"专题研究班结业典礼的讲话中第一次正式提出要"努力建设服务型政府"以来，2005 年《中共中央关于构建社会主义和谐社会若干重大问题的决定》明确提出"建设服务型政府，强化社会管理和公共服务职能"。至此，自 20 世纪 90 年代末就已经在地方政府改革实践中产生，且一直被理论研究人员广泛关注的构建服务型政府问题"终于完成了一个自下而上、又自上而下的完整过程，正式成为党中央、国务院决策指导下的政府建设目标；而建设服务型政府也迅速成为中央和地方各级政府的高频用语"①。

　　根据有关学者的研究，"服务型政府"这一概念可以说是"中国公共管理理论研究者和实践者提出的，这从到目前为止的西方所有文献中几乎都找不到服务型政府的对应词就可以证明"②。但毫无疑问的是，与我们构建服务型政府相类似的政府行政管理改革在西方主要国家其实早已有之。虽然在西方主要国家的行政语境中，我们更为熟悉的是"公共服务"这一用语，但西方主要国家在"政府重塑"过程中的一系列举措，无论是在基本内容、主要制度、行政体制变革上，还是在技术手段、价值诉求等方面，都与我们的服务型政府建设有着相当程度的共性。这一点不仅说明我们目前建设服务型政府的努力符合历史发展的方向，同时昭示着我们有必要对西方主要国家的经验教训予以充分总结和借鉴，只有在此基础上，我们建设服务型政府才会事半功倍，发挥出我们的后发优势。

---

① 汪自成. 论服务型政府的合法性[M]. 长春：吉林大学出版社，2008：3.
② 井敏. 构建服务型政府：理论与实践[M]. 北京：北京大学出版社，2006：62. 关于"服务型政府"概念产生的更详细考证，参见前注汪自成《论服务型政府的合法性》一书第二章相关论述。

第一节　西方公共服务建设的基本方式和经验

一、西方公共服务建设的背景和行政理论发展

20 世纪 30 年代初期，长期以来奉行自由经济的西方主要国家经历了一场空前的大危机，"放任型"自由经济的缺陷暴露无遗。为了克服危机，以美国"罗斯福新政"为代表的国家全面干预经济的做法逐渐获得了西方主要国家的认同，许多国家都不同程度地实行国有化改革，对经济发展制订计划，加强政府对经济活动的监管。在此基础上，西方主要国家二战后进一步强化了政府提供公共服务的职能，不断加大社会保障的力度，开始向"福利国家"迈进，这一进程长达 40 年左右。但是到了 20 世纪 70 年代前后，经济发展从"放任型"到"管制型"的转变显现出矫枉过正的问题，政府管制职能的强化不仅对经济的发展渐次形成掣肘，同时更直接造成了政府机构臃肿、效率低下，官僚主义和腐败问题日益严重，而"福利国家"的低效运行又加剧了财政赤字高企的弊病，传统公共行政开始面临一系列的困境，西方主要国家的发展开始步入"滞胀"阶段。为了解决"政府失灵"的问题，20 世纪 70 年代末，以英国为代表的西方主要国家进行了一场持续的以调整政府职能、改善公共服务为核心的"政府重塑"改革。这一改革的主要理论基础经历了从新公共管理理论到新公共服务理论再到公共治理理论的演变过程。

新公共管理理论以新自由主义经济学为基础，以管理主义为依托，以效率为指向，管理的自由化与市场化是其基本特征，力图以政府治理的创新来提高政府公共服务的能力和水平。在新公共管理理论下，政府的政策职能和管理职能，前者被称为"掌舵"，后者被称为"划桨"，管理职能多数交由自治或半自治的机构来执行，甚至许多公共服务完全由市场化方式提供。在政府治理方面，它强调公共部门吸纳和运用私营部门的管理方法与价值理念，实行全面的质量管理和目标管理，重视对公务人员（员工）的绩效量化评估和物质激励；同时，提出政府公共服务的"顾客导向"理论，即把政府公共服务的对象——公众视同商业服务领域的顾客，以顾客的需求和满意作为改善政府公共服务的标准。这一理论在 20 世纪 80 年代撒切尔夫人执政的英国率先开始，此后新西兰、澳大利亚、美国等都进行了类似的改革。

新公共服务理论由 20 世纪 90 年代末美国学者罗伯特·登哈特和珍妮特·登哈特夫妇在对新公共管理理论进行深度反思和批判的基础上发展起来。登哈特夫妇认为新公共管理理论最大的缺陷是过于注重效益和自我利益主导，忽视了

民主和公民权利因素，"我们希望像'民主'、'公民'和'自豪'这样的词语不仅在我们的言语中而且在我们的行为中都要比像'市场'、'竞争'和'顾客'这样的词语更加流行。公务员（通常）不是提供顾客服务，而是提供民主"①，因此登哈特夫妇指出"在民主社会里，我们应该在思考治理机制时，民主价值应是我们的首要关注点。诸如效率与生产率等价值不应被忽略，但应被置于民主、社区与公共利益的大框架之下"②。

新公共服务理论立足于公民本位和社会本位，强调政府行政官员应超越企业家思维，服务公民而不是"顾客"，推崇服务精神而不是"掌舵"，重视公民权利和民主。应该说，新公共服务理论并不是对新公共管理理论的彻底否定，而是在后者的基础上对其价值诉求的适度纠偏，代表了西方主要国家在政府公共服务理论方面的新思考。

公共治理理论源于 20 世纪 70 年代对政府治理能力的研究，在 90 年代逐渐成为一种理论。这一理论的主要意义在于其回答了在市场和政府作为社会治理的主导力量都失灵的情况下，应如何来进行社会治理。其基本主张在于：由于社会治理存在边界和责任的模糊性问题，因而治理的主体应当是一系列的来自政府和非政府的机构，公共治理应该是多中心化的；多元治理主体之间相互依赖，以协商、合作进行"共治"进而达到"善治"。公共治理理论最核心的主张是治理权力的多元化、多向度，其中也理所当然地暗含了公民权利和民主治理的因子。在传统行政模式下，治理权力是单向度的由上而下的科层制，在公共治理理论下，由于治理权力的多元化，既包含了由上而下的权力运行关系，也包含了治理权力网络结构中任意治理主体之间的平等、合作关系，同时还包括了自下而上的权力运行关系。换言之，在公共治理理论下，治理主体和被治理主体之间是平等的。"在多中心的政治体制中，没有一个机关或者决策结构对强力的合法使用拥有终极的垄断。'治人者'与'治于人者'在权威上的不平等是有意受到约束和限制的，这样'治人者'也能够接受法律的'统治'，并被要求服务于'治于人者'。"③

---

① 珍妮特·V.登哈特，罗伯特·B.登哈特.新公共服务：服务，而不是掌舵[M].丁煌，译.北京：中国人民大学出版社，2004：18.

② 珍妮特·V.登哈特，罗伯特·B.登哈特.新公共服务：服务，而不是掌舵[M].丁煌，译.北京：中国人民大学出版社 2004：164 – 165.

③ 文森特·奥斯特罗姆.多中心[M]//迈克尔·麦金尼斯.多中心体制与地方公共经济.毛寿龙，译.上海：三联书店，2000：73.

二、以公共服务建设促进服务型政府建设基本途径

尽管西方主要国家在"服务型政府"建设方面发起时间有先后之不同，具体措施也各有差异，但从总体上来说，在体制变革、分权、绩效管理、技术创新以及公务员制度等几个主要方面则基本上是共通的。

第一，体制变革。这里所讲的体制变革一是指公共服务提供的私有化和市场化，二是指政府公共服务部门自身结构的调整。

在 20 世纪 80 年代的西方主要国家中，英国、新西兰和澳大利亚、美国等都实行了不同程度的私有化。其中，英国撒切尔政府时期的私有化改革最为知名，大量的国有企业被卖给私人经营，在使政府获得了巨额的财政收入的同时也提高了企业的生产效率。① 而市场化则主要侧重打破垄断——无论是来自政府的还是来自市场自身的，其主要举措是在公共服务领域引入竞争机制，培育竞争主体。如英国，采用新的竞争实体、地域分割、经营范围限制、控股比例限制、开放基础设施、价格控制等手段在电力、电信、自来水和煤气供应等多领域引入竞争机制。而其他多数国家则以合同外包、招投标等形式保障竞争。

公共服务部门结构的调整有两类基本模式，一是英国设立的"执行机构"，二是澳大利亚的"大部制改革"。英国设立执行机构的出发点是以任务导向的方式，强化政府公共服务部门运行的效率，其核心理念是组织模式和机构类型的多样化。② 而澳大利亚 1987 年的机构改革则与英国不同，以"大部制""网格化"为基本思路。"其主要内容是合并政府职能，整个中央政府各部的数量从 28 个减少到 18 个，许多政府部门合并到一起，从而产生了超级大部，如外交和外贸部、教育就业和培训部、交通和通讯部等……公共服务系统采用网状结构，是对原来'金字塔'式行政管理结构的创新。"③

第二，关于分权问题。总的来说，在这场发轫于英国的变革过程中，不论是联邦制国家还是单一制国家，分权的趋势都是较为明显的，这种分权包括两方面的内容，其一是中央政府和地方政府的事权划分，其二是中央政府和地方政府的财权划分。就联邦制国家而言，通常中央政府和地方政府的事权划分为三大类，中央政府专管的，如国防、外交、高等教育等；地方政府专管的，如基础教育、公共消防、工商服务等；中央政府和地方政府共同或按比例负责的（具体事项各国各不相同）。但在财权的划分上通常中央政府和地方政府会有较多

---

① 曹现强.当代英国公共服务改革研究[M].济南：山东人民出版社，2009：第二章.

② 周志忍.英国执行机构改革及其对我们的启示[J].中国行政管理，2004(7).

③ 高小平，林震.澳大利亚公共服务发展与改革[J].中国行政管理，2005(3).

的争议。例如，澳大利亚"实行联邦、州和地方政府三级管理体制，联邦议会和政府负责处理涉及全国利益的外交、国防、移民、高等教育、就业和社会福利等事务，州议会和州政府补充联邦政府的活动。实际上，联邦政府和州政府在各州和地区负有正式责任的教育、交通、卫生及执法等许多领域中合作甚密，但在税收的征收和支出方面也一直争论不休。各地方政府的权力和职责不尽相同，但一般都不承担其他某些讲英语国家地方政府具有的执法及公共教育职责，二是主要负责城镇规划、建筑标准的监控、基础设施的修建和维护、公共健康和卫生、公共图书馆和社区娱乐休闲设施等"。美国、德国等联邦制国家基本上与澳大利亚大同小异。单一制国家如英国、法国等在分权上虽不如联邦制国家那样较为清晰，但近年来分权的趋势也有所加强。

由于分权不仅仅是公共服务职责划分的问题，在多数联邦国家中，中央政府和地方政府的分权制度原则上是由宪法确立的。如美国宪法就明确列举了联邦政府有 10 个方面权力，其第 10 修正案规定"凡宪法未授予合众国政府也未禁止各州行使的权力，保留给各州行使，或保留给人民行使"。德国《基本法》规定了各州行使行政管理和组织管理文化教育等权力。单一制国家除了在宪法上有关于分权的规定外，一般采用专门立法的形式规定分权问题，如法国 1982年《权力下放法案》、日本 1999 年修改后的《地方自治法》，都扩大并明确了地方权力。①

第三，绩效管理。注重绩效管理是西方主要国家取得公共服务改革成功的重要保障。以英国和美国为例，英国在梅杰政府时期发起"公民宪章"运动，提出"顾客中心论"，政府以私营部门的管理方法和为"顾客"服务的精神来努力提高公共服务的质量。在绩效评估的方式上，英国的执行机构极为重视对顾客满意度的调查，广泛采用普查、网络反馈、书面调查问卷反馈、独立机构评估等方式及时监测公众对公共服务的满意度。而美国在 20 世纪 80 年代末就由地方政府率先发起制定政府绩效规划的运动。俄勒冈州于 1989 年成立发展委员会，于1991 年发布了第一个题为《俄勒冈标杆》的报告。此后，佛罗里达州所任命的GAP(the Commission for Government Accountability to the People) 委员会于 1996 年发表的报告"包括了 268 个用以记录佛罗里达在 7 个主要领域进展情况的示标，这些领域包括：家庭与社区、安全、学习、健康、经济、环境和政府。②

第四，技术创新。在技术创新方面，对改革推动最大的莫过于"电子政务"建设，其最大的作用是在大幅提高政府行政效率的同时降低了行政成本，同时

---

① 孙晓莉.中外公共服务体制比较[M].北京：国家行政学院出版社，2007：76 – 82.

② 安瓦·沙.公共服务提供[M].孟华，译.北京：清华大学出版社，2009：22 – 24.

还促进了政府信息公开和行政决策透明化。以美国为例，"由于电子政务的实施，1992 年到 1996 年，美国政府的员工减少了 24 万人，关闭了近 2000 个办公室，减少开支 1180 亿美元。在对居民和企业的服务方面，政府的 200 个局确立了 3000 条服务标准，作废了 1.6 万多页过时的行政法规，简化了 3.1 万多页规定"①。鉴于此，2002 年美国设立"电子政府办公室"，投入巨额资金用于电子政务建设，目前，所有联邦政府一级机构和州政府都已上网，几乎所有的县市也都有自己的网站。在欧洲国家中，德国是世界上第一个制定电子政务标准的国家，成立了专门制定电子政务标准的部门，经过多年的努力，德国电子政务建设已达到了较高的水平，联邦政府提供的在线服务多达 400 余项，州政府提供的在线服务也有 300 项之多，全国 30% 以上的人口享受在线服务。②

在立法方面，以美国为例，1998 年制定的《文书工作缩减法》和 2002 年制定的《电子政府法》(*The E-Government Act of* 2002)是美国电子政务立法中最重要的两部，除此之外还有大量与电子政务息息相关的其他立法，如 1996 年的《信息技术管理改革法》和修改后的《信息公开法》等。另外，政府不时制定和发布的电子政务规划战略也在很大程度上起到了规范的作用。

第五，公务员制度。高素质的公务员队伍是西方主要国家在公共服务改革方面取得成功的重要条件之一。美国文官制度一向发达，在公务员制度方面，极为重视公务员的培训，强调以培训来不断提高公务员的素质和公共服务的效率和水平；同时，美国还特别注重公务员职业精神的培养，以高效服务、清正廉洁、追求卓越和乐善好施作为其主要内容。③ 德国"以人为本，挖掘公务员的奉献精神和创新能力，形成了针对不同人员而采取的不同管理模式；依据部门职能、公务员管理知识增长和服务意识提高的需要，对公务员实行定期或非定期的分级别培训，主要学习法律课程和新公共管理知识；以'追求卓越'作为公务员的改革动力……通过'标杆'比较和业绩考评的办法增加额外奖金量，以此激励公务员……建立灵活的工资薪酬制度……在机构精简的同时严把公务员进口关"④。

三、西方公共服务法治化的经验借鉴

西方主要国家在 20 世纪 80 年代掀起的公共行政改革在背景和基本理论方

---

① 朱明仓.电子政务：政府创新平台和必然选择——美国电子政务建设的经验与启示[C]//任治俊，陈学明.美国公共管理研究.成都：西南财经大学出版社，2007.
② 童腾飞.欧洲国家公共服务平台建设情况[J].中国行政管理，2008(6).
③ 曾维和.当代美国公务员职业精神及其启示[J].中国行政管理，2007(3).
④ 靳永翥.德国地方政府公共服务机制改革与机制创新探微[J].中国行政管理，2008(1).

面的启示意义在于：首先，从背景上来说，在恰当的时机进行正确的改革是成功的第一步。纵观西方主要国家的公共行政改革，都是在社会经济发展面临重要转型之际做出的及时应对，20 世纪 30 年代的危机使西方主要国家的政府从对放任的自由经济的迷信中清醒过来，转而寻求应对"市场失灵"后的公共行政方式，70 年代面对新的"政府失灵"的困境，又不失时机地进行"政府重塑""再造公共部门"，进行新的公共行政变革。尽管每一次改革都不尽完美，但正是在不断反思不断改革的过程中实现了社会的发展和进步。自改革开放以来，我国从计划经济迈向社会主义市场经济，从而实现了一次重大的转变，改革开放 20 多年后所显现出来的一系列问题，诸如政府机构臃肿，效率低下、国有企业效益不佳、社会贫富分化严重、公共服务不足和不均等，与西方主要国家曾经所遭遇的问题几乎如出一辙，不同的是，由于我们极为强调经济的发展而幸免于"滞涨"。我们曾经不失时机地进行"国企改制"，也曾经果断地进行"政府机构精简"，可以说，我们做到了在恰当的时机进行正确的改革。当前，面对公共服务供给不能满足人民群众日益增长的需要之时，和以往的历次改革一样，推进"服务型政府"建设可以说是时不我待，机不可失。其次，就基本理论方面而言，新公共管理理论、新公共服务理论和公共治理理论虽是主导西方主要国家的"服务型政府建设"的理论基石，但从中我们不难总结西方主要国家所要"重塑"的政府与中国语境下的"服务型政府"有着极大的相似性。具体来说，我们所要建设的"服务型政府"应该是一个以公民为本位，以服务为宗旨的政府，同时它还应该是民主的、法治的、阳光的、有限的、高效的、责任型的政府。这些基本内涵从西方现有的相关理论中都可以得到一定的启示。

第一，重视立法，以立法先导为原则。重视与政府服务改革相关的立法是西方主要国家的一个普遍现象，各国几乎都是在改革发起之初就展开相应的立法活动。在这一点上，即便是以不成文的判例法为主要特征的英美法系国家也毫不犹豫地选择以成文立法的方式进行。例如，英国在改革之时，先后制定《交通法》《电信法》《煤气法》《自来水法》《电力法》《铁路法》等多部法律，使每一类公共服务都有专门的相关立法加以规制；在梅杰政府时期，《公民宪章》的颁行在更宽泛的领域使得公共服务实现了"有法可依"。日本 2006 年的《公共服务改革法》和澳大利亚 1999 年修订的《公共服务法》是以国家统一立法的形式对政府服务改革加以调整。此外，在分权、绩效管理、电子政务、公务员制度等各方面，西方主要国家都制定有相应的法律法规。

第二，以基本公共服务和绩效管理立法为主要内容。在西方主要国家的政府服务改革法治化进程中，基本公共服务和绩效管理方面相关法律的制定一直是重中之重，大多数的立法要么是围绕改善基本公共服务展开，要么是以强化绩效管理促进政府服务水平提高为主旨。就基本公共服务方面的立法来说，在社会保障、教育、医疗、就业以及公用事业服务等各方面，西方主要国家都不遗余力地进行了长期、大量的立法工作。例如，德国于1983年公布了庞大的《社会法典》，这部共有16编的法典采取成熟一编公布生效一编的方式，历时近二十年完成，其内容涵盖了社会保障的方方面面。再例如公用事业服务方面，英国1992年制定《竞争和服务（公用事业）法》[*Competition and Service (Utilities) Act*]；美国在制定《公用事业监管政策》的同时，主要由各州制定相关法律，如得克萨斯州《公用事业规制法案》等。日本的义务教育立法相关法律就有近百种之多。

绩效管理立法方面，英国的《公民宪章》既是政府对公众的服务承诺，同时也成了衡量政府绩效的法律标准，2003年英国又颁布实施《绩效审计手册》，使得绩效管理方面的法律规定更为具体明确；而美国于1993年通过《美国政府绩效与结果法案》，要求联邦政府制定政府的绩效方案，同时各州还制定本州范围内的绩效管理方面的法律。除了直接规定绩效管理问题的法律外，审计、预算等与绩效管理极为密切的法律在西方主要国家的立法中也是极受重视的。

第三，多种形式的法律制度相结合，建立多层次的政府服务法律体系。由于政府服务的内容涉及社会生活的方方面面，不同性质的政府服务自然也会有轻重缓急之分，即便是在同一个国家中，不同群体、不同地区在政府服务的具体内容上也会有较大的差别。正因如此，西方主要国家在立法方面采取了不同渊源的法律制度相结合的方式，以多层次的法律体系尽可能为公众提供最恰当的服务。从总体上来看，既有宪法层面上的，如涉及分权问题的规定，也有立法机关立法、行政法令、司法判例、国际法等，这些法律因其制定主体地位的不同在效力上会有所差别，但行政机关制定的法律通常是最多的。即便是奉行判例法和议会至上主义的英国，其大量的立法都是以委托立法的方式由政府制定。此外，多层次的法律体系还体现在国家统一立法和地方分散立法相结合上，这主要是政府服务地区性差异和分权体制的影响所致。在这一点上，联邦制国家较单一制国家更为明显。如美国有《美国政府绩效与结果法案》，但多数州都会结合自身实际制定本州绩效管理方面的法律，从美国绩效管理立法的历程来看，甚至是一个由地方立法先行再到国家统一立法的过程。①

第四，重视政府服务立法的公开透明，鼓励民众参与。立法的公开透明、公众参与是服务型政府公民本位、民主化和开放式政府的一种体现。西方主要国家在这方面也有许多有益的立法经验值得借鉴。例如，英国"法律的制定尊

---

① 安瓦·沙.公共服务提供[M].孟华，译.北京：清华大学出版社，2009：22-24.

重各种利益观点的表达，鼓励各种政治社会团体在立法过程中的参与，高度重视整个立法程序的透明性"，建立了行之有效的"磋商机制"①；澳大利亚的"法律法规能得到有效实施，一个重要原因是政府在决策之前，十分注意与公民之间进行对话交流"，如在环境服务立法方面，"政府注重鼓励公民参与环保。有关环境法律法规的制定，采取面向社会招标，任何单位和个人都可以竞标，由中标者负责起草，并将法律法规草案散发广大公民，广泛征求意见"②。

第五，以立法确保高素质的公务员队伍建设。重视公务员法律制度建设是各国的普遍现象。文官制度一向发达的美国早在1958年就颁布了《公务员培训法》；德国在统一之后，于1995年修改《联邦公务员法》，对公务员的工资制度、晋升制度、退休制度等予以进一步完善；而日本的公务员法律制度相对来说是最为完善的，不仅先后制定有《国家公务员法》和《地方公务员法》，还制定了《公务员伦理法》，强调公务员道德素质的提升。

此外，在具体经验方面，西方主要国家的许多举措值得学习，但也并非所有举措都完全适用于中国国情。就公共服务的私有化、市场化而言，私有化、市场化是一个可行的方向，但也是一把双刃剑。由于私有化和市场化侧重的是效益问题，过度的私有化、市场化可能导致贫富差距的分化，有碍公共服务质量的提升，使政府有逃避责任之嫌，有害"责任政府"这一基本内涵。近年来，西方主要国家对私有化和市场化的反思，如美国对公共服务外包制度的重新审视③，对我们应当有所警示。就公共服务部门结构调整而言，选择英国模式还是澳大利亚模式并不是问题的关键，问题的关键在于应结合本国实际选择最合适的机构改革方式。建立政府公共服务的绩效评估和管理是必要的，难点在于如何进行有效的绩效评估，从指标的科学设置到绩效评估机制的运转程序以及其自身缺陷的克服，我们都需要进行更进一步的深入研究。电子政务的推行无疑是信息化时代的必然趋势，但同时也必须充分认识到我国无论在技术还是在人、财、物力的投入方面，都依然面临许多困难，如何有效、有序推进我国的电子政务建设尚需深入的研究。在公务员制度建设方面，如何造就一支高素质的公务员队伍，从公务员准入制度、培训制度、晋升制度、待遇制度、奖惩制度乃至职业精神培养等各方面都可以从西方主要国家的公务员制度中汲取经验。

---

① 曹现强.当代英国公共服务改革研究[M].济南：山东人民出版社，2009：120.
② 高小平，林震.澳大利亚公共服务发展与改革[J].中国行政管理，2005(3).
③ 句华.美国地方政府公共服务合同外包的发展趋势及其启示[J].中国行政管理，2008(7).

第二节 公共服务建设及其法治化的中国实践

一、国家公共服务建设的实践

自 2015 年以来,我国经济社会发展在深层次、根本性变革中取得了全方位、开创性成就,我国公共服务建设在实践中亦取得了长足的发展。据相关"公报"统计,这主要表现为以下几个方面。

(一)坚持多措并举,为增强企业市场活力提供经济公共服务

为增强企业发展后劲,提升市场活力,中央政府坚持实施积极的财政政策和稳健的货币政策,率先大幅减税降费。分步骤全面推开营改增,结束了 66 年的营业税征收历史,累计减税超过 2 万亿元,加上采取小微企业税收优惠、清理各种收费等措施,共减轻市场主体负担 3 万多亿元。积极稳妥去杠杆,控制债务规模,增加股权融资,工业企业资产负债率连续下降,宏观杠杆率涨幅明显收窄、总体趋于稳定。多措并举降成本,压减政府性基金项目 30%,削减中央政府层面设立的涉企收费项目 60% 以上,阶段性降低"五险一金"缴费比例,推动降低用能、物流、电信等成本。加强地方政府债务管理,实施地方政府存量债务置换,降低利息负担 1.2 万亿元。调整财政支出结构,盘活沉淀资金,保障基本民生和重点项目。财政赤字率一直控制在 3% 以内。货币政策保持稳健中性,广义货币 M2 增速呈下降趋势,信贷和社会融资规模适度增长。采取定向降准、专项贷款等差别化政策,加强对重点领域和薄弱环节的支持,小微企业贷款增速高于各项贷款平均增速。上述措施使得企业利润增长 21%;财政收入从 11.7 万亿元增加到 17.3 万亿元,增长 7.4%,扭转了增速放缓态势。

(二)破除机制障碍,进一步深化行政审批制度改革

持续深化"放、管、服"改革,加快转变政府职能,减少微观管理、直接干预,注重加强宏观调控、市场监管和公共服务。五年来,国务院部门行政审批事项削减 44%,非行政许可审批彻底终结,中央政府层面核准的企业投资项目减少 90%,行政审批中介服务事项压减 74%,职业资格许可和认定大幅减少。中央政府定价项目缩减 80%,地方政府定价项目缩减 50% 以上。全面改革工商登记、注册资本等商事制度,企业开办时间缩短三分之一以上。创新和加强事中事后监管,实行"双随机、一公开",随机抽取检查人员和检查对象、及时公开查处结果,提高了监管效能和监管公正性。推行"互联网＋政务服务",实施一

站式服务等举措。营商环境持续改善，市场活力明显增强，群众办事更加便利。

（三）坚持创新引领，为提高社会创新能力提供服务

扩大科研机构和高校科研自主权，改进科研项目和经费管理，深化科技成果权益管理改革。推进全面创新改革试验，支持北京、上海建设科技创新中心，新设 14 个国家自主创新示范区，带动形成一批区域创新高地。以企业为主体加强技术创新体系建设，涌现一批具有国际竞争力的创新型企业和新型研发机构。深入开展大众创业、万众创新，实施普惠性支持政策，完善孵化体系。各类市场主体达到 9800 多万户，五年增加 70% 以上。国内有效发明专利拥有量增加两倍，技术交易额翻了一番。

（四）坚持全面深化改革，为增强发展动力优化服务项目和内容

放宽非公有制经济市场准入。建立不动产统一登记制度。完善产权保护制度。财税改革取得重大进展，全面推行财政预决算公开，构建以共享税为主的中央和地方收入分配格局，启动中央与地方财政事权和支出责任划分改革，中央对地方一般性转移支付规模大幅增加、专项转移支付项目减少三分之二。基本放开利率管制，建立存款保险制度，推动大中型商业银行设立普惠金融事业部，深化政策性、开发性金融机构改革，强化金融监管协调机制。稳步推进教育综合改革，完善城乡义务教育均衡发展促进机制，改革考试招生制度。建立统一的城乡居民基本养老、医疗保险制度，实现机关事业单位和企业养老保险制度并轨。出台划转部分国有资本充实社保基金方案。实施医疗、医保、医药联动改革，全面推开公立医院综合改革，取消长期实行的药品加成政策，药品医疗器械审批制度改革取得突破。推进农村承包地"三权"分置改革、确权面积超过 80%，改革重要农产品收储制度。完善主体功能区制度，建立生态文明绩效考评和责任追究制度，推行河长制、湖长制，开展省级以下环保机构垂直管理制度改革试点。各领域改革的深化，推动了经济社会持续健康发展。

（五）坚持实施区域协调发展和新型城镇化战略，推动公共服务协调发展

积极推进京津冀协同发展、长江经济带发展，编制实施相关规划，建设一批重点项目。出台一系列促进西部开发、东北振兴、中部崛起、东部率先发展的改革创新举措。加大对革命老区、民族地区、边疆地区、贫困地区的扶持力度，加强援藏援疆援青工作。实施重点城市群规划，促进大中小城市和小城镇协调发展。绝大多数城市放宽落户限制，居住证制度全面实施，城镇基本公共服务向常住人口覆盖。城乡区域发展协调性显著增强。

(六) 坚持保障和改善民生, 推动公共服务均等化发展

全面推进精准扶贫、精准脱贫, 健全中央统筹、省负总责、市县抓落实的工作机制, 中央财政五年投入专项扶贫资金 2800 多亿元, 贫困人口减少 6800 多万, 易地扶贫搬迁 830 万人, 贫困发生率由 10.2% 下降到 3.1%。实施积极的就业政策, 重点群体就业得到较好保障。坚持教育优先发展, 财政性教育经费占国内生产总值比例持续超过 4%。改善农村义务教育薄弱学校办学条件, 提高乡村教师待遇, 营养改善计划惠及 3600 多万农村学生。启动世界一流大学和一流学科建设。重点高校专项招收农村和贫困地区学生人数由 1 万人增加到 10 万人。加大对各类学校家庭困难学生资助力度, 4.3 亿人次受益。劳动年龄人口平均受教育年限提高到 10.5 年。居民基本医保人均财政补助标准由 240 元提高到 450 元, 大病保险制度基本建立, 已有 1700 多万人次受益, 异地就医住院费用实现直接结算, 分级诊疗和医联体建设加快推进。持续合理提高退休人员基本养老金。提高低保、优抚等标准, 完善社会救助制度, 近 6000 万低保人员和特困群众基本生活得到保障。建立困难和重度残疾人"两项补贴"制度, 惠及 2100 多万人。实施全面两孩政策。强化基层公共文化服务, 加快发展文化事业, 文化产业年均增长 13% 以上。全民健身广泛开展, 体育健儿勇创佳绩。

(七) 坚持生态文明建设, 推动公共服务绿色发展

重拳整治大气污染, 重点地区细颗粒物 (PM2.5) 平均浓度下降 30% 以上。加强散煤治理, 推进重点行业节能减排, 71% 的煤电机组实现超低排放。优化能源结构, 煤炭消费比重下降 8.1 个百分点, 清洁能源消费比重提高 6.3 个百分点。提高燃油品质, 淘汰黄标车和老旧车 2000 多万辆。加强重点流域海域水污染防治, 化肥农药使用量实现零增长。推进重大生态保护和修复工程, 扩大退耕还林还草还湿, 加强荒漠化、石漠化、水土流失综合治理。开展中央环保督察, 严肃查处违法案件, 强化追责问责机制。

(八) 坚持依法履职, 加强和创新社会治理公共服务体系

提请全国人大常委会制定修订法律 95 部, 制定修订行政法规 195 部, 修改废止一大批部门规章。省、市、县政府部门制定公布权责清单。开展国务院大督查和专项督查, 对积极作为、成效突出的给予表彰和政策激励, 对不作为的严肃问责。创新城乡基层治理。完善信访工作制度。扩大法律援助范围。促进安全生产领域改革发展, 事故总量和重特大事故数量持续下降。改革完善食品

药品监管，强化风险全程管控。加强地震、特大洪灾等防灾减灾救灾工作，健全分级负责、相互协同的应急机制，最大程度降低了灾害损失。加强国家安全。健全社会治安防控体系，依法打击各类违法犯罪，有力维护了公共安全。

总体而言，国家公共服务建设在内容上扩容明显，在范围上覆盖全面，在质量上趋于均衡，在体系上日臻完善。国家公共服务建设伴随着国家经济社会的稳定发展不断向着纵深化、体系化、精细化的方向稳步有序推进。但不可否认的是，国家公共服务建设在实践中仍然存在着一些亟待解决的问题(如不便、不足、不均)，严重滞碍了服务型政府的建设，进而加剧了法治政府建设的难度。

二、我国各级地方政府服务型政府建设主要措施及成就

自20世纪90年代以来，服务型政府建设活动在全国范围内如火如荼地进行，许多地方政府把建设服务型政府作为事关经济社会发展全局的大事，探索和积累了一些好的经验和做法。其中，以北京、上海、深圳、成都、重庆、南京、广州、大连等市在推进服务型政府建设方面的实践最为突出。综合这些省市的实践活动来看，它们在推进服务型政府建设方面的主要举措在于以下几方面。

(一)深化行政审批制度改革

行政审批制度改革可以说是服务型政府建设的第一步。在推进服务型政府建设过程中，各省市在简化行政审批方面取得了突出成就。例如，2009年，广州市进一步深化行政审批制度改革，通过逾半年时间的清理，市政府56个有行政审批权的单位减少审批事项559项，精简率达到66%，备案事项减少195项，精简率达70%以上。通过在全市范围内进行自上而下的行政审批制度改革，南京市审批总事项减少了46.5%，其中审批、核准事项减少了52.4%。深圳市早在1998年和2000年就进行了两轮审批制度改革，将审批事项从原来的1091项减少到395项。伴随着2004年《行政许可法》的出台，全国范围内行政审批制度改革又大为深入。但不得不指出的是，行政审批制度改革在很大程度上仍是着眼于为经济的进一步发展扫清障碍，虽然与服务型政府建设的发展方向一致，但仍属于最低限度的举措。

(二)推进行政联合服务中心建设和电子政务

服务型政府要求政府行政职能部门的高效运转，也要求以便民为原则，设立行政联合服务中心，推进电子政务。虽然行政联合服务中心的名称各有不同，但大多是作为政府为民服务的一个窗口，因此在服务型政府的建设中具有

非同寻常的意义。据全国政务公开领导小组办公室统计，截至 2005 年底，全国已建立各类行政服务中心 13919 个，其中综合行政服务中心 2035 个（国务院部委 1 个，省、自治区、直辖市 6 个，地市级 342 个，县级 1686 个），各类专业行政服务中心 11884 个。省、市、县三级政务大厅体系基本形成。

在电子政务建设方面，许多省市已经有了相当水平的发展。例如大连市，经过多年的建设和应用，电子政务的触角已经延伸到大连经济社会发展的各个角落，既是全市信息化建设的龙头，更是大连市推动政府管理服务创新、推进服务型政府建设的有力支撑和重要手段。到 2007 年，重庆市已基本建成电子政务框架，逐步实现公务员网上办公和在线服务。现在，除了少数偏远地区外，县级以上政府及其职能部门的门户网站基本上都已建立起来。

（三）推进政务公开，加强政府与民众的沟通

服务型政府理应是一个廉洁的政府、一个"阳光"的政府，政务公开是确保民众监督政府、政府保持廉洁性的重要措施之一，因此，许多省市都把政务公开作为服务型政府建设的重要一环。例如，大连市曾把推进政府信息公开作为 2008 年服务型政府建设的重点，依据国家相关规定做到该公开的政府信息 100% 公开，全力打造"阳光政府"。南京市的政府常务会议、市长办公会等一些重要会议均邀请新闻媒体参加，并设立了新闻发言人制度，同时，还整合了部门现有资源，完善政府网站功能，建立统一的政府信息平台，实现政府信息的社会共享。重庆市不断探索政务公开的新措施，建立重大决策事项公示制度，建立重大建设项目定期公示制度、重大社会治安案件通报制度、重大自然社会灾害情况通报制度、重大人事公示制度。着重在公开的形式、公开的范围、公开的内容和公开的效果上下功夫，完善政务公开制度。为了加强政府与民众的沟通，南京市建立了"市长信箱""市民论坛""群众来访接待日"制度，市长、局长确定"党政领导接待日"，参与"市民论坛"，到信访接待室、电台和电视台的直播室、报社的"读者热线"面对面地与市民交流。随着行政听证制度的推行，确保重大行政决策能充分听取民众意见的做法也有效实现了政府和民众的沟通。

（四）公务员管理体制改革

服务型政府必须要有高素质的公务员队伍，这是推进服务型政府建设必要的条件之一。我国近年来除了大力推行公务员招考制度强化公务员准入外，在有关省市的实践中也都下大力气努力提高公务员队伍的素质，加大了对政府工作人员监督的力度。例如，上海市、重庆市在推进服务型政府建设过程中都特

别强调要加强公务员队伍素质的提高，严格实行责任追究制度。重庆早在2003年就要求全面推行和落实首问负责制、公开承诺制，严格追究不作为的责任，建立行政投诉中心，并逐步建立公众对政府工作的评价考核机制；深圳市则推行"公务员分类管理"制度；吉林省制定了《行政问责暂行办法》；南京市也制定并实施了《行政过错责任追究办法》，对政务活动中的内容、对象、条件、时效、责任等方面，都明确规范，公开透明，接受社会监督，从制度上规范行政行为。

（五）绩效管理制度的尝试

目前，在服务型政府建设中，关于绩效管理方面已有相当多的理论研究，但在实践中尚缺乏比较显著的有效的绩效管理措施。不过，一些省市的有关做法也不失为有益的尝试，如广州市开发区、萝岗区实施行政效能电子监察，将全区保留的167项行政许可审批事项全部纳入电子监察范围，建立红黄牌预警核查制度、系统运行情况通报制度，电子监察结果与行政效能综合评估、行政执法评议、目标责任制考核等相结合，凡受到红黄牌警告的，其他考评或考核也相应扣分。深圳市也建立了行政审批电子监察系统，对行政审批行为进行实时监控，取得了良好的社会效果；此外，深圳市在全国率先建立ISO9001行政管理质量体系，对行政管理质量进行量化分析；成都市为了优化政府服务流程，引进全面品质管理的理念，通过制定系统化的政府服务标准来提高服务品质。

（六）政府采购与财政预算制度的建立

财政支出的合理化、科学化是推进服务型政府建设的重要内容之一，建立政府采购制度和财政预算制度是确保财政支出合理化、科学化的重要措施。例如，重庆市早在2003年就明确提出要深入推进部门预算制度改革，预算外收入全部纳入财政预算管理或财政专户管理，逐步建立国库集中支付制度；制定政府办公用品配置标准，完善政府采购制度，分类别按规模确立采购限额标准，凡是支出达到限额标准以上的货物、工程和服务，都应依法进行政府集中采购。逐步扩大政府采购范围和规模，推进网上政府采购。尚未纳入政府集中采购的机关自行采购，要逐步实行刷卡制，杜绝超标采购。我国当前在政府采购方面市场化的竞争机制总体上已初具轮廓，但在政府预算方面离"阳光财政"还差距甚远，在财政支出合理化、科学化方面还需要更深入的改革以符合服务型政府的要求。

除上述几方面的举措外，在教育、医疗、社会保障和城市公用事业等方面，我国各级政府也有许多实践经验，例如陕西吴起的免费义务教育、神木的免费医疗、湖南常宁的免费公交、农村合作医疗和养老保险以及城市公用事业的特许经营等，都为下一步深入推进服务型政府建设积累了一定的经验。

三、我国各级地方政府的立法实践

当前，我国各级地方政府在服务型政府建设的立法实践方面进行了大量的有益探索和尝试。从总体上来看，基本模式有以下几种。

（一）以政府规章的形式进行立法

这一模式以《湖南省政府服务规定》和《深圳市行政服务管理规定》为代表。相对来说，以地方政府规章的形式在省、市行政区划内就服务型政府建设进行统一立法是一个较高水准的做法。以《深圳市行政服务管理规定》为例，该规定对于服务型政府服务的范围、基本原则、提供主体与方式、服务程序、服务的监督检查和法律责任追究等都做出了详细的规定。

（二）以制定政府规划的方式提供制度保障

例如《广东省基本公共服务均等化规划纲要（2009—2020年）》就全面涉及了推进基本公共服务均等化的理论依据、指导思想和基本原则，分析了广东省基本公共服务均等化的现状，提出了推进基本公共服务均等化的目标与实施路径，指出了推进基本公共服务均等化的保障支撑和配套措施，虽然较为宏观，但也初步构建了制度体系的基本框架。

（三）以制定政府文件的方式对服务型政府建设中的某一方面问题加以规制

例如，在绩效管理方面，齐齐哈尔市制定的《齐齐哈尔市市级财政预算支出绩效评价管理办法》，对预算支出的绩效评价范围、基本原则、主要内容、主要方法和指标、组织管理和基本程序以及评价结果运用等问题都做出了较全面的规定。又如在公务员制度方面，深圳市在公务员管理方面推行的"分类管理制度"，吉林省制定的《行政问责暂行办法》，南京市制定实施的《行政过错责任追究办法》等皆属此类。

然而，不得不指出的是，尽管有上述地方政府在不同领域、不同层次上的立法实践经验的积累，我国各级地方政府在服务型政府建设的立法方面基本上仍处于较低的水平，多数举措仍然是以政府文件甚至行政命令的方式运转，其效力和稳定性都无法得到保障。在有关政府服务国家统一立法尚不具备条件的情况下，以省和较大的市为主体的地方政府立法就显得尤为重要。就当前情形来看，对地方政府推进服务型政府建设形成制约的突出因素就是法律制度建设方面的滞后。因此，我们认为，服务型政府的法治化建设已经刻不容缓！

四、公共服务建设存在的主要问题

(一)资金缺乏(财政投入不足和融资不足)导致的公共服务不足问题

改革开放40多年来,我国公共服务建设取得巨大成就,但公众日益增长的公共服务需求与政府公共服务能力供给不足之间的矛盾严重制约我国公共服务建设的发展。我国公共服务的供给与需求之间的矛盾主要表现为以下几个方面:第一,需求的普遍性与供给的非充分性的矛盾,如清洁空气、安全食品、畅通交通等普遍需求长期得不到充分的供给;第二,需求的变化性与供给的滞后性之间的矛盾,如城镇化推进过程中大量农村人口向城市转移,导致城市原有公共服务建设滞后性凸显,远远无法满足当下的需求;第三,需求的多样性与供给的单一性之间的矛盾,如随着生活水平的不断提高和社会成员对资源占有能力差异的不断加剧,社会阶层分化带来的公共服务"需求分化"开始显现,而既有的公共服务供给呈现单一、粗放的特点,显然无法满足这种"个性化"需求;第四,需求的结构性升级与低端供给之间的矛盾,近年来我国居民的可支配性收入呈现逐年增长趋势,伴随而来的是居民消费能力的转型升级,与之对应的是公共服务需求结构的提质升级,目前来看,公共服务的供给能力和供给方式还远远不能适应公共服务转型升级的需求。① 公共服务供给不足的根本原因在于公共财政投入资金的缺乏。从全国来看,中央政府的财政转移支付对地方公共服务建设具有一定的促进作用,但是相当一部分的地方公共服务职能依靠地方财政予以解决。换言之,公共财政能力较强的地方政府用于公共服务建设的资金较为充盈,公共财政能力较弱的地方政府改善公共服务的空间相对比较有限。而处于中西部地区的绝大多数城市公共财政能力亦为有限,能够投入公共服务建设的资金更是捉襟见肘,严重制约了地方公共服务的发展。

(二)管理体制机制补偿和基础设施不足导致的公共服务不便问题

地区发展不平衡必然导致公共服务的不均问题。由于历史、区域、政策、资源禀赋等因素的影响,我国各地区经济发展水平客观上存在差距。尽管自改革开放以来,我国各地区的经济发展水平都有了较大提高,但区域发展不平衡的趋势并没有得到根本性改变,且这种不平衡的状态在一定程度上有被逐渐拉大的趋势。地方经济发展水平与地方财政可支配能力直接挂钩,而地方财政可支配能力与公共服务支出呈现"正相关"关系,即地方经济发展较高的地区在公

---

① 孙晓莉,宋雄伟,雷强.改革开放40年来我国基本公共服务发展研究[J].理论探索,2018(5).

共服务建设方面具有较大优势，地方经济发展较弱的地区在公共服务供给方面"动力"不足。

城乡发展不平衡是公共服务不均问题的另一个重要原因。我国传统的城乡二元结构是造成城乡发展不平衡的制度性因素，由此引发的体制性问题逐渐蔓延至其他领域并相互作用，进而引发新的问题。在公共服务建设领域，尽管近年来中央和地方政府加大了对农村地区公共服务的供给力度，但不能从根本上改变城乡公共服务发展不均衡的现实状况。目前而言，城乡公共服务发展的不均衡主要表现在以下几个方面：第一，社会保障体系不均衡，目前，城市居民的保障体系建立得较为完善，而广大农村地区居民无论在参保的人数、保障项目、保障水平等方面，都与城市居民存在一定的差距；第二，教育资源分配不均衡，农村教育无论在学校数量、教学及辅助用房面积、教学仪器设备等硬件方面，还是教育预算经费、专业教师数量等软件方面，与城市教育都存在明显差距；第三，社会服务资源分配不均衡，目前，城市在社会服务体系建设推进过程中速度明显加快，而农村在居民最低生活保障人数、标准、养老服务机构数量、每千老年人口养老床位数量、社区服务机构数量、社会工作专业人才数量等方面明显落后于城市；第四，医疗服务资源占有悬殊，城市拥有较为先进的医疗设备和医务人员，而农村在每千人口医疗卫生机构床位数量、医师数量、每万人口全科医生数量等方面远逊于城市；第五，城乡基础设施建设不平衡，城市在公共道路、管道、饮水、通信网络、公园等基础设施建设投资方面远远超过农村，农村地区因多种因素制约，基础设施建设明显滞后。①

（三）地区和城乡发展的不平衡导致的公共服务不均问题

公共服务是指由政府部门、国有事业单位和相关中介机构履行法定职责，根据公民、法人或者其他组织的要求，为其提供帮助或者办理有关事务的行为。公共服务事项是由法律、法规、规章或者行政机关的规范性文件设定，是相关部门必须有效履行的义务。然而，政府提供优质便捷公共服务的能力在社会生活领域却屡屡遭遇民众质疑。一方面，长期以来，受计划经济思维的影响，重审批、轻监管成为政府提供公共服务的思维定势。这种思维定势在一定程度上造就了当下群众"办证难、办事多"的困境。在这种思维范式下构建的一整套管理体制机制在进一步强化了政府"管控"能力的同时弱化了政府"服务"水平，严重阻碍了政府提供便捷服务能力的提升。推行公共服务便捷化，为群众提供优质高效便捷的公共服务，是政府加快转变政府职能，推进简政放权、

---

① 孙晓莉，宋雄伟，雷强.改革开放40年来我国基本公共服务发展研究[J].理论探索，2018(5).

放管结合、优化服务改革的重要内容。在政府还权于社会、还权于市场的过程中,不断提高公共服务的数量,扩大覆盖范围,改进服务方式和质量是转变政府职能的重要体现。另一方面,基础设施的不完善严重制约了政府提供便捷公共服务的能力。政府提供便捷公共服务有赖于基础设施的完善,基础设施的完善可以为存在于不同部门、不同单位的信息资源在公共服务平台的自由流通共享提供保障,从而可以最大限度地缩短办事流程,提高公共服务效率。此外,基础设施的完善使全面梳理公共服务事项、编制公共服务清单、推进公共服务标准化建设等成为可能,从而从根本上促进公共服务的便捷化。

为切实提高公共服务的针对性和实效性,进一步提高公共服务质量和效率,为公民提供公平、可及的服务,2015 年 11 月 27 日,国务院办公厅印发《关于简化优化公共服务流程方便基层群众办事创业的通知》(国办发〔2015〕86号)(以下简称“通知”),提出了“服务便民利民、办事依法依规、信息公开透明、数据开放共享”四项基本要求和“全面梳理公共服务事项并向社会公开”等六项主要任务,为下一步公共服务改革指明了方向。①

第三节　农村公共服务保障不足在农地征收中的体现及其后果

我国的公共服务不足不均不便问题的一个重要表现就是城乡不均,农村公共服务不足不均不便问题比较严重,甚至成为制约新农村建设和社会稳定和谐的因素。土地承包经营权作为农民最重要的生产生活资料,在城镇化背景下产生的农地征收矛盾就是公共服务不足的鲜明体现。

一、农地征收中问题及理论研究

近年来,农地征收已经成为诱发群体性事件一个主要原因。据报道,我国每年发生各种群体性事件多达 10 余万起,其中由农地征收引发的群体性事件占50%左右。② 在农地博弈过程中,作为一直被视为“弱势群体”的农民,其维权方式不再限于“上访”“静坐”等传统方式,而是积极寻求与边缘势力、媒体等乡村内外的第三方势力相结合,共同向地方政府施加强大压力,由此形成一场

---

① 推行公共服务便捷化,切实转变政府职能[EB/OL].(2016-01-14)[2019-01-02].http://www.gov.cn/zhengce/2016-01/14/content_5032926.htm.
② 2012 年群体性事件研究报告[R/OL].(2012-12-27)[2019-05-01].http://www.legaldaily.com.cn/The_analysis_of_public_opinion/content/2012-12/27/content_4092138.htm.

"民粹主义"式的"维权"行动，并且正在演化为一种"路径依赖"（path-dependence）。它在保护弱势群体和维护民权这一大写"真理"的旗号中趋于走向异端，即形成民众①对基层政权及官员、民众与官员合作等对基层政权的双重权力侵蚀，并出现一种民众、政府及官员、边缘势力、媒体等多方主体共同寄生于"利益博弈"之上的奇特现象和亚政治生态。

　　既有研究不但没有直接提出和论证"权力侵蚀"问题，甚至基本是在相反立场上对"地方政府—农民"关系进行解读。第一，大多数学者秉持"（地方政府）侵权—（人民群众）维权（抗争）"的解读和分析范式，提出"弱者的武器"②、"以法抗争"模式③、"场域阻碍论"④、"依势抗争"模式⑤、"以死抗争"模式⑥等。这些理论将农民置于天然的弱者地位，并隐含了学者代言"弱势群体（即农民）"利益的身份和价值立场。这就从起点上决定他们不可能洞见和解释农民运用各种力量对基层政府行为的强制性引导，即第一重意义上的权力侵蚀。所以其解决方案往往是如何保障公民权利并由此设定单向度的国家义务。第二，也有一些学者注意到了"侵权—维权（抗争）"话语逻辑下导致的地方治权式微并对其进行了剖析。⑦ 但是这些理论却依然没有洞见和解释地方政府、官员与农民之间围绕利益最大化的目的运用各种资源和力量进行博弈，特别是在"共谋博弈"中对基层政权的共同寄生现象，即第二重意义上的"权力侵蚀"，所以其解决的办法也往往走向设定国家义务和保障公民权利。但是，到底应该保障哪些权利？为什么要保障这些权利？应该设定什么相应的国家义务？由于理论立场和机制剖析上的缺陷，这些问题依然缺乏有说服力的解决方案。

---

① "农民"与地方政府博弈所产生的效应却超越了"农民"的范围，因此本文根据需要还使用了"（底层）民众"等作为描述这种广泛的政治生态领域里的一极主体。从范围上讲，民众包括农民。
② 詹姆斯·C.斯科特.农民的道义经济学：东南亚的反叛与生存[M].程立显，刘建等，译.南京：译林出版社，2001：322.
③ 于建嵘.当代中国农民的"以法抗争"——关于农民维权活动的一个解释框架[J].文史博览（理论），2008（12）.
④ 吴毅."权力——利益的结构之网"与农民群体性利益的表达困境——对一起石场纠纷案例的分析[J].社会学研究.2007（5）.
⑤ 董海军."作为武器的弱者身份"：农民维权抗争的底层政治[J].社会，2008（4）.
⑥ 徐昕.为权利而自杀——转型中国农民工的"以死抗争"[M]//张曙光.中国制度变迁的案例研究（第六集）.北京：中国财政经济出版社，2008：255.
⑦ 饶静，叶敬忠.税费改革背景下乡镇政权的"政权依附者"角色和行为分析[J].中国农村观察，2007（4）；贺雪峰.乡村的去政治化及其后果——关于取消农业税后国家与农民关系的一个初步讨论[J].哈尔滨工业大学学报（社会科学版），2012（1）；陈柏峰.无理上访与基层法治[J].中外法学，2011（2）；陈柏峰.群体性涉法闹访及其法治[J].法制与社会发展，2013（4）；申端锋.乡村治权与分类治理：农民上访研究的范式转换[J].开放时代，2010（6）；吕明.刚性维权与动态维稳——"权利本位说"在维稳时代所遭遇的挑战[J].法律科学（西北政法学院学报），2011（4）.

所以，笔者正是要对"被征地农民：现实语境下必然被褫夺话语权的弱者"这一隐含的支配性命题进行证伪，指出被征地农民并非必然在谈判桌上毫无讨价还价能力，也并不必然是受制于公权力并任其屠宰的羔羊，更不再是奥尔森意义上的"忍气吞声的集团"或"乌合之众"。① 恰恰相反，农民在博弈过程中借助多种力量形成一种对政府及其官员的"权力侵蚀"。进而，地方政府及官员行为受到来自多层面因素（例如政绩、维稳目标、绩效考核、"灰色收入"等）的影响，在征地过程中形成了无原则"摆平"的"路径依赖"（即基层治理遵循"不出事"的维稳逻辑），甚至超越规则和原则与被征地农民进行"利益共谋"。权利与权力在"共谋"中共同沦为"虚拟商品"，直至达成一种共谋式"合作均衡（合作骗局）"的"亚政治生态"。这导致国家治理的系列危机：地方治理秩序失范、政权权威（政治认同）流失、国家公权力合法性式微。

这不但导致农地征收双方矛盾的产生机理不能得到科学解释，进而很难构建有效化解农地征收矛盾的制度机制，而且更缺乏对共谋博弈可能导致的公权力商品化和地方政府治理失范等现象的深刻揭示。以博弈论为分析工具，就是要深入揭示在农地征收过程中"被征地农民—地方政府"的互动关系形态及其演变，剖析权力侵蚀的产生机理，为完善我国农地征收制度和实现基层治理现代化提供参考。为此，本节将系统回答以下几个问题：第一，在农地征收中，地方政府与被征地农民是如何进行双向互动博弈的？第二，既有的法律政令有什么不足，从而成为地方政府和被征地农民都乐于采纳的博弈工具？第三，如何把握"利益诉求"这个核心，健全相关法律制度，有效规制权力侵蚀？

二、农地征收中权利异化与权力侵蚀的生成过程

（一）权力侵蚀的现实表现

2013 年暑期，笔者前往湖南省 H 市对其城郊接合部城镇化改造工作进行调研，下面系本次调研所发现的两个典型案例。②

---

① 奥尔森.集体行动的逻辑[M].陈郁，等译.上海：格致出版社，上海三联书店，上海人民出版社，1995：191 – 193.
② 这些案例是从当地征地拆迁办公室相关记录和访谈中所得。另根据研究惯例，笔者对本节出现的人名、地名以及相关信息做了化名等技术处理。

案例一：

2007年8月，H市M镇进行城镇化改造。在当年10月开始进行的征地工作中，补偿安置问题成为争论的焦点。因为许多家庭户主常年在外打工，所以村镇大部分人对征地拆迁持观望态度。之后，迫于上级政府的压力，镇长、各村村支书与被征地农民、H市城市投资有限公司达成了三方协议，确定了补偿额和安置地。2008年春节前夕，农民工开始返乡，他们对补偿安置协议（尽管协议不由他们亲自签署，然而决定是由他们亲自做出的）非常不满。一部分被征地农民表示安置地尽管不错，但补偿金少；另一部分则表示虽然自己土地补偿款、青苗安置费较高，但安置地不理想。2009年1月21日，当地20余人前往镇政府，强烈要求镇长出来说明情况，并交还土地。拥堵在镇政府门口的人越来越多，一名镇工作人员在与农民在撕扯过程中弄伤了一位50多岁农民李某的手肘，矛盾瞬间激化。最后，M镇镇长不得不出来安抚公众、极力向大家解释补偿标准，并最终基本按照被征地农民要求达成新的征地补偿协议。并且M镇镇长向群众道歉，赔偿李某2000元，此事方告结束。

案例二：

在H市政府征地拆迁办公室里，有这么两类人引人注目。他们经常出入政府机关来找领导诉苦。

第一类是以王某为代表的"村庄权威"。2007年末，根据H市城市建设规划，H市征地拆迁办公室对位于H市城乡接合部的W镇进行农地征收。2008年初，H市城市投资有限公司、镇政府、W镇被征地农民三方在反复磋商后达成补偿和安置协议，农地征收工作顺利进行。此后，在W镇改建的新城吸引了香港一家较大型企业投资。该企业斥巨资兴建了一个购物广场，引发W镇新城房价在2010—2011年间猛涨，竟然达到每平方米6000多元。边际价值的巨大悬差让众多被征地农民觉得受到了欺骗，部分被征地农民开始了不依不饶的"维权抗争"，其典型代表便是在W镇某村比较有权威的王某。2011年末，王某与相邻乡村好几十个比较有势力的人前往北京上访，他们希望引起中央的重视，追回部分利益。而H市则迫于政治压力不得不前往北京截访，并与被征地农民达成新的补偿协议，即通过拨付农地征收中的"不可预见费"以"破财消灾"。尽管这暂时化解了双方的矛盾，但此后王某却成了征迁办的常客。他每次一来，总是找领导要好处，而领导们也往往对他礼待有加。

第二类便是以李某为代表的"灰色势力"。2011年，H市城镇化改造工作开展到P乡L村。根据城市规划，这次并没有将P乡的土地进行全盘征收。L村的农地征收工作稳步推进，不到3个月便顺利完成补偿安置工作。H市城市投资有限公司一次性支付了全部补偿款。该村村民李某一向以"无赖"的形象而"闻名"于当地，由于他父亲离世之前给他留了一块较大的宅基地，因此在这次征地中他获得了一大笔补偿款。然而，李某不到半年就把这些钱用了一半，到 2012 年冬季基本就没剩多少了。原有的土地没了，补偿款也没了，他便将怒火发向乡政府及征迁办。2013 年"两会"期间，李某前往北京上访。有关部门要求妥善处理好李某被征地后的生活保障问题。H 市及 P 乡按照上级批示对李某进行了特事特办，事情由此得到了解决。李某在尝到甜头后，一方面经常到乡里找领导要救济、求保障；另一方面经常纠集一些人打听其他人与政府有没有矛盾，并主动出面替大家解决矛盾。

传统观点认为，地方政府是基层治理格局中的主导者，基本治理样态是地方政府及官员对被征地农民的强势支配关系。但笔者在 H 市的调研结果表明：原有那种视被征地农民在"地方政府—被征地农民"博弈关系中必然处于弱者地位的判断并不能普遍成立，被征地农民并非总是为维护合法权益而与地方政府抗争的弱势群体。现实中恰恰还出现一种相反的现象：被征地农民基于"维权"的话语逻辑，以法律政令为工具，借助各种社会力量(例如宗族势力、媒体等)要挟地方政府，形成一种"有事找政府"的"路径依赖"，甚至对政府行政决策进行"强制性引导"。更值得警惕的是，部分地方政府及官员甚至主动利用其职权与被征地农民、地方势力等主体进行"利益共谋"，形成"合作博弈"①，收取"腐败利益"②。各个博弈参与主体最终实现各自利益的"帕累托改进"，形成地方政府与被征地农民"不遵守(法律政令)"这个均衡。

(二)"地方政府—被征地农民"博弈的演化与权力侵蚀的生成机理

被征地农民与地方政府博弈的本质是为实现己方利益的最大化，同时双方都希望在表面上求得"合法"的依据。而我国既有的土地管理制度和征地补偿

---

① 经济学上的合作博弈一般具有利益分配的帕累托改进特点。联盟内部成员之间的信息可以互相交换、所达成的协议必须强制执行是合作博弈的基本条件。在共谋博弈中，博弈双方一般并没有达成合法的可强制执行的协议，充其量只存在一种不能公开的、默契一致的"心理契约"。

② 这种现象正在表现出普遍化趋势。例如，有学者指出，征地拆迁中的腐败主要表现为"滥征地""强拆迁""轻民生""套补偿""捞好处"。(参见马萍. 征地拆迁腐败：城乡一体化进程中需着力解决的重点[EB/OL]. (2013 - 05 - 11)[2017 - 01 - 03]. http://www. qstheory. cn/hqwg/2013/201309/201305/t20130511_229779. htm.)在 2012—2013 年，"湖北省襄阳市襄州区院立案查处征地拆迁过程中贪污犯罪 15 件 29 人……该院所查处的征地拆迁过程中的职务犯罪有 24 人都是共同犯罪，占征地补偿领域职务犯罪案件数的 87.5%、人数的 82.76%"。参见叶先国. 当前征地拆迁过程中贪污犯罪高发值得关注[EB/OL]. (2013 - 07 - 10)[2017 - 01 - 03]. http://www. jcrb. com/procuratorate/procuratorforum/201307/t20130710_1153657. html.)

制度恰恰可以满足博弈双方对博弈"合法"形式的追求。这表现在：一方面，《土地管理法》第 47 条第 1 款规定："征收土地的，按照被征收土地的原用途给予补偿。"这就直接规定了必须对征收土地进行补偿，为被征地农民维权行动提供了直接的法律依据。另一方面，1998 年 12 月 27 日，国务院第 256 号令发布了《中华人民共和国土地管理法实施条例》（以下简称《土地管理法实施条例》），其第 25 条第 2 款规定："征地补偿、安置争议不影响征用土地方案的实施。"这又为强拆提供了直接法律依据。这两种规定的并存必然引发被征地农民的维权行动和政府的维稳行动。

被征地农民将上访等行动作为其维权抗争的武器，地方政府怕什么，被征地农民往往就做什么。部分被征地农民（诸如李某、王某之类）认为矛盾闹得越大越好，并发展出"闹访""串访""越级上访"等方式，借此扩大影响力并增强其博弈力量。同时，地方政府迫于政治压力或社会影响不得不将其治理目标定位为"不出事"，"维稳息访"由此成为地方政府的重要任务。

从博弈理论来看，只要满足信息完全充分、无资本限制和成本收益充分实现三项条件，一个完全竞争性的土地征收补偿市场就能够实现土地资源配置的"帕累托效率"。然而，在农地征收过程中，这三项条件很难兼备。取而代之的可能是以地方政府主导市场信息、招商引资活动导致部分开发商与地方政府"勾结"、土地国有化前后所产生的巨大收益悬差等。农民市民化之后对公共产品的需求成为地方政府和开发商收益的外部性溢出，开发商隐匿在地方政府身后，由此，理性的被征地农民必然希望建立对政府的持续"依赖"关系，"有事找政府"成为必然选择。这最终导致原本应该按照市场规律运行的"开发商—被征地农民"博弈演化为"地方政府—被征地农民"博弈。

从博弈类型来看，理性的被征地农民与地方政府展开的是以"是否遵守（土地征收补偿）法律政令"为形式的博弈。其基本博弈机制以及博弈形态演化如下。

1. "地方政府—被征地农民"的"共谋博弈"

在农地征收中，被征地农民的表演式上访和暴力维权、地方政府强力打压并不是博弈双方的行为常态，而只是一种可供选择的博弈策略。行为常态是"地方政府—被征地农民"双方将"是否遵守法律政令"作为博弈策略的变量而进行的决策互动（即博弈）。在农地征收中，法律政令构成了"地方政府—被征地农民"博弈的重要变量，由此形成以"是否遵守（法律政令）"[①]为表现形式的

[①] 严格说来，很难见到地方政府与被征地农民都完全不遵守法律政令的情况，但为了简化分析的需要，本书不对是否遵守法律政令的程度做区分。

行为博弈。

"维权与维稳"的悖论关系给"地方政府—被征地农民"博弈(以下根据需要简称"本体博弈")的"共谋"提供了可能。从博弈的整个过程来看,由于政府面临"维稳"压力,所以其策略一开始并不明确,被征地农民选择"遵守法律政令"就可能需要承受经济补偿不到位的风险,因此,地方政府和被征地农民都"不遵守法律政令(记为 N)"成为最佳选择。从博弈发生的角度来看,就是否遵守法律政令而言,政府是博弈先期进入者,被征地农民是可能追随者。假定遵守法律政令的博弈收益为 0,政府"不遵守法律政令"且成功,则获得收益 M。地方政府"不遵守法律政令"的进一步收益取决于被征地农民是否"遵守法律政令"。被征地农民如果遵守,则政府继续收取额外的收益 M;如果被征地农民不遵守,政府则可以进一步分享竞争收益 $C(0 < C < M)$。由于农地征收是由当地政府规划的,所以其成功概率(p)非常高,甚至接近为 1。无论地方政府是否遵守,因 $C > 0$ 和 $M + C > 0$,被征地农民基于理性(私利最大化)选择"不遵守(N)"是必然的。

地方政府在完全信息博弈环境中,一定能够预见到被征地农民的上述策略选择,因而必然在农民的两个选择中对政府自己得益进行比较,即比较"政府不遵守(N)"和"政府遵守(记为 O)"两种情形下农民是否选择遵守后自己的得益:双方都"不遵守"时政府的得益是 $M + C$,政府遵守而农民不遵守时政府的得益是 C,由于 $M + C > C$,如此理性政府(私利最大化)必然也选择不遵守(N)。退一步讲,从常识来看,由于"不遵守法律政令"带来的博弈支付值 M 大于"遵守法律政令"的支付值 0,这对于财权不足的地方政府来说足以产生诱惑力,诱使其博弈策略为对法律政令的"不遵守";被征地农民因选择"不遵守法律政令"的策略也获得了支付值的增加,实现了其利益的帕累托最优或至少是"帕累托弱改进"。总之,地方政府与被征地农民各自运用法律政令作为谈判的筹码,在各自利益的"帕累托改进"下的博弈均衡策略是二者都"不遵守法律政令"。依据塞尔藤($Selten$, 1965)子博弈完美纳什均衡的"逆推归纳法"来求解,可知其策略组合是(N , N),即(不遵守,不遵守),其均衡结果为($M + C$, C)。

在上述均衡策略组合中,双方都选择 N,即选择"不遵守"成了地方政府和农民共同的、不愿意偏离的均衡选择,而这种选择不需要外在强制力来维系,实际上是双方基于各自利益最大化的"默契合谋",即形成所谓"共谋博弈"。

特别值得注意的是,地方政府等公权力机关并不一定是"本体博弈"中的必然被动者。有时候恰恰相反,它们(公权力机关及工作人员)为谋取政治或经济等利益创造"机会",根据对局面的总体判断主动制造"权利—权力"的冲突或者博弈关系,在博弈中进行"创租"和"抽租",最终实现权力侵蚀的强化,并成为潜伏于基本政治生态下的亚政治生态。

2. "第三方势力"①参与后"本体博弈"的演变与"博弈食利群体"的产生

由于地方政府相对于被征地农民具有天然的强势地位，所以被征地农民往往希望借助"第三方势力"来增强自己的博弈力量，以提高其博弈策略（不遵守法律政令）的成功概率。从"第三方势力"介入"本体博弈"的法律依据来看，现行《土地管理法实施条例》第 25 条第 1 款规定："征收土地方案经依法批准后，由被征收土地所在地的市、县人民政府组织实施，并将批准征地机关、批准文号、征收土地的用途、范围、面积以及征地补偿标准、农业人员安置办法和办理征地补偿的期限等，在被征收土地所在地的乡（镇）、村予以公告。"第 26 条规定："土地补偿费归农村集体经济组织所有；地上附着物及青苗补偿费归地上附着物及青苗的所有者所有。"这就为"第三方势力"以"集体经济组织"代表的合法身份介入土地征收补偿提供了空间。由此，来自乡村内部的"第三方势力"就乘势参与本体博弈，影响博弈主体的博弈策略。或许更值得关注的是，它们甚至寻求在参与"地方政府—被征地农民"的本体博弈中演化为一极独立的结构性力量，成为坐收类似"绝对地租"和"级差地租"的"博弈食利群体"。

从地位上看，"第三方势力"不属于本体博弈中的决策者，换言之，其与土地征收补偿没有直接利益关联。从构成上看，乡村内部的"第三方势力"又分为两类：第一类是地方传统精英群体构成的村庄权威；第二类是由游手好闲者等组成的"灰色势力"。二者参与本体博弈的目的和作用基本一致，但参与方式和效果有所区别。

首先，村庄权威往往由于家族势力大而较为强势，他们在与地方政府打交道的过程中有足够的底气，地方政府也对其忌惮三分。地方政府对传统村庄进行城镇化改造，必将直接或间接触动他们的社会地位甚至经济利益。为应对地方政府在农地征收中的"拔钉子""开口子"等策略，这类人便开始以"被征地农民利益代言者"的名义出头，甚至"与政府死磕""越级上访"，以此来获取被征地农民认同，并从中攫取个人利益。

其次，"灰色势力"的跟进强化了"本体博弈"中敲诈政府的路径依赖，导致更大范围的群体被吸纳到对抗地方政府的行动中来。其一是通过血缘关系吸纳而形成的传统家族群体，其二是通过利益关系吸纳而形成的"利益集团"。当这些群体希冀与"本体博弈"主体建立稳定的围绕权利和权力的"买卖关系"（利益共谋关系）时，博弈主体成分就趋于复杂化。这样，地方政府博弈力量被相对

---

① 本文中的"第三方势力"是指除了土地征收与补偿法律关系的当事人（即地方政府和土地所有者）之外的其他组织和人。

削弱，被征地农民的话语权和博弈力量得到提升。进而，这种针对地方政府的"抗争"策略成为被征地农民行为选择的路径依赖，表现为被征地农民对征收补偿款、安置补偿费等不达目的不罢休。

"第三方势力"的参与使"地方政府—被征地农民"的本体博弈趋于复杂化。一方面，"第三方势力"的参与增强了被征地农民的博弈力量，但同时其也从参与博弈中获得分享利益 s。究竟哪个策略组合会成为地方政府和农民都不愿偏离的稳定的均衡策略选择，取决于 s 与 C、M 的相对大小。但是，只要这些参数值都是大于0的，只要双方均不遵守的得益 $(M+C-s) > C$，那么地方政府必然选择 N，博弈策略组合就是 (N, N)，均衡结果为 $(M+C-s, C)$。由此可见：与"本体博弈"不同，尽管被征地农民和地方政府"不遵守法律政令"的博弈支付值 $M+C-s$ 相对于原来的支付值 $M+C$ 而言都有所下降，但是被征地农民仍然愿意"第三方势力"参与进来，因为这样可以减少博弈的风险，将"不遵守法律政令"策略获利的概率提高。这不仅能确保被征地农民收获更高的概率和稳定性，也促使"第三方势力"演化为"博弈食利群体"来代理"维权"。

另一方面，"第三方势力"如果演化为"博弈食利群体"，就有可能寻求建立"寄生性博弈"，即"博弈食利群体"根据需要"分身"到"地方政府—被征地农民"博弈主体双方中来展开寻租博弈。此时，"博弈食利群体"不但不再是纯粹的"被征地农民利益代言者"，而且有可能借此异化为地方政府的驰援力量。他们一方面寻求与被征地农民合作，另一方面又积极寻求与地方政府合作以建立一种持续性牟利关系。"博弈食利群体"不但要分享博弈的竞争收益，而且试图固化或者扩大收益 s。这时候，虽然被征地农民进一步收获博弈获利的稳定性，但是由于其代言者正出现"异化"的趋势，所以博弈的发展已经开始超出被征地农民的控制。"博弈食利群体"寻求成为独立的势力，成为"维权"与"维稳"间的"骑墙者"。当站在政府的立场上更能实现自己利益最大化的时候，他们就可能以"打手"或"清道夫"的角色来威胁被征地农民；而当站在被征地农民的立场上对自己更有利的时候，他们就可能以"刺头""黑势力"的角色来胁迫地方政府及工作人员。

总之，在"博弈食利群体"参与后，尽管被征地农民与地方政府各自"是否遵守法律政令"的博弈支付值都发生了一定的变化，但理性的地方政府与被征地农民都选择"不遵守法律政令"。与"本体博弈"不同的是，由于"博弈食利群体"的参与，被征地农民博弈实力得以增强，从而可以实现自己利益的"帕累托改进"；地方政府也有可能增添了向上级政府讨价还价的筹码；"博弈食利群体"也能坐收"绝对地租"和"级差地租"，从而成为地方政府和被征地农民都心照不宣、乐于接纳的一极治理"势力"，成为"维权"和"维稳"通吃的赢家！

特别值得警惕的是，"第三方势力"（尤其是灰色势力）参与"本体博弈"不但有可能进一步寻求固化为"博弈食利群体"，甚至寻求以多元纠纷化解力量的"合法身份"（例如寻求其他政治身份或特权符号）寄生于国家司法体制之中，参与基层治理①，或者在寄生于国家司法体制无望后演变为"黑恶势力"。"第三方势力"一旦演变为"黑恶势力"之后，它就可能获得隐性的职业身份，从而成为政府等公权力机关和被征地农民都摆脱不了的幽灵。他们本身不但是理性的经济人，而且希望维持"地方政府—被征地农民"本体博弈关系的存续并将其泛化为"政府—民众"的一般性、普遍性博弈。没有"地方政府—被征地农民"的博弈及其泛化，他们也就没有持续的、稳定的食利空间。

3.不良媒体参与后"本体博弈"的进一步强化

尽管被征地农民以其弱势群体身份获得了与地方政府抗争的天然道德正当性，甚至《土地管理法实施条例》第25条和第26条也给"第三方势力"参与博弈提供了制度空间，但"第三方势力"参与博弈后仍然会产生其自身作为博弈主体的身份正当性问题。所以，通过壮大"维权"的声势来获取更多的"理解和同情"就成为必然。部分媒体特别是不良媒体也正是以"维护弱势群体权利者"的身份切入"本体博弈"，将关注点集中在具有重大社会争议的话题特别是群体性事件，引导社会的舆论导向，并由此优化其参与"本体博弈"的策略。例如，《2012年群体性事件研究报告》显示，媒体在群体性事件中扮演着越来越重要的角色。

不良媒体参与"本体博弈"有两种结果：一方面作为"压力集团"平衡了博弈双方的力量对比。特别是不良媒体往往先见性地站在被征地农民（谓之为"弱势群体"）利益的立场上，经过信息吸纳、价值加工、话题释放等一系列过程来引导争论焦点，展开对地方政府等公权力机关运行的批判，增强了被征地农民的博弈力量。② 另一方面，不良媒体的参与仍然没有改变被征地农民与地方政府的本体博弈关系，博弈的均衡依然是地方政府与被征地农民都"不遵守法律政令"。不过，博弈支付值却进一步下降。其原因在于，虽然不良媒体参与"本体博弈"从总体上强化了被征地农民的博弈力量，但是其自身也部分演变为"博弈食利者"；"地方政府—被征地农民"本体博弈是逐利平台，它们需要从中进行利益"创租"和"抽租"，参与分配、分享利益 s。

---

① 一些司法改革理论主张将多元纠纷解决机制纳入司法体制。笔者认为，特别需要警惕这种"灰色势力"半官方化，寻求进入国家司法体制的现象。

② 当然，有组织的媒体可能在博弈中选择与地方政府的合作，从而可能强化被征地农民在博弈中的不利地位。但是，网络特别是自媒体的发达使得传统有组织媒体很难进行信息的排他性占有和传播。

尤其需要注意的是，不良媒体参与"本体博弈"，可能将本来属于个殊性的"地方政府—被征地农民"矛盾散播，泛化为一般性的、普遍性的"政府—民众"矛盾，甚至抽象为"私权利—公权力"的一般性矛盾，进而转变为对政府等公权力机关的"普遍怀疑"。这不但可能推动"本体博弈"力量的转变，还从外部强化了"本体博弈"，更进一步推动形成"敲诈政府"的仿效效应，让蠢蠢欲动的逐利分子（包括部分媒体）可以轻易越过道德的藩篱和制度的门槛牟取利益。

当然，需要进一步指出的是，"第三方势力"参与本体博弈后成为坐收"绝对地租"和"级差地租"的"博弈食利群体"，这就有可能稀释被征地农民的利益，那么被征地农民为什么仍然乐见其参与进来？显然，除了"博弈食利群体"的自我异化外，根本原因在于"本体博弈"已然出现了"策略互动"与"信念互动"的结合。传统博弈理论认为，"博弈支付值的相对大小比绝对大小重要得多"，并且认为不完全信息博弈的均衡选择是"公平均衡"。①

尽管这一理论在前文案例一中的 M 镇村民"闹事"和案例二中的 W 镇村民"维权"活动中得到部分体现，但是被征地农民维权的逻辑却有了向"信念博弈"演化的新发展。这体现为被征地农民对博弈绝对支付值的"绝对"不安全感，即哪怕绝对支付值远远超出法律政令的规定，被征地农民也不满意，从而希望将自己的未来收入"绑定"在政府身上，通过持续"敲诈"政府以实现自己利益的保值增值。所以，吊诡的现象产生了：由于第三方群体组成的"博弈食利群体"可以增强被征地农民对土地利益保值增值的信心，农民也愿意选择他们作为与政府交涉的力量！这就侵蚀了国家公权力治理的合法性和权威性基础。

综上所述，以上三种模式阐述了"地方政府—被征地农民"博弈关系的动态演化，由此概述了权力侵蚀现象的生成机制。第一种模式是探讨法律政令成为"本体博弈"变量后如何导致"地方政府—被征地农民"的"共谋"博弈；第二种模式是探讨地方政府和被征地农民如何为强化己方博弈力量而乐于吸纳"第三方势力"参与博弈，并如何导致"第三方势力"向"博弈食利群体"演化，从而产生新的利益集团进行寻租博弈；第三种模式进一步指出不良媒体的参与将"地方政府—被征地农民"的本体博弈泛化为一般性的、抽象性的"政府—民众"博弈，从而使博弈关系在更广泛的场域内展开，成为一般的、普遍的政治和社会现象，并不得不接受"普世正义"的评判，由此进一步强化了"本体博弈"。

然而，与遵守法律政令和"诉诸正义"的表象相反，博弈均衡策略却愈加走

---

① Matthew Rabin. Incorporating fairness into game theory and economics [J]. The American Economic Review, Vol. 83, No. 5 (Dec., 1993), pp. 1281 – 1302.

向反法律化和反正义化：第一，理性的各方博弈主体恰恰并不太关心如何维护法律权威和实现所谓的"正义"，而是关注自身利益最大化，最终往往容易走向利益至上。其行为表现出"本体博弈—（各方）制造博弈—博弈强化—博弈路径依赖"的演变轨迹，"地方政府—被征地农民"的本体博弈甚至可能成为政府及官员、被征地农民、"第三方势力"和媒体等实现各自利益最大化的"舞台"甚至存在方式（即形成"博弈依附"）。第二三种不同的博弈模式在均衡策略上取得了一致，即"不遵守法律政令"。概言之，博弈不同，但均衡一致。所以，与其说博弈各方构成"对抗"毋宁说它们构成"合作"。特别是社会上存在的拜金主义风气可能导致部分信念薄弱的基层官员难以感受到传统的高高在上的"职业荣光"，从而主动进行权力寻租。具言之，他们共同以法律政令等作为博弈工具，进行博弈策略的选择，国家公权力的合法性与法律的权威并不成为他们关心的对象，甚至也只是他们的一种博弈策略变量而已，最终导致国家公权力的合法性和权威性不断受到"侵蚀"。由此，与政府死磕的道德风险、法律权威丧失的制度风险和地方政府治理合法性消泯的政治风险就可能全面展现出来。

三、公共服务保障不足下法律政令成为利益博弈的工具

农地征收中的"权力侵蚀"现象产生于博弈主体围绕"是否遵守（土地）法律政令"展开的博弈之中，那么法律政令何以成为有效的博弈工具？从博弈参与主体的视角来看，这就要回答以下几个问题：哪些法律政令可能滋养人性中的逐利因素并让其无限放大？这些法律政令又如何导致地方政府及官员对公权力的"自我寄生"？

（一）法律政令的内在缺陷：土地权利多重功能的切割

从被征地农民角度来看，土地征收补偿法律政令成为博弈工具，根源于其对土地多重权利的切割。在我国，土地权利具有多重权利属性和功能担当。但是，既有关于土地征收补偿的法律政令基本是将土地视作单纯的物质资源，从而将土地内含的丰富权利属性简化为单一的财产属性，这导致土地征收补偿不能反映土地的实际价值。

这直接表现为，尽管我国宪法法律规定了土地征收补偿制度及具体补偿标准，但是远远达不到被征地农民的预期。第一，征收补偿原则不能反映被征地农民的土地利益要求。《宪法》第 10 条和《土地管理法》第 47 条确立了土地征收补偿的宪法法律依据，但是，就土地补偿标准而言，2004 年《国务院关于深化改革严格土地管理的决定》第 12 条确立了"不降低农民生活水平"的原则。这种原则的最大问题是没有让被征地农民有效分享土地的增值收益，因而无法

适应被征地农民发展了的土地利益要求。第二，具体补偿标准过低，不能反映土地的实际价值。《土地管理法》第47条尽管规定“可以增加安置补助费”，但是，其同时又规定“土地补偿费和安置补助费的总和不得超过土地被征收前三年平均年产值的三十倍”。这成为地方政府制定土地具体征收补偿标准的直接依据。显然，这一标准仍然偏低，不能反映土地的真正价值。尽管一些地方尝试建立了动态补偿标准，例如，2009年《浙江省人民政府关于调整全省征地补偿最低保护标准的通知》确立了征收耕地的最低补偿标准，但相对于国家出让土地的高价格，土地征收补偿的过低价格，并没有反映土地的实际价值。这必然引发被征地农民极大的不满。在案例二中，W镇农民王某等人的“维权”行动就是体现。

总之，土地权利的多重功能并不能为土地法律政令所全面反映和保护，这才是土地法律政令成为博弈工具的根本原因。既有土地征收补偿方案基本是在土地的“物质资源属性”和“以土地作为农业生产资料”的前提下展开，土地补偿标准只能反映土地较为静态的经营价值。例如，征收补偿方案一般参照前3年的平均价格，特别是按照被征地农民土地承包经营权的实际种植收入来计算，这没有反映土地作为资本的价值，更没有准确反映土地作为农民社会保障制度的功能意义。特别是尽管法律政令强调要保护农民的权益，但是失地农民的配套社会保障和公共服务体系并没有建立。例如，国务院2004年10月21日第28号文件《国务院关于深化改革严格土地管理的决定》第1条规定：“妥善安置被征地农民。县级以上地方人民政府应当制定具体办法，使被征地农民的长远生计有保障。”但是从全国来看，无论是《社会保险法》《失业保险条例》，还是各地地方性法规、规章基本没有明确规定“失地农民”可否作为失业人员，甚至土地出让金并没有用于失地农民的发展事业。由此可见，被征地农民失去了土地这种最重要的资源，但是土地的增值收益并不使用在维护被征地农民生存、发展所需的公共服务之上。失地农民难以避免地成为城镇化中被遗弃的群体，也很可能迫使其走上维权抗争道路。

(二)法律政令的外在缺陷：地方政府权力运转的财政支持不足

从地方政府角度来看，土地征收补偿法律政令成为博弈的工具，根源于地方政府事权的财政支持不足，即地方政府的运转经费不足以维系地方治理事务的顺利开展。特别是县乡级财政无稳定的税收来源，在“事权不变”的情况下地方财权不足。为了减轻被征地农民的负担，改善被征地农民与地方政府之间的关系，2004年中央决定彻底废除农业税，但这却使基层治理能力进一步恶化：一方面，发展公共服务事业需要不断增加财政投入；而另一方面，地方财政负债累累,不少基层政府连工资发放都成问题。所以这导致基层政府治理能力减弱,基层治理能力和治理水平下降,形成所谓"悬浮型政权"①。

化解基层财政不足、维系基层政府治理能力最直接的办法是政府大肆举债和大兴"土地财政"②。据报道,"至 2013 年 6 月底全国地方政府负偿还责任债务中,需在 2015 年偿还的有 1.86 万亿元(占 17%)。重点抽查的 9 个省本级、9 个省会城市本级和 9 个县,2014 年底政府负偿还责任债务余额比 2013 年 6 月底增加 46%;今年以来增速放缓,3 月底比年初增长 0.1%(县级下降 3.5%),但这些地区上年综合财力呈负增长的有三分之一,大部分地方政府债券尚未发行,个别地区债务偿还出现困难"③。

综上所述,地方政府财力不足导致其无法很好地行使事权,很难积极履行公共服务职能,并逐步引发一定程度的基层治理危机。这表现为:

第一,由于财力不足,地方政府只能选择社会治理的范围和事项,在某些领域,公权力在一定程度上不断隐退,从而可能产生社会治理的"真空地带"。"村庄权威""灰色势力"甚至单个农民等更能维护人们的利益,从而乘机填补"真空地带",并且其地位可能得到不断强化。与此同时,地方政府等公权力机关可能不断被异化或者"妖魔化"甚至可能遭受淘汰。例如,2016 年轰动全国的西安农民自费将村道改水泥路被国土局认定违建的案例,就反映了在地方政府提供公共服务不足的情形下公权力合法性和权威性受到侵蚀的现象。④

第二,"维稳"在很大程度上成为主导地方政府行为的逻辑,这不能充分体现政府"为人民服务"的宗旨,从而产生农民对基层公权力的"认同危机"。如果过分强调维稳,其后果之一便是基层治理奉行"不出事逻辑",对于地方政府而言就是"可以不做事,千万别惹事,一定不能出事"⑤。维稳至上导致政府不能有效提供公共服务,改革所带来的巨大红利并不能最大限度地为被征地农民所分享,被征地农民对公权力机关的认同度就必然降低。

———————————

① 周飞舟.从汲取型政权到"悬浮型"政权——税费改革对国家与地方关系之影响[J].社会学研究,2006(3).

② 相关研究参见:张闫龙.财政分权与省以下政府间关系的演变——对 20 世纪 80 年代 A 省财政体制改革中政府间关系变迁的个案研究[J].社会学研究,2006(3);徐云俏.浅析现行分税制体制下地方政府"土地财政"的必然性[J].经营管理者,2010(21);等等.

③ 刘家义.国务院关于 2014 年度中央预算执行和其他财政收支的审计工作报告[R/OL].(2015 - 06 - 28)[2017 - 01 - 07]. http://www.audit.gov.cn/n5/n26/c67491/content.html.

④ 王建.西安农民自掏 24 万将村道改修水泥路,国土局认定违建要拆除[N/OL].(2016 - 12 - 24)[2017 - 01 - 20]. http://news.ifeng.com/c/7fbAP29nygd.

⑤ 贺雪峰.乡村去政治化及其后果——关于取消农业税后国家与农民关系的讨论[J].哈尔滨工业大学学报,2012(4).

第三，"公权力"可能加速成为"虚拟的商品"。这一方面导致地方政府官员工作人也可能进行权力寻租，"心甘情愿"与被征地农民进行"利益共谋"，共同攫取非法利益。据统计，"（2014 年）征地拆迁中，一些地方和单位少支付补偿 17.41 亿元，编造虚假资料等套取或骗取补偿 10.57 亿元"①。另一方面，地方政府的行动逻辑也可能变成通过花钱买稳定，驱使被征地农民成为投机主义者，并进一步诱发寄生于地方政府与被征地农民关系之上的"第三方势力"的再生产，不断侵损国家公权力的合法性。

当然，需要指出的是，县级政府与乡镇级政府在行动逻辑上略有不同。由于不是最直接管理民众的一级政府，县级政府对财权的关心主要体现为"向上要"，即向上级政府争取尽可能多的财政拨款；而乡镇级政府对财政拨款并无力施加根本影响（特别是没有财政预算权），所以部分乡镇级政府的行动逻辑往往表现为与乡村官员一起进行"欺上瞒下"的活动，即向上级政府尽可能多索要的同时又尽可能多截留或"选择性处理"国家拨款，例如对更"听话"的人多补偿，对不听话又没有"地位"的人少补偿或不补偿。而且，这些乡镇政府的这种行动逻辑已经在一些地方表现出泛化迹象，并在农村低保、退耕还林、村村通工程、自然灾害救助等各个项目上都有体现。② 尽管目前这种权力侵蚀现象也基本只是处于一种"默示"的"亚政治生态"阶段。但是，一旦被征地农民乃至官员都在不断扩大自身利益诉求，不断强化这种"路径依赖"，而在上级政府等权力机关又满足不了其要求的时候，"地方政府—被征地农民"矛盾将可能极大冲击既有的基本政治生态，对国家治理和社会稳定造成巨大冲击。

（三）话语逻辑：法律政令中权利的彰显与"善"的隐退

当下中国正处于"走向权利的时代"③。在这一时代中，"当公共道德和法律不足以关照人们的生活，个体在规范化的权利体系中难以找到自己适当的生活，那么'制造权利'可能就成为应对生活的方式"④。更为重要的是，法律政令可操性的特点要求其聚焦于权利义务的设定，而"善"的目的由于很难规范化

---

① 刘家义.国务院关于 2014 年度中央预算执行和其他财政收支的审计工作报告[R/OL].（2015 - 06 - 28）[2017 - 01 - 07].http：//www.audit.gov.cn/n5/n26/c67491/content.html.

② 黄宗智先生分析地方政府、企业和村庄政权连同起来为了获得项目资金而在一定程度上"共谋"欺骗国家。参见：黄宗智，龚为纲.国家治理的基本方法："项目制"[M/OL].（2016 - 02 - 09）[2016 - 02 - 26].http：//www.aisixiang.com/data/97002.html.

③ 夏勇先生认为，在"走向权利的时代"，中国公民权利意识的逐渐强化以及与此相呼应的权利体系和权利保护机制的不断完善，将是推进中国法律现代化进程最为关键的因素。参见：夏勇.走向权利的时代——中国公民权利发展研究[J].北京：中国政法大学出版社，1999：原版前言.

④ 汪太贤.权利泛化与现代人的权利生存[J].法学研究，2014(1).

不得不在司法推理甚至法律规范中隐退。

飞速发展的权利却正在发生悖权利性(anti-right)的变化，亦即正在某种程度上形成权利对"善"的屏蔽和压制。底层民众的行动依据发生转变，纯粹公平正义等"善"的行动依据趋于隐退，合权利性(并非完全合法律性)成为主要依据。其言之：第一，具体权利主张对善的价值形成屏蔽和压制。在土地征收场域集中表现为土地维权取得了对国家土地管理的优位，直接转化为对土地收益分配问题的"侵权—维权(抗争)"解析范式，并进而肯定了民权之于权力的天然正当性和民权之"民"的自足理性。在这一解析范式下，善本身被屏蔽掉了，公权力维护某种"善"(例如更大多数人的自由、社会秩序、国家利益等)，而对具体权利主张的任何否定都有可能失去"道德正当性"进而遭到猛烈的指责与反抗。但事实上，此时的具体权利主张仍然不过是实现利益的手段，其可能恰恰背离了权利所服务的更高级别的目的——实现"善"。这也就是桑德尔主张权利的正当性证明必须"依赖于它们所服务的那些目的的道德重要性"①。离开了道德判准的指引，权利只剩下具体权利的外壳从而很可能退化为更便捷的实现个殊性利益的工具而已，人性中的"逐利"方面借此就很可能被无限放大。如果这样，就可能带来严重的负面效果。第二，具体权利主张有时甚至可以超越程序和法治这种"程序之善"来运作。近代以来，民权和维权话语成为主导和影响着民众和官方的压倒性话语。多元权利"救济"渠道(甚至包括非法律的渠道)特别是网络和新媒体的出现使救济权利变得更为便捷，权利救济成本的降低、救济渠道的增多都在激励人们积极维权。大量打着维权手段行逐利目的之实的事件使得人性的"逐利"面放大。当然，或许更值得注意的是，地方政府及官员在"权力侵蚀"中也并非"始终"是必然的弱者，他们有可能在被侵蚀中寻求政治利益或经济利益最大化的机会，从而演化为与部分民众结合出卖"治权"这个违背基本政治"善"的行为，此即所谓第二重"权力侵蚀"，但却又是各方在"权力侵蚀"的亚政治生态中形成的"生存性智慧"。

由此可见，民众的权利主张本身并不必然是正确的(right)，当它被符号化地以具体权利形式表达出来的时候也可能掩盖了自己种种不正当利益要求之本质；而且，公权力本身也并无所谓善恶，更不是天然的"利维坦"，如果不受限制它可能成为民众利益的侵夺者，也可能成为压制善的工具；但是其在更多的时候是民众利益的守护者，是实现"善"的工具。所以，不能对权力的行使以偏概全，不能将西方学者所认定的公权力"可能为恶"的属性转化为普世的"必然为恶"的定性。因此，必须激励公权力去积极维护和实现"善"。这不是简单地

---

① 桑德尔.自由主义与正义的局限[M].万俊人等，译.南京：译林出版社，2001：4.

设定国家义务进行限权,而是要确保政府等公权力机关在土地征收和房屋拆迁中如何识别农民的正当利益关切及合法的权利诉求,并确保其在法治轨道上充分实现。

四、农地征收难题的公共服务法治化破解之道

如何以法律来规制权力侵蚀?这必须结合其驱动原因及生成机制来分析。如上所述,公共服务(含社会保障)的不足、不均和不便的问题是深层原因。所以,必须通过发挥公共服务法律制度的激励功能,维护被征地农民及政府官员的合理"利益"需要及权利诉求,规范权力运行。

(一)加强公共服务立法,确立和维护公共服务法律权利,消除"权力侵蚀"动因

权力侵蚀作为双方博弈的产物,其产生的动因直接源于公共服务普遍不足、不均所引发的失地农民的生存焦虑和安全感缺乏。所以,必须以加强公共服务立法,确立和维护公共服务法律权利为根本途径。

(1)从被征地农民的角度看,"地方政府—被征地农民"博弈及其引发的"权力侵蚀"现象直接源于城镇化进程中土地收益分配的不公平,农民权利受到侵害。被征地农民不但担心一次性收益分配的不公正,还担心土地增值收益分配的不公正(在案例二中,H 市 W 镇农民维权动因源于此),更担心其一次性分配收益的贬值,由此形成了渴望将未来收入"绑定"到政府之上的路径依赖。

(2)从地方政府及官员的角度看,打击权力侵蚀行为并不一定是最佳选择。其原因是:①土地财政确实使部分被征地农民的利益在农地征收中受到了损害,政府获得了巨大的土地增值收益,这种行为本身在道义上更容易受到指责,这在很大程度上使政府不敢打击权力侵蚀行为;②地方政府及官员考虑到维护自身声誉和降低事件的不良社会影响,宁愿选择不断忍让而不愿打击权力侵蚀行为;③部分地方政府及官员甚至可能积极进行权力寻租以实现自己利益的"帕累托改进",从而不但不敢和不愿去打击权力侵蚀行为,甚至积极利用权力侵蚀行为为自己牟利。这体现为部分地方政府及官员为实现自身利益最大化,可能与被征地农民乃至地方其他势力等形成"共谋",以国家公权力合法性和权威性为代价求得表面上的"相安无事、共生共荣",最终生成了寄生于权力侵蚀之上的亚政治生态。

确立和维护公共服务法律权利就是要致力保障失地农民对生活的稳定预期,从而化解权力侵蚀现象的动因。

如何进行公共服务法律权利的确认和维护?

公共服务法治化强调以法律确权来保障人们对生活的稳定预期。公共服务

是内容,法制化是保障。这要求:第一,以建立健全普遍、均等的基本公共服务(主要是基本公共教育、劳动就业服务、社会保险、基本社会服务、基本住房保障、公共文化体育等)权利制度来化解市场化的风险。优质、高效、均等的公共服务不但能使民众面对激烈的市场竞争保有"体面",更能激发民众的创造潜力,为民众不断创新创业提供内在动力和引导人力资本的合理流动,为社会持续发展奠定坚实的人力资源根基。没有健全公共服务及法律制度,民众就没有生活和创造的安全感,政府官员也会在不断精简机构和压缩人员编制的压力下失去安全感,从而可能使其都失去创新的动力并及时固化自己利益,甚至在政府管制博弈中通过"共谋博弈"以实现各自非法利益的最大化,直至生成"博弈依附"和权力侵蚀。正如昂山素季精辟指出的那样:"是恐惧而非权力导致腐败"。第二,以公共服务的普遍、均等提供为轴,改革财政分配制度。例如,十二届人大二次会议《政府工作报告》提出要"提高一般性转移支付比例,专项转移支付项目要减少三分之一"。但这不能是一般性减少专项转移支付项目,也不是点人头式的给予完全平均对待,或者是继续按财政供养人口实行承包式分税制,而是要逐步实现专项转移支付项目和一般性转移支付项目并轨,以实现地区间、上下级政府间实现公共服务"能力"的均等化和常态化(法制化)。据此,要改变地方政府向上为了争取财权而"跑项目"、向下为了扩大财力而不断侵犯民众利益的现象,实现政府主要职能向提供公共服务转变,并铲除"权力侵蚀"的根源。

(二)动态发展公共服务法律制度,防止产生新的权力侵蚀现象

以法律来规制权力侵蚀不仅要着力铲除其既有的根源,还要防止其在新的领域产生出来。那么,什么领域最可能产生新的权力侵蚀?要如何破解之?

当下,城镇化可能成为产生权力侵蚀行为的滋生域。《国家新型城镇化规划(2014—2020年)》明确指出,城镇化是解决农业、农村、农民问题的重要途径。三农问题根源于城乡二元体制,而城乡二元体制的弊端就是城乡公共服务不均等,农村转移劳动力不能与城镇居民享受同等的就业、医疗、养老、保障性住房、子女教育等基本公共服务。特别是沿海等发达地区在享受农村劳动力转移带来的经济增长的同时却未能让其享有相应的公共服务。因此,只要有合适的机会(例如城镇化改造、产业园区建设等),某些地方政府与农民就可能"共谋"而生成对上级政府乃至整个国家公权力的"权力侵蚀"行为。

特别需要注意的是,在全球化、环境危机和可持续发展的压力之下,中国低端产业面临不断升级的压力,这直接危及农民就业的稳定性,导致其愈加缺乏安全感。因此如何提供基本就业服务就成为迫切任务。而且,必须动态地看

待城乡公共服务不均等问题。现有理论一般都只注意到二者不均等，而没有注意到一般城市居民所享受的公共服务（特别是社会保障）水平仍然不高。这可能形成城镇化中"农民加速市民化，市民化后面临更大风险"的困境。所以，推进新型城镇化改革不仅应该（或者首先是）将城镇化视为新的经济增长点，而且应认识到普遍、优质、高效的公共服务将为生产力核心要素提供新的契机，进而从根本上解决人的安全感普遍缺失的问题，为建构良性政治生态和实现社会和谐发展提供前提条件。

如何建立优质高效的公共服务法律制度体系？其基本要求是：第一，公共服务立法必须先着力实现基本公共服务的均等化。特别是首先着力于就业、社会保障、医疗卫生、住房保障、教育文化体育等公共服务的均等化。首先着力于确保和实现基本公共服务的均等化，进而提升政府提供全面、优质基本公共服务的"能力"。特别是强化政府在就业、社会保障、医疗卫生、住房保障、教育文化体育等领域公共服务的"供给能力"，注重公用设施、环境保护等领域的公共事业建设。这样不仅可以从制度上矫正市场化导致的贫富分化现象，化解阶层矛盾和社会冲突，维护结果正义实现社会和谐，而且也可以为国家实现个体的尊严与自由提供制度支撑，维护个体发展所需的机会正义。第二，必须建立动态的公共服务内容体系发展机制，推动公共服务内容的逐步扩大和优化。特别是通过国家积极履行公共服务的义务，个体或社会组织通过参与公共领域的治理，协助国家共同提供公共服务，实现公共服务供给的质量优越、效率突出。二者结合既为个人自由发展提供了保障，也增强了公民对公共政策形成的参与性和获得感，更实现了对市场功能失灵的弥补。这必将催生更大的经济活力并增强治权的合法性基础。

（三）健全公共服务权利实现的制度机制，规范权力运行秩序

从权力运行的法律依据和机制来看，权力侵蚀产生的直接原因在于：第一，权力与责任不对等；第二，缺乏对"地方政府—被征地农民"共谋博弈的监督机制。这一方面导致容易形成"有事找政府"的思维定式，另一方面形成官员可以通过自由裁量权来对"服务"进行合乎自己利益的解释。所以，必须健全公共服务实现的制度机制，将公权力行使和农民维权都纳入法治的轨道。这要求：

（1）公共服务立法必须建立公共服务权力清单制度和责任清单制度，重塑政府提供公共服务的首要职能。"西方社会主张用治理替代统治，是他们在社

会资源的配置中既看到了市场的失效，又看到了国家的失效。"①中国农地征收语境下权力侵蚀问题与西方"国家失灵"问题不同，它不仅是市场与国家在社会资源配置中的失效问题，更是市场化改革导致国家在公共服务等社会资源配置中的缺位问题。通过加快建立明晰的政府公共服务权力清单制度和责任清单制度，可为被征地农民乃至官员实现其基本公共服务权利提供最基本的救济依据和渠道。

（2）公共服务法律体系必须确认多元主体参与公共服务提供的权利，推动公共服务国家化到公共服务国家化与社会化共存，实现政府、社会组织等多元主体共同提供公共服务。多元主体通过竞争提供公共服务能够确保公共服务提供的效率和质量，并防止腐败。进而由此推动公共服务提供中的私域自治和公域共治，特别是着力加速形成基层民众收入的保值机制，扩大增值途径，探索健全人民币购买力和汇率稳定的法律生成机制，解决民众深层关切的问题和培育安全感之源。

（3）增强公民参与，增加"地方政府—被征地农民"的沟通和监督机制。以此压缩博弈食利者的生存空间，斩断寻租博弈的生存根基。公民作为公共服务的直接受益者，对评判公共服务的数量、品质和效率最有发言权，评估的信息收集也最及时。

（4）着力建构信息服务平台，建构"地方政府—被征地农民"互动互信机制。在当今自媒体时代，信息的发布空前便捷，政府很难及时在每个领域都掌控最新的信息。所以，信息堵塞已经不可能，疏导成为必然，而健全的互信互动机制能让违背法律和良知的不实报道失去市场，激励媒体回到客观、真实的基本立场上来，并防止其向寄生于"政府—民众"博弈关系上的食利群体演化。

五、结语

总之，在农地征收中，被征地农民与地方政府博弈形成了"权力侵蚀"现象，其生成机制在于地方政府与被征地农民围绕是否遵守法律政令而形成的共谋博弈。被征地农民与地方政府博弈的根本目的是实现己方利益的最大化。博弈参与方以相关法律政令为依据，展开一场表面上合法合理而本质是"逐利"的游戏。"第三方势力"参与地方政府和被征地农民之间的博弈，加速了权利与权力的商品化，由此不但强化了共谋博弈，而且其自身也寻求演化为稳定的"博弈食利群体"，从而形成由被征地农民、"第三方势力"等要挟地方政府及官员甚至与之进行利益共谋的权力侵蚀现象，这在不断侵蚀国家公权力的合法性基

① 俞可平.治理与善治[M].北京：社会科学文献出版社，2000：6-7.

础。法律政令成为博弈工具的内在原因是其对土地权利多重功能的切割，将其简化为单一的金钱和物质补偿，而且补偿标准低；外在原因是地方治权的财权支持不足；直接原因在于法律规范和法律推理中的善的隐退和权利绝对论，规制权力侵蚀的法治之道在于建立普遍均等的公共服务确权制度和便捷的公共服务救济制度。以公共服务法治化来规制农地征收中的权力侵蚀，就是要求以公共服务法律体系为基础来促进政府职能和治理方式转变，有效保护私权利，防止对公权力的侵蚀。未来的公共服务立法不应简单地设定为如何规定国家义务，而是应当促使权力依法积极履行公共服务职能，确保公民便捷、高效地获得优质公共服务；不仅要致力扩大公民既有法律权利的实现途径，而且应当通过对公共服务的规范分类与提供来发展个人权利。由此最终促成一种政府依法治理、被征地农民积极创业、社会有序自治、"政府—民众"和谐的良性政治生态。

第四节 公共文化服务建设中的难题及法治保障诉求

公共文化服务是公共文化与公共服务交叉相融的概念，它是隶属于公共服务领域的文化，隶属于文化领域的公共服务。公共文化服务显示出了文化与公共服务二者间的互相融合与补充。具体而言，公共文化服务是指基于社会效益，不以营利为目的，为社会提供非竞争性、非排他性的公共文化产品的资源配置活动。公共文化服务水平是社会文明程度的重要标志，保障公共文化服务是满足民众精神需求的重大举措之一。

2017年，我国公共文化服务发展的整体水平有了很大的提高，基本公共文化服务均等化得到了进一步的改善。2013年，中共十八届三中全会通过的《中共中央关于全面深化改革若干重大问题的决定》提出："构建现代公共文化服务体系。建立公共文化服务体系建设协调机制，统筹服务设施网络建设，促进基本公共文化服务标准化、均等化等目标。此外，还要建立群众评价和反馈机制，推动文化惠民项目与群众文化需求有效对接。整合基层宣传文化、党员教育、科学普及、体育健身等设施，建设综合性文化服务中心。明确不同文化事业单位功能定位，建立法人治理结构，完善绩效考核机制。推动公共图书馆、博物馆、文化馆、科技馆等组建理事会，吸纳有关方面代表、专业人士、各界群众参与管理。引入竞争机制，推动公共文化服务社会化发展。鼓励社会力量、社会资本参与公共文化服务体系建设，培育文化非营利组织。"公共文化服务建设的目标一是满足人们日益增长的精神需要，二是保障公民基本的文化权利。但是目前我国公共文化服务建设还没有能很好地实现上述目标，原因在于，一是我国不同地域、不同群体对精神文化的需求和接受方式呈多元化，但是目前政策制定者缺乏有效的渠道来了解这些需求；二是我国相关制度没能很好地回应群众的多元文化需求，各地提供的公共文化服务趋于一致、形式单一；三是公共文化服务相关部门与教育、文化企业之间的交流合作不够，没能完全形成资源共享、服务联动机制。为了解决上述问题，首先要保障公共文化服务相关法律制定得更加民主，了解不同群体的精神需求，构建多元沟通渠道；其次，要保障公共文化服务法律制度制定得更加科学，明确公共文化服务的立法目的、立法逻辑和具体规则。本节首先探讨我国公共文化服务建设过程中存在的主要问题；其次，分析我国关于公共文化服务相关的立法情况与这些问题之间的联系，或者相关立法能否解决这些问题；最后，针对我国公共文化服务建设的实际情况及立法现状，提出加强公共文化服务保障法制体系及其实施机制建设的基本要求。

一、公共文化服务建设财政保障的不足不均问题

（一）我国文化服务建设的财政保障模式

首先，我国公共文化服务的资金主要来自中央政府和地方政府的财政支出。主要依据有《公共文化服务保障法》第 45 条、第 46 条，以及《财政部、文化部关于印发〈中央补助地方美术馆、公共图书馆、文化馆（站）免费开放专项资金管理暂行办法〉的通知》第 7 条，《财政部关于印发〈中央补助地方文化体育与传媒事业发展专项资金管理暂行办法〉的通知》第 1 条、第 2 条等，具体规定，详见表 4-1。《财政部关于印发〈中央补助地方农村文化建设专项资金管理暂行办法〉的通知》第 1 条"为了规范和加强中央补助地方农村文化建设专项资金（以下简称专项资金）管理，提高资金使用效益，根据国家有关规定，制定本办法"，第 2 条"专项资金由中央财政设立，用于支持农村公共文化事业发展，保障基层农村群众基本文化权益"，都规定公共文化服务的资金由中央政府和地方政府单独或者共同出资。

其次，中央和地方的财政支出，要保障基本公共文化服务均等化。根据中共中央办公厅、国务院办公厅印发的《关于加快构建现代公共文化服务体系的意见》，中央财政积极支持加快构建现代公共文化服务体系，促进基本公共文化服务标准化均等化。《公共文化服务保障法》第 46 条也强调对革命老区、民族地区、边疆地区、贫困地区等地区要重点扶植。2016 年一般公共预算安排相关资金 208.62 亿元，资金重点使用情况如下：一是安排资金 51.57 亿元，用于深入推进博物馆、纪念馆、全国爱国主义教育示范基地、美术馆、公共图书馆、文化馆（站）等公益性文化设施向社会免费开放；二是安排资金 130.06 亿元，

用于支持和引导地方落实国家基本公共文化服务指导标准和地方基本公共文化服务实施标准，提供基本公共文化服务项目，改善基层公共文化体育设施条件等；三是安排资金 3.14 亿元，用于加快推进边远贫困地区、边疆民族地区和革命老区文化人才队伍建设；四是安排资金 23.85 亿元，用于支持少数民族地区文化事业的发展，保障少数民族群众基本文化权益。以上制度和相关实践都表明实现公共文化服务均等化是我国公共文化服务立法的目的和原则。

表 4－1　我国公共文化服务财政保障相关规定

序号	文件名称	相关条文
1	《中华人民共和国公共文化服务保障法》	第 45 条："国务院和地方各级人民政府应当根据公共文化服务的事权和支出责任，将公共文化服务经费纳入本级预算，安排公共文化服务所需资金。" 第 46 条："国务院和省、自治区、直辖市人民政府应当增加投入，通过转移支付等方式，重点扶助革命老区、民族地区、边疆地区、贫困地区开展公共文化服务。 国家鼓励和支持经济发达地区对革命老区、民族地区、边疆地区、贫困地区的公共文化服务提供援助。"
2	《公共文化体育设施条例》	第 5 条："各级人民政府举办的公共文化体育设施的建设、维修、管理资金，应当列入本级人民政府基本建设投资计划和财政预算。" 第 9 条："国务院发展和改革行政主管部门应当会同国务院文化行政主管部门、体育行政主管部门，将全国公共文化体育设施的建设纳入国民经济和社会发展计划。"
3	《博物馆条例》	第 5 条："国有博物馆的正常运行经费列入本级财政预算；非国有博物馆的举办者应当保障博物馆的正常运行经费。 国家鼓励设立公益性基金为博物馆提供经费，鼓励博物馆多渠道筹措资金促进自身发展。" 第 6 条："博物馆依法享受税收优惠。依法设立博物馆或者向博物馆提供捐赠的，按照国家有关规定享受税收优惠。"

序号	文件名称	相关条文
4	《群众艺术馆文化馆管理办法》	第3条:"两馆建设要充分发挥地方的积极性,中央给予必要的支持。要加快改革步伐,扩大对外开放,拓宽两馆事业发展的渠道,以创造优越的物质条件,提供良好的服务。" 第15条:"积极开展以文补文和多种经营活动,要正确处理社会效益和经济效益的关系,其收入主要用于两馆事业的发展。" 第28条:"两馆经费列入当地政府财政预算,从文化事业经费中拨给。随着经济和社会的发展,年度拨款应逐年有所增加。" 第30条:"文化主管部门对于两馆开展以文补文和多种经营活动,要给予重视和支持,加强管理和指导,其收入主要用于补充经费之不足。以文补文和多种经营的税收问题,应按国家有关部门规定给予优惠和减免。 有关部门不得因两馆上述收入而抵减预算内的经费。"
5	《乡镇综合文化站管理办法》	第18条:"文化站的建设、维修、日常运转和业务活动所需经费,应列入县乡人民政府基本建设投资计划和财政预算,不得随意核减或挪用。中央、省、市级财政可对文化站设施建设和内容建设予以经费补助。"
6	《国务院关于支持文化事业发展若干经济政策的通知》	六、建立健全专项资金制度。为促进宣传文化事业发展、增强调控能力、保证重点需要、规范资金管理,中央和省级要建立健全有关专项资金制度。 专项资金的来源为财政预算资金和按国家有关规定批准的收费等预算外资金。 七、继续鼓励对宣传文化事业的捐赠。社会力量通过国家批准成立的非营利性的公益组织或国家机关对下列宣传文化事业的捐赠,纳入公益性捐赠范围,经税务机关审核后,纳税人缴纳企业所得税时,在年度应纳税所得额10%以内的部分,可在计算应纳税所得额时予以扣除;纳税人缴纳个人所得税时,捐赠额未超过纳税人申报的应纳税所得额30%的部分,可从其应纳税所得额中扣除。

续上表

序号	文件名称	相关条文
7	《文化事业建设费使用管理办法》	第3条:"文化事业建设费由地方税务机关征收。中央单位缴纳的文化事业建设费,由地方税务机关征收后全额上缴中央金库。地方单位缴纳的文化事业建设费,全额缴入省级金库。" 第4条:"中央级文化事业建设费由财政部会同中央精神文明建设指导委员会办公室(以下简称中央文明委办公室)管理。省级文化事业建设费由省级财政部门会同省级精神文明建设指导委员会办公室(以下简称省文明委办公室)管理。" 第5条:"文化事业建设费的支出范围。文化事业建设费主要用于国家对社会主义精神文明建设,重点是思想道德和文化建设进行宏观调控等方面的开支。"

就目前相关规定来看,我国对公共文化财政制度主要是原则性的规定,缺乏对相关经费如何分配、收支、财政评估等具体性规定,没有形成完善的预算制度、财政收入制度、转移支付制度、财政评价机制、财政监管机制。就目前来看,我国还处于公共文化服务的起步阶段,因此,政府出资的方式多为专项的一次性投入,纳入常规财政支出的内容较少,也没有形成与教育、其他文化部门、文化企业等之间的联动机制。马海涛和程岚将我国目前财政制约公共文化服务的问题概括为:财政支出总量不足,财政支出结构不合理,财政投入的区域结构失衡问题严重,财政投入的城乡差异明显,公共文化产品供给主体单一,财政支持滞后等。为此,需要做好调研工作,真正理解人们的多元化文化需求和文化的接受方式,提高立法质量,完善立法。理顺文化行政管理部门与所属文化企事业单位的关系,推进政企分开、"政事分开"、管办分离,强化文化行政管理部门的政策调节、"市场监管"、社会管理和公共服务职能,财政应对文化行政管理部门在转变职能过程中增加的合理支出给予必要的保障。

(二)其他国家文化服务建设的财政保障模式

世界各国关于公共文化服务的财政体系模式主要有三种:第一种是"政府主导"型的公共文化服务财政模式。这一模式强调为全体公民免费提供基本文化产品与服务是政府不可推卸的文化责任,是服务型政府的必然内涵。"实现文化民主"是法国文化价值观的重要构成,立足于传承本国文化、提升公民文化素养的国家需要,着眼于体现基本公共文化服务的均等享有,政府负责提供公共文化机构免费开放所需的资金。为此,法国由政府管理的文化设施定期免费开放，比如在 1996 年确立的包括卢浮宫在内的国立博物馆，每月第一个周日免费开放。此外，在国庆日、文化遗产日、博物馆日等特殊节庆日，均免费开放。在萨科奇执政法国期间，还专门面向 18 岁以下的青少年实行免费开放，其文化培育的用意十分明显。第二种是基于"民间主导"的公共文化服务财政模式。公共文化机构将免费开放视为保障公民文化权利的一种重要体现，作为社会资金支撑的公共文化服务实施主体，非政府组织与非营利机构更加注重从体现公民权利的公共需求出发，以均等、共享、普惠的免费服务来凸显基本公共文化产品的"非营利性"，彰显公共文化机构的社会担当和精英文化立场。美国政府更多的是一种"便利提供者"的角色。美国公益性文化机构的资金来源，大多依靠基金和慈善家的捐助，博物馆 40% 以上资金来源是企业和个人捐赠。出于人性化的需求立场，美国博物馆、公共图书馆等公共文化机构的免费服务已经从免费参观、免费阅读、免费下载、免费上网的基本服务，拓展到免费复印、免费文献传递、免费饮水的更大范围，向对象化、人性化的深度和广度延伸。第三种是基于"政府与社会双轨并行"的公共文化服务财政模式。虽然凯恩斯主义和福利社会制度受到了广泛的质疑，但是依然对欧洲国家文化制度的设计留有深刻影响，使公共文化在强调保障公民文化权益的同时，体现出鲜明的"文化福利"色彩。政府部门承担着赞助人的角色，负责宏观调控与有限资助，公益性机构则自主运营和自筹资金，政府与公益性机构之间保持着"一臂间隔"，形成了"政府与社会双轨并行"的机制。例如，英国博物馆免费开放 10 年来，参观人数由 2001 年的 720 万人次增长至 2011 年的 1800 万人次，每年间接地为英国带来约 10 亿英镑(约合 98 亿人民币)的旅游收入。这不仅深刻影响了英国文化行业的发展，而且极大地改变了世界游客对文化遗产的认识。总之，我国到底应当采取哪种公共文化服务财政模式要视我国的具体情况而定，并且还需要进一步调查和试验。

(三)中国公共文化服务财政保障的地域差异和城乡差异情况

根据表 4-2、表 4-3，从纵向比较来看，我国文化事业经费在各个地区的投入都持续增长；从横向比较来看，东部地区所占比重远远大于中部和西部地区，并且从 1995 年到 2017 年的数据中可以看出，东部、中部和西部地区的文化事业经费所占比重有一定的波动，但是总的来说并没有明显向均等化方向波动的倾向。由于官方公布的数据有限，无法对比东部、中部和西部地区人均文化事业费的变化情况，只能得出 2010 年我国东部、中部和西部地区的人均文化事业费，如表 4-4 所示，我国中部地区的人均文化事业费用远远低于全国平均水平，只相当于东部地区人均文化事业费的一半；西部地区略低于全国平均水平。导致这种差距的其中一个原因主要与中部、东部、西部的经济发展有关，因为根据我国的公共文化服务财政保障体系，公共文化服务的经费主要来自地方，地方政府是公共文化服务费用的主要承担者。但是，由于统计数据有限，只能粗略对地域做简单的东部、中部和西部地区的划分，不能进一步将省市甚至更小的行政单位之间公共文化服务保障的情况进行进一步的对比。由于目前资料有限，地区之间的对比只限于 2010 年。

表 4 - 2　我国 2010 年全国人口分布情况

项目	东部地区①	中部地区	西部地区	其他②	全国
人口数量/人	469393270	503025366	360356231	6949985	1339724852
所占比重/%	35.04	37.55	26.9	0.51	100

说明：本数据是根据《2010 年第六次全国人口普查主要数据公报（第 2 号）》整理所得。

表 4 - 3　1995—2017 年全国文化事业经费地区分布情况

年份		1995	2000	2005	2010	2013	2014	2015	2016	2017
总量/亿元	全国	33.39	63.16	133.82	323.06	530.49	583.44	682.97	770.69	855.8
	东部地区	13.43	28.85	64.37	143.35	231.41	242.98	287.87	333.62	381.71
	中部地区	9.54	15.05	30.58	78.65	120.01	133.46	164.27	184.8	213.3
	西部地区	8.3	13.7	27.56	85.78	152.16	171.15	193.87	218.17	230.7
所占比重/%	东部地区	40.2	45.7	48.1	44.4	43.6	41.6	42.1	43.3	44.6
	中部地区	28.6	23.8	22.9	24.3	22.6	22.9	24.1	24	24.9
	西部地区	24.9	21.7	20.6	26.6	28.7	29.3	28.4	28.3	27

说明：本数据来源于《中华人民共和国文化部 2015 年文化发展统计公报》以及《中华人民共和国文化和旅游部 2017 年文化发展统计公报》。

---

① 表 4 - 2 至表 4 - 5 中所指的东部地区包括北京、天津、辽宁、上海、江苏、浙江、福建、山东、广东；中部地区包括河北、山西、吉林、黑龙江、安徽、江西、河南、湖北、湖南、海南；西部地区包括内蒙古、广西、重庆、四川、贵州、云南、西藏、陕西、甘肃、青海、宁夏、新疆。
② 其他人口是指现役军人和难以确定常住地的人口。

表 4 - 4　2010 年全国人均文化事业费地区分布情况

项目	东部地区	中部地区	西部地区	全国
人均文化事业费/元	30.54	15.64	23.8	24.11

说明：本数据是结合表 4 - 2 和表 4 - 3 所得。

表 4 - 6 所统计的数据显示，我国从 1995 年到 2017 年，文化事业费用总量不断增长，从 1995 年的 33.39 亿元增加到 2017 年的 855.8 亿元。此外，县及县以下文化事业费所占的比重逐步增加，1995 年超过 71% 的乡村人口所占用的文化事业费还远远不足 26.8%，到 2017 年乡村人口所占比重逐渐减少，但县及县以下的文化事业费所占的比重却达到了 53.5%。尽管文化事业费在县及县以下投入的比重越来越多，但是城乡差异依旧存在。结合表 4 - 5 和表 4 - 6，可以看出，2017 年全国乡村人口占人口总数的 41.48%，并不包括县级和镇级的人口，而县及县以下的人口所享受的文化事业费所占的比重总共才 53.5%，人口占大多数的县及县以下的人口所享用的文化事业费才到全国的一半。由此可见，乡村人口所享受的公共文化服务待遇依旧没有达到全国平均水平，公共文化服务的城乡差异依旧存在。当然，此项调查研究还存在误差，误差主要来自两个方面：第一，表 4 - 6 中的经费是文化事业费①而非仅仅是公共文化服务经费，虽然公共文化服务经费占文化事业费的大部分，但是此处用文化事业费来衡量公共文化服务的财政保障，依旧不能完全客观反映城乡财政投入差异的客观情况；第二，表 4 - 6 中所统计的是县以上和县及县以下两个层面的文化事业费分布情况，并未对乡村文化事业费的投入做统计，而是将其与县及县以下的城镇居民所享受的文化事业费合并计算，这也会给判断城乡差异情况带来误差。

二、我国公共文化服务建设法治化的举措及评价

目前，随着我国经济社会发展水平的不断提高，人民群众的精神文化需求也日益增长。近年来，政府一直致力建设公共文化服务体系，取得了很多成果，但是我国的公共文化服务水平依然不能满足人民群众的精神需求，公共文化服务体系建设水平仍然有待提高，尤其是农村地区、中西部欠发达地区，公共

---

① 根据《中华人民共和国文化部 2015 年文化发展统计公报》文化事业费是指区域内各级财政对文化系统主办单位的经费投入总和。一般包括艺术表演团体、公共图书馆、文化馆(站)等文化事业单位的财政拨款(不含基建拨款)及文化部门所属企业的财政补贴。根据现行统计口径，文化事业费不包括各级文化行政管理部门的行政运行经费。

表 4 – 5 1995—2017 年我国人口构成情况

年份		1995	2000	2005	2010	2011	2012	2013	2014	2015	2016	2017
人口数量/万人	全国	120778	—	130756	133972	134735	135404	136072	136782	137462	138271	139008
	城镇	34752	—	56212	—	69079	71182	73111	74916	77116	79298	81347
	乡村	86026	—	74544	—	65656	64222	62961	61866	60346	58973	57661
所占比重/%	全国	100	—	100	—	100	100	100	100	100	100	100
	城镇	28.8	—	43	—	51.3	52.6	53.73	54.77	56.1	57.35	58.52
	乡村	71.2	—	57	—	48.7	47.4	46.27	45.23	43.9	42.65	41.48

说明：根据国家统计局发布的《国民经济和社会发展统计公报》以及《人口统计公报（1995—2015 年）》整理所得。

表 4 – 6 1995—2017 年我国文化事业费构成情况

年份		1995	2000	2005	2010	2013	2014	2015	2016	2017
总量/亿元	全国	33.39	63.16	133.82	323.06	530.49	583.44	682.97	770.69	855.8
	县以上	24.44	46.33	98.12	206.65	272.67	292.12	352.84	371	398.35
	县及县以下	8.95	16.87	35.7	116.41	257.82	291.32	330.13	399.68	457.45
所占比重/%	全国	100	100	100	100	100	100	100	100	100
	县以上	73.2	73.4	73.3	64	51.4	50.1	51.7	48.1	46.5
	县及县以下	26.8	26.7	26.7	36	48.6	49.9	48.3	51.9	53.5

说明：本数据来源于《中华人民共和国文化部2015年文化发展统计公报》以及《中华人民共和国文化和旅游部2017年文化发展统计公报》。

文化服务的数量和质量亟待加强。另外，党和中央提出了建设社会主义文化强国战略，要求推动社会主义文化大发展大繁荣，完善我国公共文化服务体系的建设是繁荣我国文化的基础条件和具体体现，对推动社会主义文化繁荣具有重要的意义。

（一）研究范围

公共文化服务保障法制的研究范围主要包括三个方面：①公共文化服务有关的法律及相关文件，主要包括我国现有的关于公共文化服务的法律、行政法规、部门规章、规范性文件以及地方性法规和政府规章。②我国为建设公共文化服务所投入的人、财、物等情况，公共文化服务的范围，根据我国的《公共文化服务保障法》第 14 条规定："本法所称公共文化设施是指用于提供公共文化服务的建筑物、场地和设备，主要包括图书馆、博物馆、文化馆（站）、美术馆、科技馆、纪念馆、体育场馆、工人文化宫、青少年宫、妇女儿童活动中心、老年人活动中心、乡镇（街道）和村（社区）基层综合性文化服务中心、农家（职工）书屋、公共阅报栏（屏）、广播电视播出传输覆盖设施、公共数字文化服务点等。"③现有的绩效评估机制等。具体的研究方法首先主要是对全国人大、中央政府和地方人大以及地方政府制定的有关公共文化服务的法律文件等进行收集整理并对其进行理论分析。其次，收集公共文化服务财政收支、服务效果等数据并整理成相应的表格，对我国公共文化服务的现状有一个具体客观的了解，并从相关的数据中发现我国公共文化服务体系存在的问题。

为了丰富人民群众的精神文化生活，2015 年，中共中央办公厅、国务院办公厅印发的《关于加快构建现代公共文化服务体系的意见》中提出了"到 2020 年，基本建成覆盖城乡、便捷高效、保基本、促公平的现代公共文化服务体系"的目标，以及提升服务效能的重点任务，部署了以社会化增强公共文化发展动力的新任务与新方式，明确了推动与科技融合发展需重点解决的问题，完善了经费、人才和法律保障机制。本小节旨在客观了解中国当前公共文化服务保障法制的现状，以及近年来公共文化服务保障法制的实施状况及走向，评估的标准，公共文化服务的效率、均等化程度等。法律保障机制是我国公共文化服务建设的基础性和前提性问题，因此，对其进行系统性的研究调查，对我国公共文化服务的现状进行统计和分析，有利于进一步了解我国公共文化服务体系依然存在的问题，为进一步完善我国公共文化服务体系打好基础。

（二）关于公共文化服务保障的国家法律、行政法规、部门规章及规范性文件

据不完全统计，截至 2018 年底，我国关于公共文化服务保障的国家法律、

行政法规、部门规章和规范性文件共 37 部(件)①。正在实施的与公共文化服务相关的法律、行政法规和部门规章只有 10 部(件)。内容主要涉及公共文化服务的基本法,图书馆、博物馆、文化馆、艺术馆、文化站和公共文化体育等几个方面的专门立法。此外,规范性文件比法律、行政法规和部门规章所涉及的内容更加广泛全面,具体包括公共文化服务的保障资金,公共文化服务设施的建设,公共文化服务产品的采购,农民工、少数民族、边远地区人群、儿童等少数人群等方面的专门规定。其中,我国最早的公共文化服务的规范性文件出台于 1998 年。此后,我国公共文化服务法律及相关文件的数量在 2009 年(包括2009 年)以后,较 2009 年以前有明显的增长,并呈现出阶段性波动式增长的特征,在 2011 年到 2016 年期间达到高峰(见图 4 - 1)。总体而言,根据我国公共文化服务立法及相关文件年出台数量的变化和走势,结合其在不同时期的内容和特色,可将我国公共文化服务立法发展的历程分为三个阶段。

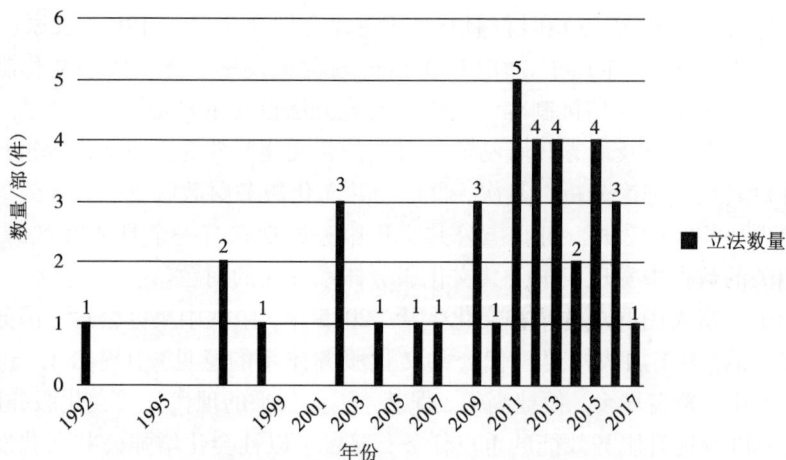

图 4 - 1 中央公共文化服务法律年出台量(1992—2017 年)

第一,1992 年至 2011 年是公共文化服务立法的肇始阶段。这一阶段的立法主要着眼于基层公共文化服务的建设和管理。1992 年,文化部颁布了《群众艺术馆文化馆管理办法》,这是我国最早颁布的有关公共文化服务的法律。1998 年,中共中央办公厅、国务院办公厅颁布了《关于进一步加强农村文化建

---

① 数据来源于法律法规数据库:search. chinalaw. gov. cn/;文化和旅游部官网:https://www. mct. gov. cn. 2018 - 01 - 05 访问.

设的意见的通知》，该文件标志着我国开始关注农村公共文化服务的保障。在公共文化服务的肇始阶段，我国只是间或几年出台相关法律或文件，当然，在此期间，我国还发布了少量公共文化服务政策，这些文件主要对公共文化服务场馆管理及农村地区、西部地区的公共文化服务建设提出了相应要求，显示了公共文化服务立法的雏形开始形成，也表明了我国公共文化服务立法追求均等化的目标。然而，该阶段公共文化服务相关法律及文件数量极少，辐射面较小，立法的科学性较弱，立法的层级也较低。

第二，2002 年到 2008 年(包括 2002 年和 2008 年)是我国公共文化服务立法的探索阶段。这一阶段的立法主要着眼于基层群众文化生活的丰富。2001年，第九届全国人大四次会议表决通过了《中华人民共和国国民经济和社会发展第十个五年计划纲要》，该纲要将文化建设作为精神文明建设的重要部分，开辟专章对"繁荣社会主义文化，提高文化生活质量"进行了全面的规划和部署。此纲要颁布后的第二年即 2002 年，国务院办公厅和文化部相继出台了《国务院办公厅转发文化部、国家计委、财政部关于进一步加强基层文化建设指导意见的通知》《文化部、教育部关于做好基层文化教育资源共享工作的通知》《文化部关于进一步活跃基层群众文化生活的通知》这三个规范性文件，要求丰富基层群众的文化生活。此外。国务院、文化部、财政部等相继颁布了《公共文化体育设施条例》《文化部、国家文物局关于公共文化设施向未成年人等社会群体免费开放的通知》《财政部关于印发〈中央补助地方文化体育与传媒事业发展专项资金管理暂行办法〉的通知》等几项文件，提出要重点保障对特殊人群的服务，以及公共文化服务资金的管理等事项。该阶段在立法层面勾勒了公共文化服务的立法轮廓，并对公共文化服务的主要方向、服务对象与重点内容进行了整体把控，从而为公共文化服务立法体系的提出与构建奠定了基础。这一阶段把公共文化资源共享作为立法的重点进行推进，但系统的公共文化服务立法体系在此阶段尚未形成。

第三，2009 年至今是公共文化服务立法的深化阶段。立法的数量大量增加，内容较之以前更加丰富，公共文化服务立法的体系正在逐渐形成。在这一期间，制定了公共文化服务方面的基本法《公共文化服务保障法》，该法第 4 条提出了公共文化服务保障的四个基本性质，即"公益性、基本性、均等性、便利性"，在此基础上还提出要"加强公共文化设施建设，完善公共文化服务体系，提高公共文化服务效能"，该法设计了我国公共文化服务立法的基本框架、性质和基本原则，形成了公共文化服务立法体系的雏形。虽然基础建设、管理、特殊群体、财政、人才培养等几个方面的立法还有待进一步完善立法，但是公共文化服务立法的体系基本建立。总之，本阶段的公共文化服务立法种类较为齐全、覆盖面广、层次明晰、实际操作性强，这一初步构建的较为完整的公共文化服务立法体系为公共文化服务发展提供了制度支持。但总体而言，这一阶段的公共文化服务立法的质量和效果缺乏相应的评估机制。因此，公共文化服务立法体系的完善仍需一个更为完整且连贯的发展思路，当前我国公共文化服务立法还需要向公共文化的各个领域延伸，相关公共文化服务立法也需要得到持续落实，相关法律的制定也应得到重视(参见表4-7)。

表4-7 我国公共文化服务的立法及相关文件

序号	名称	发布部门	发布时间	备注
1	《中华人民共和国公共文化服务保障法》	全国人大常委会	2016.12.25	法律
2	《中华人民共和国公共图书馆法》	全国人大常委会	2017.11.04	法律
3	《文化事业建设费征收管理暂行办法》	国务院	1997.07.07	行政法规
4	《公共文化体育设施条例》	国务院	2006.03.29	行政法规
5	《博物馆条例》	国务院	2015.02.09	行政法规
6	《群众艺术馆文化馆管理办法》	文化部	1992.05.27	部门规章
7	《文化事业建设费使用管理办法》	财政部	1997.04.11 (2017.12.29修订)	部门规章
8	《乡镇综合文化站管理办法》	文化部社会文化司	2009.09.08	部门规章
9	《文化统计管理办法》	文化部财务司	2012.07.23	部门规章
10	《关于推进县级文化馆、图书馆总分馆制建设的指导意见》(征求意见稿)	文化部	2016.09.12	部门规章
11	《关于进一步加强农村文化建设的意见的通知》	中共中央办公厅国务院办公厅	1998.11.26	规范性文件
12	《国务院办公厅转发文化部、国家计委、财政部关于进一步加强基层文化建设指导意见的通知》	国务院办公厅	2002.01.30	规范性文件
13	《文化部、教育部关于做好基层文化教育资源共享工作的通知》	文化部	2002.04.17	规范性文件

序号	名称	发布部门	发布时间	备注
14	《文化部关于进一步活跃基层群众文化生活的通知》	文化部	2002.04.17	规范性文件
15	《文化部、国家文物局关于公共文化设施向未成年人等社会群体免费开放的通知》	文化部国家文物局	2004.03.19	规范性文件
16	《财政部关于印发〈中央补助地方文化体育与传媒事业发展专项资金管理暂行办法〉的通知》	财政部	2007.06.20	规范性文件
17	《国务院关于进一步繁荣发展少数民族文化事业的若干意见》	国务院办公厅	2009.07.05	规范性文件
18	《文化部办公厅关于贯彻实施〈乡镇综合文化站管理办法〉有关事项的通知》	文化部	2009.09.08	规范性文件
19	《文化部关于进一步加强少年儿童图书馆建设工作的意见》	文化部	2010.12.29	规范性文件
20	《关于开展国家公共文化服务体系示范区(项目)创建工作的通知》	文化部 财政部	2011.02.16	规范性文件
21	《文化部 中央文明办关于组织开展"春雨工程"——全国文化志愿者边疆行工作的通知》	文化部中央文明办	2011.04.22	规范性文件
22	《文化部办公厅关于进一步加强大型群众性文化活动安全管理工作的通知》	文化部	2011.08.01	规范性文件
23	《关于进一步加强农民工文化工作的意见》	文化部人力资源和社会保障部中华全国总工会	2011.09.	规范性文件
24	《关于进一步加强公共数字文化建设的指导意见》	文化部 财政部	2011.11.15	规范性文件
25	《关于印发〈"公共电子阅览室建设计划"实施方案〉的通知》	文化部 财政部	2012.02.03	规范性文件
26	《文化部 中央文明办关于广泛开展基层文化志愿服务活动的意见》	文化部中央文明办	2012.09.12	规范性文件

续上表

序号	名称	发布部门	发布时间	备注
27	《文化部关于做好〈公共图书馆服务规范〉宣传贯彻工作的通知》	文化部	2012.11.16	规范性文件
28	《文化部办公厅关于开展 2012 年度全国美术馆发展扶持计划相关工作的通知》	文化部艺术司	2013.01.28	规范性文件
29	《财政部关于印发〈中央补助地方农村文化建设专项资金管理暂行办法〉的通知》	财政部	2013.04.10	规范性文件
30	《关于印发〈中央补助地方美术馆公共图书馆 文化馆（站）免费开放专项资金管理暂行办法〉的通知》	文化部 财政部	2013.06.07	规范性文件
31	《国务院办公厅关于政府向社会力量购买服务的指导意见》	国务院办公厅	2013.09.06	规范性文件
32	《文化部关于加强流动文化服务工作的意见》	文化部	2014.05.20	规范性文件
33	《文化部关于开展全国基层文化队伍培训工作的意见》	文化部	2014.06.18	规范性文件
34	《关于加快构建现代公共文化服务体系的意见》	中共中央办公厅 国务院办公厅	2015.01.14	规范性文件
35	《国务院办公厅转发文化部〈关于做好政府向社会力量购买公共文化服务工作的意见〉》	国务院办公厅	2015.05.11	规范性文件
36	《国务院办公厅关于推进基层综合性文化服务中心建设的指导意见》	国务院办公厅	2015.10.02	规范性文件
37	《文化部、新闻出版广电总局、体育总局、发展改革委、财政部关于印发〈关于推进县级文化馆图书馆总分馆制建设的指导意见〉的通知》	文化部 公共文化司	2016.12.29	规范性文件

（三）地方关于公共文化服务保障的立法情况

据不完全统计，地方关于公共文化服务方面的立法约 26 件，其总体增长趋势与中央基本保持一致，高峰集中在 2002 年前后以及 2009 年以后。虽然地方与公共文化服务立法有关的文件（比如规范性文件等）数量繁多，不胜枚举，但是法律文件的总体数量偏少，内容单一。

从内容上看，管理法远远多于服务法、促进法等其他性质的法律。据表 4-8，目前，地方公共文化服务有关管理类的法律占总体的 58.3%，比如《云南省公共文化娱乐场所消防管理规定》《上海市公共文化馆管理办法》《四川省文化体育活动场所治安管理办法》等；服务类的法律占 12.5%，比如《上海市社区公共文化服务规定》《苏州市公共文化服务办法》等；公共文化服务促进类的法律占 8.3%，例如《广东省公共文化服务促进条例》《江苏省公共文化服务促进条例》；其他占 20.9%。从立法趋势来看，虽然管理法所占比重较多、立法较早，但是近几年来，尤其从 2011 年开始，地方政府开始重视服务法、促进法等法律的制定。

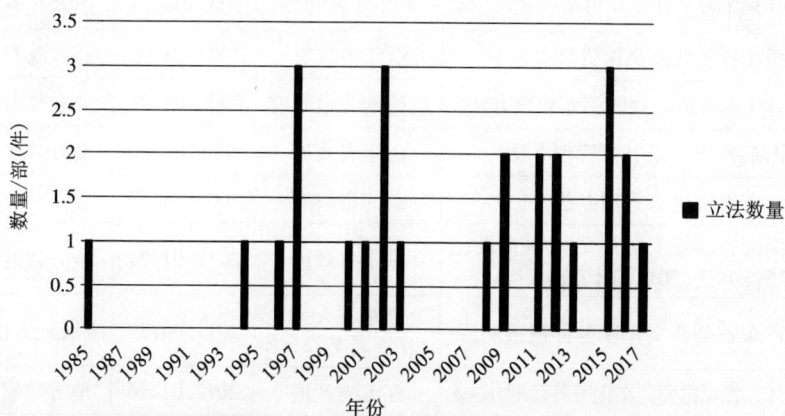

图 4-2　地方公共文化服务立法年出台量(1985—2017 年)

表 4-8　我国地方公共文化服务的立法

序号	名称	发布部门	发布时间	备注
1	《贵州省县级图书馆工作条例》	贵州省政府	1985.06.07	地方政府规章
2	《云南省公共文化娱乐场所消防管理规定》	云南省政府	1994.12.03	地方政府规章
3	《上海市公共图书馆管理办法(2015 修正)》	上海市政府	1996.11.28	地方政府规章
4	《深圳经济特区公共图书馆条例(试行)》	深圳市人大(含常委会)	1997.07.15	经济特区法规
5	《上海市公共文化馆管理办法(2015 年)》	上海市政府	1997.09.22	地方政府规章

续上表

序号	名称	发布部门	发布时间	备注
6	《四川省文化体育活动场所治安管理办法(修正)》	四川省政府	1997.12.29	地方政府规章
7	《内蒙古自治区公共图书馆管理条例》	内蒙古自治区人大(含常委会)	2000.08.06	省级地方性法规
8	《湖北省公共图书馆条例》	湖北省人大(含常委会)	2001.07.27	省级地方性法规
9	《北京市图书馆条例》	北京市人大(含常委会)	2002.07.18	省级地方性法规
10	《河南省公共图书馆管理办法》	河南省政府	2002.07.23	地方政府规章
11	《黑龙江省公共文化设施管理规定》	黑龙江省政府	2002.09.19	地方政府规章
12	《浙江省公共图书馆管理办法》	浙江省政府	2003.08.06	地方政府规章
13	《乌鲁木齐市公共图书馆管理办法》	乌鲁木齐市政府	2008.03.21	地方政府规章
14	《山东省公共图书馆管理办法》	山东省政府	2009.04.23	地方政府规章
15	《浙江省文化馆管理办法》	浙江省政府	2009.08.17	地方政府规章
16	《湖南省实施〈公共文化体育设施条例〉办法(2011年修改)》	湖南省政府	2011.01.24	地方政府规章
17	《广东省公共文化服务促进条例》	广东省人大(含常委会)	2011.09.29	省级地方性法规
18	《江苏省农村公共文化服务管理办法》	江苏省政府	2012.01.16	地方政府规章
19	《上海市社区公共文化服务规定》	上海市人大(含常委会)	2012.11.21	省级地方性法规
20	《四川省公共图书馆条例》	四川省人大(含常委会)	2013.07.26	省级地方性法规
21	《广州市公共图书馆条例》	广州市人大(含常委会)	2015.01.22	设区的市地方性法规
22	《苏州市公共文化服务办法》	苏州市政府	2015.11.12	地方政府规章
23	《江苏省公共文化服务促进条例》	江苏省人大(含常委会)	2015.12.04	省级地方性法规
24	《东莞市公共图书馆管理办法》	东莞市政府	2016.12.30	地方政府规章
25	《威海市公共文化服务办法》	威海市政府	2016.12.30	地方政府规章
26	《浙江省公共文化服务保障条例》	浙江省人民代表大会常务委员会	2017.11.30	省级地方性法规

（五）中国公共文化服务绩效评估分析

对公共文化服务的立法和财政绩效进行科学合理的评估，有助于提高法律的有效性，有助于监督和引导公共文化服务的投入和建设，能够发现立法中存在的问题，进而完善立法。2004年，国务院制定的《全面推进依法行政实施纲要》提出要"建立和完善行政法规、规章修改、废止的工作制度和规章、规范性文件的定期清理制度"，"规章、规范性文件施行后，制定机关、实施机关应当定期对其实施情况进行评估。实施机关应当将评估意见报告制定机关；制定机关要定期对规章、规范性文件进行清理"。

立法后评估是指法律自施行之日始，达到一定的期限后，根据立法目的，按照一定的标准和程序，对其科学性、民主性，立法质量、实施效果、存在问题及其影响因素等进行跟踪调查和分析评价，并提出评估意见的制度。对公共文化服务的立法进行科学的评估，是检验相关法律是否具有科学性、有效性的重要手段，对提高立法的质量至关重要。我国并未有关于法律评估的相关立法，现有的《立法法》也没有相关规定。在地方立法方面，目前已有十多个省、市制定了本省、市的地方立法评估规定、评估办法等规范性文件。[①] 但是地方上的立法评估还存在一些问题。第一，缺乏统一的立法评估程序，立法评估工作良莠不齐。很多省市还没有制定立法评估相关的制度，即使有相关的制度，由于其立法层级较低、质量不够好、权威性不高等原因，导致其无法有效指导立法评估工作，致使立法评估不能达到理想的效果。第二，由于立法评估不能有效实施，使得其节约立法资源、提高立法实施效率的目的不能达到。立法是一项十分复杂、至关重要的技术性工作，立法工作需要基本的人力、物力、财力支出，需要耗费立法资源，立法也应该本着资源节俭理念进行。不仅如此，一项好的立法，可以极大地提高执法和司法的效率，产生滚雪球效益，因此，地方立法评估法主要是通过一系列技术性较强的评估标准，经过公开、公平、公正的评估程序，对拟将制定出台的或者已经颁行了一段时间的地方性立法文件，进行全面分析、判断和评价的专业性活动。如果可以通过科学合理标准化的评估程序，对立法进行评估，可以极大地提高立法效率。

财政绩效评估是评估体系中较为典型、容易量化的标准，也是目前我国公共文化服务立法评估主要采取的方式。但是我国公共文化服务财政绩效评估还存在如下问题：第一，公共文化服务的评价主体较为单一。我国关于公共文化

[①]　例如，2012年11月颁布的《陕西省地方立法评估工作规定》、2008年12月颁布的《广东省政府规章立法后评估规定》、2011年颁布的《本溪市人民政府规章立法评估办法》等。

服务财政绩效评估的方式主要包括官方评估和学术评估，部分地区的主管部门也积极引导社会公众参与评估，但是涉及面较少，此外，社会组织对公共文化服务的参与度也较少。

第二，公共文化服务评估的对象较为单一。评估对象涉及的是公共文化服务的提供者，没有涉及公共文化服务的受用者，然而提供公共文化服务的目的就是要保障公民的文化权利，满足公民的精神生活，只对服务的提供者进行评估，根本无法对上述目标实现与否以及实现的程度进行评述。目前，我国公共文化服务绩效评估的对象主要包括人财物三项，具体包括文化机构、文化活动，主要是图书馆、文化站和文化机构；管理人员、表演团体、艺术家人数，资金投入等。公共文化服务的实际效果是人们精神文明的收获，它涉及人们的主观感受，但是目前没有对服务对象的主观感受进行评估，以公共图书馆为例，其对服务效能的指标仅有有效读者总人数、年流通人次、文献外借册数三个指标，不仅指标数量偏少，而且指标缺乏科学性，这些指标无法全面客观地检测图书馆服务的实效。因此，不能仅仅对服务提供的数据进行统计，还要对公共文化服务的对象人民群众的实际感受进行调查统计。

第三，公共文化服务绩效评估指标体系还有待进一步完善。目前，文化部在多个文件中都制定了很多指标，比如《文化部关于印发〈"十三五"时期全国公共图书馆事业发展规划〉的通知》就专门提出了"十三五"时期全国公共图书馆事业发展主要指标(参见表4-9)。

此外，创建国家公共文化服务体系示范区也有相应的指标。但是公共文化数字建设等公共文化服务只是提出要建立和完善相关指标和评估体系，具体的指标体系目前还没有制定出来。绩效评估指标体系的科学性和有效性直接关乎绩效评估的成败与否。构建导向正确、体系完善、操作方便的指标体系对于监测政策效果和改善公共服务质量具有标杆性作用。指标选取要精准地体现公共文化服务的特征，反映公众的文化需求，涵盖公共文化服务投入、产出及运行的全过程。指标甄选、权重设计、数据采集与分析、等级评定等都离不开科学的评估方法，要针对不同的评估主体、对象，综合选择各种评估方法，形成详细具体的评价标准和规范的评估程序。

表4-9 "十三五"时期全国公共图书馆事业发展主要指标

类别	指标	单位	2015 年	2020 年
设施网络	公共图书馆达标率(部颁三级以上)	%	72.5	80
设施网络	每万人公共图书馆建筑面积	m^2	94.7	110
	阅览室座席数	万个	91.07	105

续上表

类别	指标		单位	2015 年	2020 年
文献资源	人均公共图书馆藏书量		册	0.61	1
	人均公共图书馆年新增图书藏量		册	0.04	0.08
	人均公共图书馆购书经费		元	1.43	1.8
	县均公共图书馆数字资源		TB	—	5
服务效能	有效读者总人数		万人	5721	8000
	年流通人次		亿人次	5.89	8
	文献外借册次		亿册次	5.09	8
队伍建设	专业技术人员比例	高级职称	%	10.2	12.7
		中级职称		32.7	33

由此可见，目前我国公共文化服务体系已经越来越受到国家的重视，相关部门正在大力开展公共文化服务绩效评估体系建设。但是，我国公共文化服务绩效评估还处于起步阶段，还存在评估主体相对单一，评价对象无法反映服务受用者收到的服务实效，缺乏科学系统的评估指标体系，评估方法和评估程序存在较大随意性，评估结果的激励作用不足，公共文化服务绩效评估往往流于形式等问题。

综上所述，目前我国公共文化服务法制建设还处于探索和深化阶段，公共文化服务法制体系的基本框架已见雏形，但是还没形成成熟完善的公共文化服务法制体系。在公共文化服务制度化方面，数量偏少，内容较为单一。公共文化服务立法层级较低，规范性文件较多，需要对这些规范性文件进行进一步整理，形成更加具有权威性、稳定性、系统性的法律法规或者部门规章等。地方有关公共文化服务方面的立法还需紧跟中央的步伐，结合地方的实际情况制定更多以服务法、促进法等为主的公共文化服务法。在公共文化服务财政保障方面，我国主要是以政府出资为主，这种财政保障方式是否符合我国的国情还需进一步考证，但是应当加强文化部门与社会力量和文化企业的合作，形成联动机制，为公民提供更加便利和多元的文化服务，让公民不但成为文化服务的受用者，也成为文化服务的提供者，让他们在文化服务的提供中，达到精神上的享受。在公共文化服务均等化方面，地区差异和城乡差异还比较大。东中西部之间的差异一直存在，并且没有明显的改善，虽然近年来城乡之间差异正在逐步缩小，但是差异依然比较明显。中央和地方需要进一步分析这些差异的存在是否合理及其产生的原因，并在资源分配方面做出相应的调整，以促进我国公共文化服务均等化的实现。在公共文化服务绩效评估方面，还没有形成有效的立法和绩效评估体系，绩效评估体系还仅限于服务提供方的数据统计，缺乏对文化服务所产生的实际效果的统计分析。

三、加强公共文化服务保障法治体系及其实施机制建设的基本要求

(一)公共文化服务的基本原则

公共文化服务的基本原则应当体现公共性和文化性这双重标准，并有助于实现《宪法》和《公共文化服务保障法》的立法目的。结合《宪法》和《公共文化服务保障法》的规定，现将基本原则总结如下(具体条文参见表4－10)。

(1)普惠均等原则。政府应当积极地帮助公民实现他们的基本权利，而文化权利是宪法赋予公民的基本权利，政府应当尽可能为每一个公民提供均等享受公民教育的机会，尤其是对贫困地区、边远地区以及弱势群体给予重点扶持，以促进社会公正和谐。

(2)公共参与原则。不管是宪法还是文化法都肯定和强调社会力量对国家文化建设的贡献。文化的繁荣与发展不是单向性的灌输过程，而是交互性的，不断输入与输出，公民既是文化的接收者，也是文化的创造者。坚持公共参与原则，才能真正保障公民的基本文化权利，才能真正实现丰富人们精神世界、促进社会主义文化繁荣的目标。

(3)水平适当原则。党的十八大提出要全面落实经济建设、政治建设、文化建设、社会建设、生态文明建设五位一体的总体布局，公共文化服务作为文化建设中的一环，应当与其他建设协同发展，保障公共文化产品的供给，促进物质文明和精神文明协同发展。

(4)依法服务原则。一方面，相关部门必须公正有效地履行法律赋予他们的职责，必须依法保障公民的文化权利。另一方面，公民在参与享受和提供文化服务的过程中，应当遵守相关的法律，尊重他人的文化权利。

(5)便民原则。便民原则是指公共文化产品要保证质量，提高公共文化服务的效能，结合不同群体的特点和需要，提供相应的公共文化产品。

表 4 – 10　公共文化服务立法的基本原则

序号	文件名称	相关条文	基本原则
1	《宪法》	第 19 条："国家发展社会主义教育事业，提高全国人民的科学文化水平……国家发展各种教育设施，扫除文盲，对工人、农民、国家工作人员和其他劳动者进行政治、文化、科学、技术、业务的教育，鼓励自学成才。国家鼓励集体经济组织和其他社会力量依照法律规定举办各种教育事业。"	普惠均等原则、公共参与原则
2	《宪法》	第 22 条："国家发展为人民服务、为社会主义服务的文学艺术事业、新闻广播电视事业、出版发行事业、图书馆博物馆文化馆和其他文化事业，开展群众性的文化活动。"	普惠均等原则
3	《宪法》	第 23 条："国家培养为社会主义服务的各种专业人才，扩大知识分子的队伍，创造条件，充分发挥他们在社会主义现代化建设中的作用。"	普惠均等原则、公共参与原则
4	《宪法》	第 24 条"国家通过普及理想教育、道德教育、文化教育、纪律和法制教育，通过在城乡不同范围的群众中制定和执行各种守则、公约，加强社会主义精神文明的建设。"	普惠均等原则、便民原则
5	《宪法》	第 47 条："中华人民共和国公民有进行科学研究、文学艺术创作和其他文化活动的自由。国家对于从事教育、科学、技术、文学、艺术和其他文化事业的公民的有益于人民的创造性工作，给予鼓励和帮助。"	公共参与原则、普惠均等原则
6	《公共文化服务保障法》	第 2 条："本法所称公共文化服务，是指由政府主导、社会力量参与，以满足公民基本文化需求为主要目的而提供的公共文化设施、文化产品、文化活动以及其他相关服务。"	公共参与原则
7	《公共文化服务保障法》	第 3 条："公共文化服务应当坚持社会主义先进文化前进方向，坚持以人民为中心，坚持以社会主义核心价值观为引领；应当按照"百花齐放、百家争鸣"的方针，支持优秀公共文化产品的创作生产，丰富公共文化服务内容。"	公共参与原则
8	《公共文化服务保障法》	第 4 条："县级以上人民政府应当将公共文化服务纳入本级国民经济和社会发展规划，按照公益性、基本性、均等性、便利性的要求，加强公共文化设施建设，完善公共文化服务体系，提高公共文化服务效能。"	普惠均等原则、水平适当原则、便民原则

续上表

序号	文件名称	相关条文	基本原则
9	《公共文化服务保障法》	第7条："国务院文化主管部门、新闻出版广电主管部门依照本法和国务院规定的职责负责全国的公共文化服务工作；国务院其他有关部门在各自职责范围内负责相关公共文化服务工作。县级以上地方人民政府文化、新闻出版广电主管部门根据其职责负责本行政区域内的公共文化服务工作；县级以上地方人民政府其他有关部门在各自职责范围内负责相关公共文化服务工作。"	依法服务原则
10	《公共文化服务保障法》	第8条："国家扶助革命老区、民族地区、边疆地区、贫困地区的公共文化服务，促进公共文化服务均衡协调发展。"	普惠均等原则、便民原则
11	《公共文化服务保障法》	第9条："各级人民政府应当根据未成年人、老年人、残疾人和流动人口等群体的特点与需求，提供相应的公共文化服务。"	普惠均等原则、便民原则
12	《公共文化服务保障法》	第13条："国家鼓励和支持公民、法人和其他组织参与公共文化服务。"	公共参与原则

(二)完善公共文化服务立法体系，丰富公共文化服务立法内容

2015年，中共中央办公厅、国务院办公厅印发的《关于加快构建现代公共文化服务体系的意见》提出要"加快出台公共文化服务保障法等相关法律法规，为现代公共文化服务体系建设提供法律支撑"，以及"加快制定地方性公共文化服务法律规范，提高公共文化服务领域法治化水平"。目前，我国公共文化服务领域方面的立法，其数量、内容都还有极大的拓展空间。

第一，加快出台可操作性强的法律法规。我国已经公布了《公共文化服务保障法》，但是其为文化领域的基本法，需要配套可具体实施的法律法规完善，首先可以制定公共文化法实施细则等来落实它的实施；其次，各地应结合自身的执法实践，根据自身面临的问题，针对服务对象的特征和需要，制定相关的法律。每个地方的文化、风土人情都有所不同，鼓励地方立法，地方立法机关和政府可以结合当地的具体情况，根据上位法制定符合当地发展的公共文化服务相关法律。并注意在《宪法》《立法法》等宪法性法律授权的范围内进行立法，与《教育法》等法规衔接，最大化发挥公共文化服务的作用。

第二，以制定服务法为主，管理法为辅。根据《公共文化服务保障法》对公

共文化服务的定义，公共文化服务乃是"由政府主导、社会力量参与，以满足公民基本文化需求为主要目的而提供的公共文化设施、文化产品、文化活动以及其他相关服务"。公共文化服务的目的主要是丰富人民群众的精神生活，公民精神生活的丰富，不仅是一个被动接受的过程，还是主观创造和表达的过程，政府不仅是服务的提供者，还应当为公众提供平台，让他们的创作得以表达，让公民既成为文化服务的享用者，又成为文化服务的提供者，以实现"由政府主导、社会力量参与"这一原则，从而最大化地实现公共文化的效益，促进文化的多元发展，满足不同群体的文化需求，繁荣社会主义文化。

（三）完善公共文化服务财政保障制度

虽然我国公共文化服务建设发展很快，但是目前我国公共文化服务体系建设依然还处于起步阶段，规模效益还没有形成，因此，从目前的情况来看，需要以国家的财政投入为主，大力发展公共文化服务的基础建设。但是从长远角度来考虑，第一，应该建立起一套政府、社会组织和个人三者联动的财政体制。根据不同地区的具体情况，将财政负担合理分配到政府、社会组织和个人的头上。在中国，地区与地区之间的经济、文化都存在着一定的差异，有的经济欠发达地区没有发达的社会组织，个人也无力承担精神生活产生的费用，在这种情况下，政府应当是主要的费用承担者，应当在财政预算或者财政转移支付中予以考虑。在经济较为发达的地区，可以让社会组织来主导财政资金的募集和使用工作，在一些公共文化服务领域，也可以积极提倡个人捐赠，例如，美国博物馆，个人可以根据自己的意愿捐赠一定数量的钱，如此就可以入馆参观。第二，部分财政负担在转移给社会组织、企业和个人的时候应该以量能原则和自愿原则为主。公共文化服务是以服务人民群众为主，切不可成为强加给人民的负担，由公民自愿选择是否提供，以及提供多少人力、财力和物力。因此，政府在制定财政保障制度的时候，应当根据量能原则和自愿原则，结合具体情况确定相对较为灵活的财政保障制度。

（四）完善公共文化服务均等化的制度保障

实现公共文化服务均等化是我国公共文化服务法律和政策主要倡导的目标。目前，我国东中西部地区之间、城乡之间、大中小型城市之间的公共服务差距较大。为了促进公共文化服务的均等化，应做好以下几个方面的工作：第一，国家应加强对西部和中部部分地区的扶持，各省要注意协调公共文化产品在农村与城市之间，以及在大城市与中小型城市之间的分配。第二，国家要做好统筹协调工作。国家应结合各地城乡发展的趋势和人员流动的情况，合理统筹公共文化设施布局，均衡配置公共文化资源。第三，国家和各个地方政府应了解城乡对文化服务需求的相同点和不同点，调查分析地区之间和城乡之间人员构成情况，实现"送菜"与"点菜"相结合，实现资源配置的高效利用。比如在农村地区可以比城市地区多一些通俗性质的文艺演出活动。第四，农村地区地广人稀，可以设置一些流动性的文化服务站点，为居民提供方便。同时加强农村的公共数字文化构建。第五，完善相关的财政转移制度。在国家层面，国家应当结合地方的实际财政情况和公共文化服务财政需求给予适当的拨款；在地方层面，省级政府应当向相对贫困落后的区县进行财政扶持。

(五)完善公共文化服务监督制度与绩效评估制度

合理完善的监督制度和绩效评估制度能够促进政府诚实有效地完成他们的职责，有利于进一步提升公共文化服务建设的水平。完善公共文化服务监督制度与绩效评估制度是实现我国公共文化服务高效的保障。结合前文提到的我国公共文化服务监督制度和绩效评估制度存在的问题，提出相应的完善意见：第一，公民应当成为监督的主体。人民群众是公共文化服务的主要参与者，公共文化服务质量的好坏，他们的感受是最直观、最全面、最准确的。为了让公民能够客观理性地监督和评价公共文化服务的绩效，行政部门需要做好以下几个工作：①进行公民教育，培养公民进行理性对话，正当表达自己的诉求；②创造沟通平台，让公民对评估标准、方式等问题进行探讨，并促使他们达成合意；③根据公民的反应，调整自身的行为，形成评估结果，并根据评估结果制定或者修改相关的制度和政策。第二，完善公共文化服务立法评估制度。统一立法评估程序，提高公共文化服务立法的科学性、民主性和有效性。第三，建立系统化的绩效考核指标。公共文化服务绩效考核的指标设计应当围绕公众的"满意度"来制定。建立群众评价和反馈机制，使绩效评估的结果尽可能地反映公共文化产品的质量。第四，探索建立公共文化服务第三方评价机制，增强公共文化服务评价的客观性和科学性，让绩效评估结果发挥其应有的作用。积极鼓励和引导社会组织参与公共文化服务绩效评估。究竟如何构建公共评估体系，笔者将在下文详细阐述。

第五章 公共服务的意义域与内容体系

第一节 公共服务范围的理论争议

一、经济学视域下的公共服务

在经济学的视域中，一般将公共物品、公共服务、公共产品混用。英国经济学家威廉·配第在《赋税论》中论述了公共物品存在的必要性。亚当·斯密认为国家有三项职能：国防治安、司法、建设公共设施。他指出向社会提供普遍公共物品是国家的职能之一，政府提供公共服务是对市场功能的有效替代。到了19世纪，英国著名经济学家穆勒指出，因为公共物品的提供是必要的，但由于收费的困难，使得很少有私人团体自愿提供，因此，诸如道路、公共卫生等应当由政府提供。第一个正式提出公共物品概念的是美国财政学家林达尔，他指出"公共物品是国家对人民的一般给付，个人或者集团通过赋税的形式购买公共物品"[①]。以上学者的研究不同程度地论及公共物品这一特殊物品存在的必要性以及该物品的特性，虽未形成完整理论，却为后人继续研究奠定了基础。20世纪50年代，美国经济学家萨缪尔森对公共物品进行了集中论述。萨缪尔森认为："公共产品（public goods）是指这样一类商品：将该商品的效用扩展于他人的成本为零；无法排除他人共享。"公共物品有两个特性：非排他性和非竞争性。[②] 公共物品的特性决定了某个人对公共物品的消费并不会减少或者削弱其他人的消费，这也使得单靠市场无法有效提供公共物品。

---

① 赵成根.新公共管理改革——不断塑造新的平衡[M].北京：北京大学出版社，2007：56.

② 保罗·萨缪尔森，威廉·诺德豪斯.经济学[M].18版.萧琛，等译.北京：人民邮电出版社，2008：32.

也是基于对公共物品这种特性的认识，经济学中一般将公共物品分为基本公共物品和非基本公共物品。基本公共物品也叫纯公共物品，一般只由政府提供，如法律制度、路灯、国防等；非基本公共物品也叫非纯公共物品或准公共物品，可以由政府和私人共同提供，如公路、运动设施、图书馆、通信、邮政等。从实践上讲，公共物品的这种分类是为了明确政府、市场、第三部门、非政府组织（NGO）等主体在公共服务提供中的角色和职能；从理论上讲，其核心是保证公共服务的提供服从于效率的要求，最终趋于"帕累托最优"。

二、管理学视域下的公共服务

在公共管理学的视域中，集中关注的是如何运用公共财政的杠杆实现公共服务的有效供给，纠正市场失灵，合理配置资源。换句话说，公共管理学的主要内容是公共财政学，而公共财政学的基本内容又是公共产品理论。该理论细致地区分出公共产品与私人产品的各种类型，不过其内容和理论脉络大致还是在经济学的范围之内，甚至其本身就是经济学重要组成部分，代表人物也是萨缪尔森、林达尔等。不过公共财政学与传统经济学在公共产品上的关注点上有一个重要的区别：公共财政学不但关注公共产品供给中的效率问题，更关注界定政府、市场与其他社会组织等之间在生产和提供公共物品中的依存关系，并根据公共产品的特性，进行不同的制度和模式设计，确保公共产品的提供能产生最佳的社会效果。这被布坎南进一步发展为政治对公共产品供给具有决定性的重要命题。

三、法学视域下的公共服务

在我国法学研究视域中，尽管对公共服务、公共物品的研究相对较少，但是具有几个基本特点。

首先，从范围上讲，公共服务不但包括具体的公共物品，还包括提供服务这样一种行为过程。刘星指出："公共服务可以从动态和静态这两方面来理解，作为动态的公共服务，是公共服务机构所从事的满足公共需求的活动；作为静态的公共服务，是活动的结果，在这个层面上公共服务也就是公共产品，即公共服务产品。"① 袁曙宏认为："公共服务就是一个公共团体所从事的、目的在于满足普遍利益需要的各项活动。"② 唐铁汉、李军鹏指出公共服务就是政府为满足社会公共需要而提供的产品与服务的总称，而且这种服务主要由政府予以生

---

① 刘星.服务型政府：理论反思与制度创新[M].北京：中国政法大学出版社，2007：156.
② 袁曙宏.服务型政府互换公法转型——论通过公法变革优化公共服务[J].中国法学，2006（3）.

产、提供，全体社会成员无差别享有。① 陈云良从法学角度给出了公共物品的定义，并将公共物品作为公共服务和公共产品的种概念。② 也可以说，公共服务的一部分是以公共物品的形式提供，另一部分是以公共服务行为本身这一过程作为提供对象，公共服务的范畴是宽于公共物品的。

其次，从价值上讲，公共服务的法学研究始终离不开对公平价值的关注，新中国公共服务的理念是在公平与效率的价值权衡中动态发展的。公平观先后经历了计划经济时代的绝对公平观、从计划经济向市场经济转型中的效率优先兼顾公平观、建设小康社会时期的"初次分配和再分配都要处理好效率和公平的关系，再分配更加注重公平"观三个阶段，公共服务法律法规的价值也相应经历了结果公平观到机会公平观再到社会公平观的转变。

四、上述公共服务理论的评析

通过上述分析可以看出，既有理论都具有针对特定时代问题的解释力，但是它们在当下具有一定的局限性。

第一，既有理论对公共服务提供模式的设定是按照公共物品的特点来划分的，要解决的是人的基本生存和生活问题，而当下的公共服务则要求重视公共服务具有维系人的基本尊严的作用，还具有建构人的多元生活方式和拓展人的发展空间的作用。具言之，现代公共服务不能再停留在维护人的基本存续的生物意义层面（这实是将人等同于动物），而是要在维系人的基本生存尊严权利（一种不证自明的权利）的基础上，强调公共服务对人和社会发展的建构意义。这在西方发达国家表现为公共服务立法的先行。例如，"在德国，公共服务和公共行政本身必须遵守合法性、合理性、经济性和面向公共福利等行动原则。在所有这一切中，依法提供公共服务是所有政府行为的宪法上的基础和准则"。③ 即使是在判例法国家，公共服务立法也相当发达。在英国，"甚至很多公共服务是立法先行，然后才付诸实施的，以确保提供高质量的公共服务"④。澳大利亚联邦议会早在 1902 年、1922 年和 1999 年就通过了三部《公共服务法》，确立了澳公共服务体系、职责和管理内容。

第二，既有理论对公共服务内容体系的设计是在效率偏好或总体效果考量

---

① 唐铁汉，李军鹏.公共服务的理论演变与发展过程[J].新视野，2005(6).
② 陈云良.服务型政府的公共服务义[J].人民论坛，2010(29).
③ 党秀云，周晓丽.论德国公共服务改革及其对我国的启示[J].四川行政学院学报，2007(1).
④ 周学荣.英国公共服务改革及其启示[J].国家行政学院学报，2010(6).

下进行的，公平偏好总体上从属于效率偏好或总体效果考量。① 这种设计具有两个突出的问题：首先，效率优先的价值可能在短时期内促进社会财富的急剧增加，但是这并不能解决财富的合理公平分配的问题。事实上，公平偏好一直在民众心里占据重要地位。孔子早就指出，有国有家者，"不患贫而患不均，不患寡而患不安"。"不均""不安"几乎成为贯穿整个中国古代社会变迁的动因。而拉宾、特维茨基、卡尼曼等开创的行为经济学也证明公平在人们行为和心理需求中具有决定性地位。② 当下，公平问题已经成为影响中国社会和谐的主要因素，所以，搭建公平的公共服务体系对于中国社会的稳定和持续发展具有关键性的意义。其次，从总体效果的层面进行制度设计，虽然在一定的时期内避免了群体性不满的问题，但是其潜在的危害却可能更大。因为总体效果的考量往往意味着对一定的利益进行取舍，无论在专制的社会或是民主的社会都避免不了牺牲少数人利益的可能，进而在不同场域中产生的不同"少数人"就可能会累积为庞大的"弱势群体"。这种自边沁以来"最大多数人最大利益"的功利主义观点不但违背了所有人权利平等保护的伦理原则，还可能在深层上消解政权的合法性基础，进而破坏社会的稳定发展。历史上，每一次巨大的社会革命都带来了对生产力的巨大破坏。罗尔斯正是基于对这一问题的深刻忧虑，提出以"两个正义原则"来消解功利主义的危害，为现代政权寻找新的合法性基础。

第三，既有理论发展变迁的一个重要指向在于寻求有效的公共服务供给模式，即探讨政府、市场、第三方等主体参与公共服务的必要性及途径，将公共服务视为提供主体向被提供主体的单向投射或恩赐，无视了公共服务供给主体的正当性与公共服务的提供实质上是一种相互建构的关系。易言之，公共服务不但是民众的需要，也是公共服务供给主体自证合法性（legitimacy）的需要。拉康指出，主体是否存在取决于在自身所处结构的"他性"即主体间性。同样，公共服务、责任政府与现代公民也是一种相互建构的关系：一方面，公共服务提供的数量和质量要求建立责任政府；另一方面，责任政府要求维护公民的权利，提供优质的公共服务。所以，当下服务型政府建设的本质是强调服务性作为政府的正当基础，而提供优质的公共服务是服务型政府的立足点。当然，尽管以前就将政府宗旨定位为"为人民服务"，但事实上是将政府视为提供公共服

---

① 公共选择学派代表人物布坎南也指出了福利经济学从帕累托效率角度探讨公共服务范围的不足，但是布坎南的理论仍然是在效率的范式下展开的，只不过其着重探讨"在什么条件下"，公共服务的集体（政府）供给比非集体供给更有效率。参见：詹姆斯·M.布坎南.公共物品的需求与供给[M].马珺,译.上海：上海人民出版社,2009：158.

② 相关论述可参见：Rabin, Matthew, Incorporating fairness into game theory and economics. American Economics Review, 1993, pp. 1275 – 1297.

务的主体、将民众视为客体。这是一种现代性的主体叙事，没有深刻反映围绕公共服务产生的是政府与民众等之间的"主体间性"。单纯强调政府为人民服务，反映在法律观上就是一种"法律父爱主义"的表达，而"法律父爱主义"的最大危害在于可能会危害个人自由和权利。①

总之，公共服务可以从动态和静态这两方面来理解，作为动态的公共服务，是公共服务机构所从事的满足公共需求的活动；作为静态的公共服务，是活动的结果，在这个层面上公共服务也就是公共（服务）物品。也可以说，公共服务内容的一部分是公共物品，另一部分是公共服务行为本身，二者可以统称为公共服务产品。

更为重要的是，既有的理论无论有多大差别，但他们都根源于一种共同的预设，即公共服务（公共产品）提供的数量和质量是由经济发展水平来决定的，因而政府所要关注的只是如何在既有经济水平框架内"有效"生产或提供公共服务（其基本的模式有帕累托最优和帕累托改进）②，其他问题则不甚重要。然而在当下社会，公共服务与政府的合法性是互相伴生、互证合理性的关系，公共服务的意义决定了政府提供公共服务的内容及提供模式。富勒指出，"与管理不同，法律并不是一项指导其他人如何去完成一位上级所安排的任务的事务，而基本上是一项为公民之间的交往行动提供一套健全而稳定的框架事务，政府在其中的角色只是作为一个维护这套系统之安全性的卫士"③。所以，必须从"意义"的维度出发对公共服务的内容及体系进行重构。

第二节 公共服务的意义序列

一、公共服务的意义类型

一般认为，公共服务的意义主要体现为：调节宏观经济（国家政策类公共产品）、稳定社会秩序（国防、安全）、改善市场条件（政府规制）、提高生活质量（人们对绿地、洁净的空气、优美的环境、出行方便快捷的需求等）、发展文化教育、巩固国家安全、保护生态环境、推动经济增长（政府投资基础设施等带

---

① 郭春镇认为，法律父爱主义对个人自由或权利的限制，是为了更好地实现自由权利。它不是对人性尊严的侵犯，相反，限制是为了更好地肯定和保护人性尊严。参见：郭春镇.法律父爱主义及其对基本权利的限制[M].北京：法律出版社，2010：7.

② 从国家权力干涉公共服务分配的角度来看，也可以将布坎南有关公共物品的理论归入帕累托改进的模式。

③ 富勒.法律的道德性[M].郑戈，译.北京：商务印书馆，2005：243.

动 GDP 增长）。这些意义为框定公共服务的内容提供了重要参考，但是这些归纳都是从宏观层面对公共服务的功能进行罗列，缺乏贯穿其中的理论基础，更没有也不能认识到公共服务的意义对公共服务内容的决定作用，特别是没有探讨公共服务之于个人权利保障、社会调适和变迁的规制意义。

按照公共服务的对象来分，公共服务的意义主要可以分为个体意义、社会意义和变迁意义。这三种意义不是一种平行的关系，而是构成了一个前后递进的逻辑序列。个体意义是指公共服务与个人存续和发展的相互建构的意义，是人之所以为人的基本要求；社会意义是指公共服务与社会发展变化需要互相调适、在互动中实现相互发展的意义；变迁意义是指为应对未来不可预知的情况而赋予公共服务具有的对个人和社会的保障意义。公共服务的个体意义前置于其社会意义，也前置于社会变迁意义。这些不同的意义及其序列决定了公共服务内容的不同形式（参见图 5 – 1）。

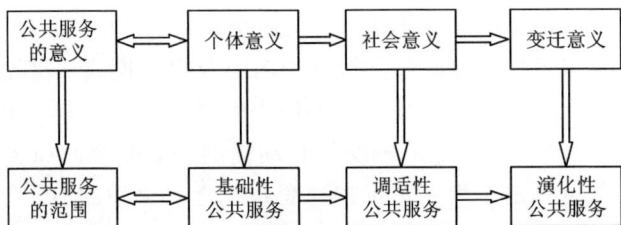

图 5 – 1　公共服务意义与公共服务范围的关系

二、公共服务的个体意义及其对基础性公共服务范围的规制

公共服务的个体意义主要体现为以公共服务的法律权利形式建构个人信心。个人对其所赖以生活的制度是否有信心在根本上决定了这个社会的物质和人力等资源的流动方向。在当下的中国社会，权利不再是一种单纯的制度，更是人的存在方式。① 公共服务的法律权利通过对多元利益的保护从而成为人们参与社会生活的方式，并为人们提供了某种确定性和安全感，进而建立起对制度和生活的信心。杜兹纳在吸收拉康等精神分析思想基础上精辟指出："法律暗含于人的建构中，权利是人们对基本禁止和限制——进入语言和社会的方

---

① 杨清望.权利的根基——兼评《实用主义、权利和民主》和《可操作的权利》[J].山东科技大学学报（人文社科版），2010(5).

式——互相协商的方式。"①富勒深刻地指出："法律制度是一种规则复合体,人们设计它是为了把人类从偶然性中拯救出来,把人们放心地置于通往目的性和创造性活动的道路上。"②具体而言,公共服务法律权利对个人信心的建构意义体现出对公共服务范围的如下几个基本规制。

第一,公共服务必须着力维护个人的基本财产权利,建构"持有正义"的信心。显然,"持有正义"的核心就是要保护个人的财产权,它首要关心的是财产(财富)的取得和占有,确保社会的基本秩序,并为发展提供前提条件。

"持有正义"的理论是诺齐克在批判罗尔斯"分配正义"理论的基础上发展起来的。"个人拥有权利。有些事情是任何他人或团体都不能对他们做的,做了就要侵犯到他们的权利。"③所以,"分配正义"可能恰恰会导致不正义。"持有正义理论的一般纲要是:如果一个人按获取和转让的正义原则,或者按矫正不正义的原则(这种不正义是由前两个原则确认的)对其持有是有权利的,那么,他的持有就是正义的。如果每个人的持有都是正义的,那么持有的总体(分配)就是正义的。"④在此,诺齐克勾勒了按照"持有正义"确保个人对财产占有、使用、处分的权利。这种权利具有两个最基本的优点:"首先,为那些不从众和不媚俗的人提供了各种生存的途径,解决自己最基本的就业问题;其次,使人们为应对未来市场的不确定性而节制对资源的使用,从而间接为后代人保留了资源。"⑤在诺齐克这里,以强调确保私人财产权为核心的"持有正义"理论比罗尔斯强调的国家强制性"分配正义"理论更能真正保护弱势群体(或穷人)的利益。在某种程度上,可能也正是基于同样原因,"贫穷人口和法律赋权委员会"将财产权作为穷人赋权的四大支柱之一。⑥ 实践证明,对个人基本财产权利的法律保护既建构了个人交往的信心,同时也建构了人们对社会秩序模式的认同,二者为人创造财富提供了最直接的动力和依托。莫里森指出:"法律是一种表达的媒介,这一媒介的根本任务不是确保稳定性、秩序和义务,而是

---

① 科斯塔斯·杜兹纳.人权的终结[M].郭春发,译.南京:江苏人民出版社,2002:399.

② 韦恩·莫里森.法理学——从古希腊到后现代[M].李桂林,等译.武汉:武汉大学出版社,2003:410.

③ 罗伯特·诺齐克.无政府、国家与乌托邦[M].何怀宏,等译.北京:中国社会科学出版社,1991:前言1.

④ 罗伯特·诺齐克.无政府、国家与乌托邦[M].何怀宏,等译.北京:中国社会科学出版社,1991:159.

⑤ 罗伯特·诺齐克.无政府、国家与乌托邦[M].何怀宏,等译.北京:中国社会科学出版社,1991:182.

⑥ 贫穷人口法律赋权委员会和联合国开发计划署.让法律为每一个人服务.2008:25-42.

创造一种使交往以及自由的社会互动得以发生的社会秩序。"①为什么强调无财产即无人格，无恒产即无恒心，深层的道理也在于人们首先是以财产性人格和信心来展开社会交往的。

总之，个人财产权是人参与经济、政治、法律活动的前提，是实现其他权利的物质基础。而围绕着财产及其权利所产生的冲突是人类社会最基本的冲突形式，私有财产权不仅关涉生存质量的提高、生活境况的改善和生活尊严的提升，而且给整个社会的经济增长提供直接推动力，是社会和谐、幸福、稳定的关键。这都决定政府必须提供有效的公共服务，对个人财产权进行全面的保护。

第二，公共服务必须维护个人基本生活尊严权利，建构"交换正义"的信心。交换正义关心的是如何促进财产（财富）有效流动，实现社会"持续"发展。

交换正义一直是法学、经济学、伦理学研究的重要内容。亚里士多德的交换正义观，中国的"礼尚往来"观念都是其体现。而无论交换正义理论内部分歧有多大，但大都包括这几个要求：交换主体的正义、交换内容的正义、交换形式的正义和交换结果的正义。这些具体交换正义的实现都以个人基本生活尊严权利的维护为前提条件：首先，就交换主体的正义而言，它的核心要求是主体平等，而主体平等地位获得又是以具有平等的人格为前提的。显然，基本生活尊严权利是具有平等人格的基础。其次，就交换内容的正义而言，它的核心要求交换内容必须合法且不损害他人和社会利益。显然，在人们基本生活尊严受到危害的时候，人们往往会铤而走险，从而不去顾及法律和他人利益。再次，就交换的形式而言，在当下中国的核心是交换中的诚信缺失和信息不对称的难题。② 当生存和尊严成为问题的时候，诚信就会被抛弃，秩序就无以为继。最后，就交换后果的正义而言，它的核心是如何实现交易各方的互利共赢，避免产生"零和游戏"。

总之，维护基本生活尊严权利既是互利共赢的需要，也是人们展开持续交易的信心和热情之源。这为健全竞争机制、防止机会主义、促进重复博弈、实现财富的有效流动和不断增加以及社会持续发展提供了可能性。

第三，公共服务必须维护基本社会保障权利，建构创新的信心，确保社会可以"发展"。

涂尔干的社会连带学说为人们探讨社会保障制度提供了深层的理论基础，

---

① 韦恩·莫里森.法理学——从古希腊到后现代[M].李桂林，等译.武汉：武汉大学出版社，2003：415.

② 例如，食品安全问题的难点就在于如何解决市场中的监管者与被监管者之间的信息不对称问题。

根源于此的理论一般都将社会保障定位于对弱势群体的保障和救助，也就是要维持弱势群体的生存条件，强调"生存照顾"。从鼓励创新的角度来看，该理论最大的缺点在于没有考虑如何以健全保障制度来促进创新和持续发展。这本质上源于政府将财富的创造视为"弱势群体"不具备的能力。索托精辟指出："（秘鲁）政府没有意识到，通过一种恰当而合理的法律体制，可以使资源和财富得到增长和提升，政府也没有意识到，底层的民众也能创造财富。"①所以，社会保障对任何群体都是需要的，穷人和富人都不例外，这是社会"可以""发展"的需要。所以，健全基本社会保障权利制度、实现基本社会保障权利有效维护的关键点在于如何通过健全保障制度以实现财富向促进持续"发展"的方向流动。

健全基本社会保障权利就是要求建立普惠、均等、高质量的公共服务。这一方面是为了维系人的基本生存和生活条件，另一方面是为了保护人的安全本能，为个人消除发展的后顾之忧，将财富用来创新和创业。詹姆斯·L.多蒂等指出："包括一个人对其劳动成果的财产权利受到保护，不被强制交税的时候，所有有着不同经济背景的事业成功者就都有机会创造和扩大他们的财富，并且向着经济阶梯的最高层爬升。"②公共服务的不足、不均和不便不仅仅使个人权利得不到实现，而且还可能消解了个人的存在理由。其结果是人们将其奋力获得的财富用来应对社会的不安全，而不是用来投资和创新，所以整个社会必将失去持续发展的动力。为什么中国人的传统是将财富存积下来而不是投资，实是因为财富不单单具有物质的意义，更具有社会保障功能和地位表征的意义，这不是愿不愿意投资的问题，而是敢不敢投资的问题。为什么中国计划生育政策执行得异常艰难，那也实是因为传统中国公共服务的严重不足使人们面临太多的不确定性，男人不单单充当传承家庭的角色，更充当了社会保障制度的角色，而且最后还为这种制度拴上"孝道"的绳索。多生孩子无关是否愚昧无知，反而是一种应对公共服务匮乏的伟大"生存性智慧"③。当然，这种特定的智慧却可能阻碍社会发展，并可能进一步弱化其社会保障权利的实现程度，二者表现出一种恶性循环。

---

① 赫尔南多·德·索托.另一条道路[M].于海生，译.北京：华夏出版社，2007.

② 詹姆斯·L.多蒂，德威特·R.李.市场经济读本[M].林季红，等译.南京：江苏人民出版社，2005：91.

③ "生存性智慧"的提法始见于邓正来先生，但是其指称的基本内容却是开放的。参见：邓正来.中国模式的精髓——生存性智慧[J].社会观察.2010(12).

三、公共服务的社会意义及其对调适性公共服务的规制

公共服务的社会意义是为了适应社会发展变化的需要而具有的调适性意义,其主要的要求就是明晰政府职能、规范行政权力运行程序和强化政府责任。市场经济的健康运行需要确保市场主体获得充分的信息。市场主体之间、市场主体与管理者之间总是处于一种信息不对称的状态之中,市场主体对利益的追求可能会引发"逆向选择""搭便车""公地悲剧"等一系列问题。这些问题容易使市场参与者滋生对他方和管理者(主要是政府机关)的不信任,失去持续开展深入合作的信任(trust)基础。这也解释了为什么华人的企业多是家族制企业,甚至有的"富不过三代",一个根源就在于信任的缺失阻碍了资源的高效流动。所以,为了鼓励人们特别是企业敢于持续投资,敢于通过信托和代理制度拓展自己的业务范围,引导市场和社会健康发展,必须明晰政府的职能范围,为个人和企业的发展提供持续稳定的社会性公共服务。

第一,根据公共服务的意义结构明晰政府的调适权力。党的十六大明确将政府的职能界定为"经济调节、市场监管、社会管理和公共服务"四类。而这四者之间究竟是什么关系始终是困扰学界和实务界的一个难点问题。我国学者最初是在吸收西方发达国家 20 世纪 70 年代以来的"政府再造运动"实践经验和理论的基础上,提出建构服务型政府的主张,并在"管理者应当提供服务,服务中可以实施管理"的前提下将管理与服务联系起来,认为"管理就是服务"[1]。不过这种"逻辑暴力"主张似乎并没有得到民众甚至官员的广泛认同。事实上,管理与服务当然存在必然联系,不过其内在的逻辑是源于公共服务的个体意义与社会意义的界分。恰如 Elmer Staats 指出的那样,公共服务意义的广度和宽度与公共服务的理念密切相关。[2] 换言之,公共服务的个体意义要求通过公共服务促进个人的发展,但这不能解决市场化带来的"道德风险""负外部性"等问题,所以必须对市场进行必要的监管、对经济运行进行调节和对社会重要方面进行有效管理,这必然要求通过完善公共服务的内容和提供模式来进行。也就是在这层意义上,可以也必须将公共服务与经济调节、市场监管、社会管理统一起来。而且,公共服务与社会发展变化需要互相调适、在互动中实现相互发展。所以,明晰政府实体性的调适权力,就是要按照公共服务个体意义与社会意义的结构性变化调整经济调节、市场监管和社会管理等权力的内容和

---

① 崔卓兰.行政法观念更新试论[J].吉林大学社会科学学报,1995(5).

② James L. Perry, Lois R. Wise, The Motivation Bases of Public Service, PUBLIC ADMINISTRATION REVIEW, MAY/JUNE, 1990:368.

方式。

第二，以确立社会权来细化公共服务的程序参与权，促进公共服务共识的形成。公共服务范围的确定需要确立被服务主体的基本程序参与权，其直接原因就在于主体双方始终处于信息不充分和信息不对称的状态之中。没有高透明度的信息公开，民众参与法律的途径就会受到堵塞，交往理性也就没有建立的基础。张维迎认为："非对称信息是每一个制度面临的主要约束。从激励机制的角度看，一个有效的制度安排必须满足个人激励相容的制度，并由此形成一个纳什均衡——也就是说，每个人都有积极性遵守这个制度"。① 吉登斯认为："寻求信任的首要条件不是缺乏权力，而是缺乏完整的信息"。② 哈贝马斯程序主义法律观对于信息不对称状态下公共服务制度的建构提供了借鉴意义。这种法律观的核心在于："实现社会权利体现所需要的社会基础之建成，既不依靠自发运作的市场社会的力量，也不依靠有意运作的福利国家的措施，而是依靠产生于市民社会和公共领域，通过民主程序而转化为交往权力的交往之流和舆论影响"。③ 通过沟通机制可以使多元的利益要求和竞争的价值诉求得以交互理解、认同，从而形成共识的平台，这才是建立个人信心的重要基础。而法律权利是制度世界(system world)和生活世界(life world)的中介，它来源于"生活世界"的理性算计和内在规则。生活世界在本质上是一个人们围绕利益而展开博弈的市场，人们通过沟通程序和相互妥协可以达成某种一致性的规则。

确立被服务人在公共服务中的程序参与权的关键在于确立公民的社会权，实现社会权对政治权的有效监督和对经济权的积极引导。本质上，公共服务范围的划定必须面临一个立法如何在不同利益诉求之间进行取舍的问题。毋庸讳言，这种取舍在很大程度上取决于不同政治势力对立法机关施加影响的大小，在很多时候，公共服务立法也很容易异化为压力集团的"私人物品"。所以，程序参与权只有建立社会权才具有现实可能性。④ 这本质是就是阿玛蒂亚·森所指的"民主政治的优越性，尤其是在防止经济灾难上的有效"⑤。

第三，健全政府责任机制，确保公共服务提供的"数量"和"质量"。美国亚利桑那州州立大学罗伯特·登哈特和珍妮特·登哈特夫妇提出的"新公共服务

---

① 张维迎.信息、信任与法律[M].北京：生活·读书·新知三联书店，2003：前言.
② 安东尼·吉登斯.现代性的后果[M].田禾，译.南京：译林出版社，2000：29.
③ 哈贝马斯.在事实与规范之间——关于法律与民主法治国的商谈理论[M].童世骏，译.北京：生活·读书·新知三联书店，2003：545.
④ 也正是基于对有效监督国家权力的现实要求，郭道晖先生提出了社会权力的新模式。参见：郭道晖.社会权力：法治新模式与新动力[J].学习与探索.2009(5).
⑤ 阿玛蒂亚·森.以自由看待发展[M].任赜，于真，译.北京：中国人民大学出版社，2002：158.

理论"主张：公共服务的目标是认可和尊重公民的主体性地位，满足多元需求，促进公平、正义、自由和秩序等基本价值的实现。他们据此提出了新公共服务政府的七项原则①，促使公共管理向民主行政回归。对于当下的中国而言，政府对市场和社会的干预仍然过多，而且有时不合理地配置公共资源，变成一种"企业家式的管理者"。这不利于保护公民权利，也不利于政府与公民之间互动关系的建立，更不利于实现公共利益。陈云良指出："对于政府，当务之急不是通过立法授权它来干预市场，加强对市场的监管权力，而是应当想尽一切办法限制政府权力膨胀，减少政府干预市场的机会；不是市场主体不愿投资公共领域，提供公共产品，需要国家自己来投资、参与，而是国家垄断了几乎一切公共领域的经营机会，独享垄断利润。"②所以，必须在公共服务意义的维度下，明晰公共服务的内容及政府相应的责任，保证政府"做正确的事"。

四、公共服务的变迁意义及其对演化性公共服务的规制

基于"有限理性"，人对未来生活存在"必然无知"。所以，公共服务的变迁意义并不一定具有明确的实体内容，它强调的是公共服务的内容及体系不是一成不变的和封闭的，而是变化的、开放的。当代人不能为未来人的生活方式立法，也不能以牺牲后代人的资源来实现自己对公共服务的超前消费，而应该注意公共服务的"代际正义"。而且，人的行为和生活始终受一种价值悖论的困扰，即人们都渴望过一种有意义的生活，但是某种生活方式的意义只有在人们体验之后才能做出判断。所以，与其去为人们设计某种具体的生活方式和生活道路，还不如去为他们创造选择生活方式的自由和程序性的保障，为人们开放出一个追求不同价值的平台。

变迁意义对演化性公共服务的规制主要体现在公共服务法律的基本原则上，实现在公共服务内容的形成中话语权和支配权回归民众。所谓的话语权是指行政决策的动力来源于民众的呼求，行政决策的过程接受民众的监督，行政决策的结果尊重民众的生活空间和生活方式。话语权与支配权是密切相关的，话语转化为权利或权力取决于支配权的中介。这种支配权直接要求建立健全民众参与决策、优化行政决策机制。一般而言，民众的话语权必须为行政决策注入"尝试性"的正误判断标准（例如摸着石头过河），而这些标准只能来源于普

---

① 这七项原则是服务而非掌舵、公共利益是目标而非副产品、战略地思考民主地行动、服务于公民而不是顾客、责任并不是单一的、重视人而不是生产率和超越企业家身份重视公民权和公共服务。参见：罗伯特·B. 登哈特，珍妮特·V. 登哈特. 新公共服务：服务，而不是掌舵[M]. 丁煌，译. 北京：中国人民大学出版社，2004：42-44.

② 陈云良. 转轨经济法学：西方范式与中国现实之抉择[J]. 现代法学，2006(3).

通大众的普通生活之中，来源于个人和社会经由"试错"而积累的经验。

第三节　公共服务的内容体系

一、基础性公共服务

基础性公共服务是人享有的与生俱来、人之为人、不证自明的要求，它具有与个人和社会相伴而生的特点。如前所述，基础性公共服务是由公共服务的个体意义来决定的，所以，基础性公共服务应该主要规定为人的实体性权利，这主要包含维护个人的基本财产权利、个人基本生活尊严权利、基本社会保障权利。[①] 具体而言，基础性公共服务包括如下基本内容。

第一，维护个人财产权的公共服务。一般认为，财产权是指以财产为标准的，以经济利益为内容的权利，包括物权、知识产权、债权和继承权等。[②] 1804年的《法国民法典》将物和物权放在财产权的框架之内，用财产的概念来指称物，它包括动产和不动产。至今，像地产、信托、基金、票据、抵押以及租购等已经成为现代生活的重要财产形式和制度。网络经济的兴起从根本上挑战了传统的物权形态、交易模式和经济规则。[③] 个人财产形态的不断发展必然要求国家进行有效保护。

为保护财产权提供公共服务的直接要求就是提供基本的法律服务，确保财富取得、占有和行使的正义。我国《宪法》第 13 条规定公民的合法的私有财产不受侵犯，国家依照法律规定保护公民的私有财产权和继承权，国家为了公共利益的需要，可以依照法律规定对公民的私有财产实行征收或者征用并给予补偿。我国《物权法》第 2 条规定，将所有权、用益物权和担保物权等纳入保护范围。当前，健全保护财产权的立法应该充分考虑财产正义与财产效率的结合，关注财产取得的正义、财产行使的正义以及财产行使结果的正义，保证权利平等与平等权利的结合。

当下，国有资产是公民享有平等权利的保障，如果国有资产流失，平等权利将化为乌有，而私人财产的平等保护是权利平等的要求。所以，必须健全财产保护的公共服务法律制度。具言之，这要求在继续强化传统物权保护的基础

[①]　当然，这些权利的实现离不开程序保障，所以基本程序参与权是贯穿基础性公共服务、调适性公共服务和演化性公共服务之中程序性权利。

[②]　吴汉东. 论财产权体系——兼论民法典中的"财产权总则"[J]. 中国法学，2005(2).

[③]　杨清望. 社会转型与物权法精神的现代化[J]. 政法论坛，2007(5).

上，重点加强以下几个方面内容：首先，推动土地权利的改革，完善土地征收补偿机制，动态地维护"权利交换"中的地价保值；其次，加强知识产权的权利保护，特别是为企业的经济活动提供知识产权的审查机制等服务；再次，完善政府采购制度和财产权的救济制度，确保政府按照市场的规律参与经济活动；复次，优化财政的收支结构，畅通纳税人享有公共服务和监督政府的路径；最后，就业促进服务，保障民众通过劳动获得财产的权利。

第二，维护个人基本生活尊严权利的公共服务。当前，必须强化以下几个基本方面的公共服务制度建设。首先，平等人格和尊严保障服务，这包括：住房保障服务，政府应该通过提供廉租房、经济适用房、棚户区和农村危旧房改造，保障每个公民享有安居的尊严；公共卫生医疗服务；公共教育服务；维持基本生活条件和生活水准服务，主要包括水电气、交通设施、扶贫等；公共文体服务，特别是健全针对老年人精神生活保障的服务；社会救济和社会福利服务，建立普惠的救助和福利制度。其次，促进公民、社会组织合作共赢的服务，搭建公共信息平台，促进信息交流和信息服务。最后，基本安全服务，包括良好的社会治安服务、食品安全公共服务等。

第三，提供基本社会保障的服务，建立普惠均等的社会保险制度。当前，必须着力做到如下基本方面：一是，建立涵盖全民的基本养老保险制度，并且确保公民对养老保险资金和运作稳定性的预期，确保养老保险金的保值增值；二是，提供基本医疗保险，深化医疗体制改革，优化医疗机构和医务人员的激励机制；三是，完善工伤保险制度，特别是建立健全包含农民工在内的工伤保险制度，确保保险金的保值增值，激发工作人员在工作中的创造力；四是，健全失业保险制度，特别是建立因城市拆迁和农村土地承包经营权流转而失地农民的失业保险制度，鼓励全社会成员参与创新和创业；五是提供生育保险，特别是要建立健全对未生育女性的平等就业权、对生育妇女工作权的保障制度。

二、调适性公共服务

政府为社会提供调适性公共服务是适应经济社会不断发展变化的必然要求，为了在社会发展与公共服务之间建立一种动态的关联，就必须细化政府的程序性职权，划定政府的职能范围。为此，必须从以下几个方面入手。

第一，明晰政府的职能范围。首先，提供经济调节的服务。这主要包括调整产业结构、调控投资规模、稳定物价水平、调度物质资源。从宏观上保障整个经济运行的有序，社会发展的可持续；从微观上保障人民生活水准的持续和稳定提供。其次，提供市场监管服务。这主要包括培育市场主体、强化市场法律规制、维护市场秩序，着力形成一个规范有序、活力十足的市场环境。再次，提供社会管理服务。特别是完善社会管理格局，强化政府对人口、生产安全、虚拟社会的管理，培育社会组织，健全利益诉求和维护机制等。最后，健全社会诚信记录服务。建立健全政府、公民、企业、社会组织等全社会的诚信系统。

第二，拓展社会权的实现形式。现代许多国家对社会权都做了宪法和法律的规定，但是却并没有形成一个统一的社会权概念，所以其外延也并不清楚。有的学者将社会权理解为生存权、工作权和受教育权等权利。①《希腊共和国宪法》(1975年)将社会权定义为作为社会成员的人的权利，包括和平集会权、非营利性结社权、学术自由权、讲授自由权、受义务教育权、劳动权、罢工权、环境权和居住权等，规定国家机关必须保障它们的行使而使其不受妨碍。社会权是相对于个人权利和国家权力的概念，其功能有两个方面：首先，它要促使社会共识在充分交换对立意见的情形下形成，所以其主要内容是个人表达社会歧见、参与社会治理、影响社会决策、维护社会安定等，权利形式至少包括表达自由权、质询权和交涉权等内容。其次，它要保证能够有效监督公权力的运行，确保公共服务提供的"质量"，并且要善于将各种主体都吸收到提供高质量的公共服务上来，尊重提供服务主体的正当利益要求。James L. Perry 指出，提供公共服务行为的动机取决于六个维度：制定公共政策的吸引力、恪守公共利益的承诺、公民责任、社会正义、自我牺牲和同情心。② 所以，必须确立民众在公共服务体系形成、实现和变迁中的监督权。

三、演化性公共服务

公共服务具有的变迁意义更多属于一种应然的规定，强调公共服务既尊重不同主体的利益个性，又致力形成共时性的公共价值；既促进和保障当下社会的持续发展，又保留后代人未知的权利空间。只有在尊重个人自决的基础上，才能形成大家都可以接受的"社会公决"方案。David Coats 和 Eleanor Passmore 指出："首先也是首要的，公共价值使所有的公共服务需要清晰的目标而且使公众必须全身投入决定哪些东西应该被视为公共服务内容之中。"③所以，必须完善下列相关的权利体系：第一，既有公共服务形成和维护中的个人自决权，包括表达自由权、和平集会结社权等；第二，未有的公共服务形成和变迁的个人判断权。通过它保证人们在参与公共服务的实践中为多元利益形成"重叠共

① 龚向和. 作为人权的社会权：社会权法律问题研究[M]. 北京：人民出版社，2007：4.

② James L. Perry, Measuring Public Service Motivation: An Assessment of Construct Reliability and Validity, Journal of Public Administration Research and Theory, January 1996, p.5.

③ David Coats and Eleanor Passmore, Public Value: The Next Steps in Public Service Reform, London: The Work Foundation, 2008, P.56.

识"，并推动公共服务内容的实现和发展，这包括（立法）提案权、公共价值形成权等。

总之，根据以上对公共服务意义与内容相互建构关系的详细分析，可以对公共服务的范围及其关系通过表5–1来表示。

表5–1　公共服务的内容及其逻辑体系①

公共服务的意义	公共服务的类型	公共服务的权利表现或权力要求	公共服务的主要内容
个体意义	基础性公共服务	个人财产权	土地承包经营权和拆迁补偿制度
			知识产权权利保护
			政府采购制度的完善和政府与市场主体的平等交易保障
			财政收支结构的优化
			就业促进服务
		个人基本尊严权	平等人格和尊严保障服务（含住房保障服务；公共卫生医疗服务；公共教育服务；维持基本生活条件和生活水准服务；公共文体服务；社会救济和社会福利服务）
			平台建设服务（社区服务组织服务平台和公共信息平台）
			基本安全服务（包括社会良好的社会治安服务、食品安全公共服务）
		基本社会保障权	全民基本养老保险
			全民基本医疗保险
			工伤保险
			失业保险
			生育保险

① 需要指出的是，公共服务的具体内容是十分丰富的，而本书并没有也不可能全部列举，只是选取一些主要的方面加以概括，以公共服务的主要内容来表示，而这些内容有的可以进行进一步的分解。

续上表

公共服务的意义	公共服务的类型	公共服务的权利表现或权力要求	公共服务的主要内容
社会意义	调适性公共服务	经济调节权	调整产业结构
			调控投资规模
			稳定物价水平
			调度物质资源
		市场监管权	培育市场主体
			强化市场法律规制
			维护市场秩序
		社会管理权	完善社会管理格局
			强化政府对人口、生产安全、虚拟社会的管理
			培育社会组织，健全利益诉求和维护机制
			建立健全社会的诚信系统
		社会权	交涉权
			质询权
			监督权
变迁意义	演化性公共服务	基本自决权	表达自由权
			和平集会
			结社权
		个人判断权	环境权
			公共价值形成权

四、小结

总之，在公共服务领域，有 6 项公民权利是国家必须予以保障或满足的，即生存权、健康权、居住权、受教育权、工作权和资产形成权。① 贫穷人口法律赋权委员会和联合国开发计划署从穷人的生计(由资产和活动构成)入手，指出

---

① 唐钧. "公共服务均等化"保障 6 种基本权利[EB/OL]. (2006 – 07 – 07)[2011 – 06 – 02]. http：//news. xinhuanet. com/politics/2006 – 07/07/content_4805924. htm.

构成其资产和活动的三个至关重要的赋权领域：财产权、劳动权和商业权。司法公正和法治是支持这些权利得以实现的基础。除非有执行权利的实际方案，否则，核心权利不可能完全有效。因此，法律赋权是司法可及和法治、财产权、劳动权和商业权四个支柱的综合框架。① 根据联合国政府功能分类体系，政府公共服务领域共涉及 10 大类 79 个子类的支出。这 10 大类包括一般公共服务、国防、公共秩序与安全、经济事务、环境保护、住房与社区建设、健康、娱乐、文化及宗教和教育与社会保障。李军鹏依据不同标准对公共服务进行分类。他根据公共服务功能将公共服务分为维护性公共服务、经济性公共服务和社会性公共服务，根据公共服务水平将公共服务分为基本公共服务和非基本公共服务。② 孙晓莉根据公共之所需将公共服务分为政权性公共服务、社会性公共服务和经营性公共服务三类。③ 陈云良根据马斯洛的需要层次理论将政府提供公共物品分为生存性公共物品、安全性公共物品、发展性公共物品三类。④ 通观上述分类，标准各不相同，内容互有交叉。但是，这些分类的最大问题是没有洞见公共服务的多重意义对公共服务内容及其体系的决定作用。即使是马斯洛的需要层次理论也只能解决个人需求演变的基本心理动机，它不能回答人们的需求是否只在马斯洛设定的封闭的体系内演变，也不能解决同时代的人在多样生活场景下如何形成需求共识的问题，更不能解决不同代人之间如何实现公共服务的代际公平问题。正是这些分类标准在解释力上的限制，导致在公共服务范围上很难形成较为一致的共识。而从公共服务意义的维度出发来重构公共服务体系却能从根本上克服这些问题，确保公共服务内容体系的恰当、可行和开放。

第四节　我国公共服务法律体系的构成

一、公共服务法律地方立法模式

当前，我国各级地方政府在服务型政府建设的立法实践方面进行了大量的有益的探索和尝试。从总体上来看，基本模式有以下几种：

第一，以政府规章的形式进行立法。这一模式以深圳市制定的《深圳市行

---

① 贫穷人口法律赋权委员会和联合国开发计划署.让法律为每一个人服务[M].2008.
② 李军鹏.公共服务学——政府公共服务的理论和实践[M].北京：国家行政学院出版社，2007：5–6.
③ 孙晓莉.中外公共服务体制比较[M].北京：国家行政学院出版社，2008：9–10.
④ 陈云良.服务型政府的公共服务义务[J].人民论坛，2010(29).

政服务管理规定》和《湖南省政府服务规定》为代表。相对来说，以地方政府规章的形式在省、市行政区划内就服务型政府建设进行统一立法是一个较高水准的做法，以《深圳市行政服务管理规定》为例，该规定对于服务型政府服务的范围、基本原则、提供主体与方式、服务程序、服务的监督检查和法律责任追究等都做出了详细的规定。

第二，以制定政府规划的方式提供制度保障。例如《广东省基本公共服务均等化规划（2009—2020）》就全面涉及了推进基本公共服务均等化的理论依据、指导思想和基本原则，分析了广东省基本公共服务均等化的现状，提出了推进基本公共服务均等化的目标与实施路径，指出了推进基本公共服务均等化的保障支撑和配套措施。虽然较为宏观，但也初步构建了制度体系的基本框架。

第三，以制定政府文件的方式对服务型政府建设中的某一方面问题加以规制。例如，绩效管理方面，齐齐哈尔市制定的《齐齐哈尔市市级财政预算支出绩效评价管理办法》，对预算支出的绩效评价范围、基本原则、主要内容、主要方法和指标、组织管理和基本程序以及评价结果运用等问题都做出了较全面的规定。又如公务员制度方面，深圳市在公务员管理方面推行的"分类管理制度"，吉林省制定的《行政问责暂行办法》，南京市制定实施的《行政过错责任追究办法》等皆属此类。

然而，不得不指出的是，尽管有上述地方政府在不同领域、不同层次上的立法实践经验的积累，我国各级地方政府在服务型政府建设的立法方面基本上仍处于较低的水平，多数举措仍然以政府文件甚至行政命令的方式运转，其效力和稳定性都无法得到保障。在有关政府服务的国家统一立法尚不具备条件的情况下，以省和较大的市为主体的地方政府立法就显得尤为重要，就当前情形来看，对地方政府推进服务型政府建设形成制约的突出因素就是法律制度建设方面的滞后。因此，我们认为，服务型政府的法治化问题已经刻不容缓！

二、公共服务法律制度在我国法律体系中的地位

（一）法律体系的概念之争

根据哲学家康德的看法，所谓体系，是指一个依原则所构成的知识整体。[1]在法学的领域里，不同国家、不同学派的法学家对法律体系的理解截然不同：分析实证主义法学家更加注重探求法律体系与其他的规范体系之间的关系，在

---

[1] 梁迎修.方法论视野中的法律体系与法律思维[J].政法论坛，2008，26(1).

分析实证主义法学家眼中，法律体系的概念是一个认识性或分析性的概念，即把法律看成是一个个基本单元，从他们之间的结构联系来研究或理解法律的性质，也就是通过法律体系来认识法律，即法律体系的认识论研究。奥斯丁认为每一个法律都是一个命令，这一事实意味着，每一个法律都是一个独立单位，一种独立存在，具有独立意义，甚至其适用也不受其他法律的影响。根据凯尔森的理论，一个法律体系的持续存在并不依赖于第一个主权的不间断地出现。但是，它不能抵制人们不断追问的可能性，即对于第一个宪法而言，宪法是所有法律规范有效性的最终原因。

比较法学家出于比较不同国家的需要，往往对法律体系做超出规范体系的宽泛理解，把法律体系理解为包括法律机构、角色、过程、规范等要素在内的法律系统。例如，梅里曼认为，法律体系是指社会成员或观察者认为属于法律或司法范畴的众多角色、机构和过程的复合体。①

(二)我国法律体系的划分标准

中国特色社会主义法律体系理论深受苏联法律体系理论的影响，即把法律体系理解为部门法体系。"从整个过程来看，中国社会主义法律体系是事先设计、主动构建的。这种推进式的法律体系形成方式是不同于西方的自然演进方式。"②苏联学者在批判资产阶级法律体系理论的过程中，逐步提出了以法律部门为框架，以法律调整对象和方法为法律部门划分标准的法律体系理论。从20世纪中期开始中国就沿袭这一理论，我国法学界给法律体系的经典定义是："法律体系通常是指由一个国家的全部现行法律规范分类组合为不同的法律部门而形成的有机联系的统一整体。"③但是对于法律体系的法律部门划分问题，学界以及实务界并没有统一的定论，三分法、七分法、八分法、十分法等，最终全国人大常委会采取了七分法理论，将我国法律分为七个法律部门即宪法及宪法相关法、民商法、行政法、经济法、社会法、刑法、诉讼法与非诉讼程序法。

(三)我国法律体系的缺点以及公共服务法的弥补作用

我国法律体系为部门法体系，这种认知本身就存在弊病。虽然七分法理论虽然被全国人大常委会认可，但是这并不意味着这种分法是科学的、毫无瑕

---

① 黄文艺.中国特色社会主义法律体系理论的总结与反思[J].河南社会科学,2010(5).
② 李林.新中国立法 60 年[M]//李林.新中国法治建设与法学发展 60 年.北京:社会科学文献出版社,2010:
③ 张文显.法理学[M].5 版.北京:高等教育出版社,2018.

疵的。

（1）法律部门的划分主要考虑的是现行的法律，对于即将制定的或者将要制定的法律置之不顾，这种法律体系的划分方法明显僵化，是静止的、封闭的、不变的，限定了法律发展之路，未来的法律只能在现有的基础之上加深加强而不能有所创新，忽略了社会的进步促使法律丰富发展的可能性。"法的完整性只是永久不断地对完整性的接近而已。"①我国政府的主要职能经历了统治、管制、管理到服务的演化轨迹，政府职能的转变，服务型政府的构建成为政府改革的核心之所在，而公共服务缺失的矛盾日益凸显，使得服务型政府的构建成为空中楼阁，镜花水月。由此可见，公共服务法就是法律发展的一个必然的方向。

（2）我国现行的法律缺乏绩效管理方面的法律，而这正是公共服务法的重要组成部分。绩效管理法旨在对法律实施的效果进行跟踪调查，一方面使法律能真正地更好地有实效地实施，另一方面也是对政府等施政主体的监督。借鉴欧美国家的有益经验，公共服务法除了其基本的实体法和程序法之外，还有一部分是绩效管理法，通过调查问卷、座谈会等形式定位法律的实施状况，及时更改实施方法，力争法律的彻底实施，从而使政府的承诺真正落到实处。

（3）法律缺乏民众的参与。现在的法律理论上民众拥有监督的权利，可是却忽略了民众参与的积极性，民众监督权利的广泛放弃使得民众的监督形同虚设。公共服务法除了传统的我们已经拥有的民众参与的途径（如政府信务公开等），产生了公共服务请求权，使人们能够主动地去监督政府是否做到了其先前的承诺。公共服务法所提供的公共服务涉及民众的生存，涉及民众活着的尊严，涉及民众将来的发展权利，这些至关重要的权利足以引起民众的关心，在政府提供公共服务的过程中民众能够积极参与。

（4）仅以惩罚作为制约人们遵守法律的手段。这是我国的法律传统，如在封建时期推行重刑治国，进入现代社会虽然取消了酷刑峻法，但是惩罚仍然是法律发挥其作用的重要手段甚至是唯一手段。公共服务显然不仅仅是服务的提供者对接受者的单方面辐射，而且有着服务提供主体对其存在合法性的自证。政府以及其他主体提供公共服务并不是他们的施舍，也不是他们的权利，而是他们的义务，此时惩罚作为制约人们遵守法律的手段就没有了用武之地，公共服务的提供者无权对人民施以惩罚。

（5）法律的整体性被割裂。七个法律部门"七足鼎立""各自为政"，虽然在一定程度上促进了各个法律部门内部的发展，但是法律的整体性被严重割裂，

---

① 黑格尔.法哲学原理［M］.范扬，张企泰，译.北京：商务印书馆，1970.

这就出现了如法律之间的相互矛盾等问题。公共服务法跨越多个部门法(社会法部门、经济法部门、民法部门、行政法部门等),使法律的整体性在一定程度上获得弥补。

(四)公共服务立法的重要性

立法的意义在于确定法律的内容,从法的内容方面来看,明确了公共服务的内涵和外延,划定公共服务提供者与接受者的权利与义务,细分公共服务的提供时间、方式、质量等各方面,保证公共服务及时、精确地予以施行,以充分发挥公共服务对人对社会的促进作用。

从法的实用价值来看,公共服务法强调公平与效率、调节宏观经济、稳定社会秩序、改善市场条件、提高生活质量(人们对绿地、洁净的空气、优美的环境、出行方便快捷的需求等)、发展文化教育、巩固国家安全、保护生态环境、推动经济增长(政府投资基础设施等带动 GDP 增长)。①

从公共服务法对整个法律体系的影响来看,一方面,公共服务法弥补了现行的法律体系的许多漏洞,如上所言,使我国的法律体系趋于健全。另一方面,公共服务法的制定与发展必将对我国七个部门法体系提出挑战,其既可独立于七大部门法又可融合于七大部门法,这样的现状与地位使得"七分法"地位尴尬,可能促进部门法划分的重新"洗牌"。

三、公共服务法进入社会主义法律体系的方法与步骤

(一)独立部门法地位分析

不管是从法理分析还是从现实调查,公共服务法都应当成为社会主义法律体系的一部分。公共服务法要进入社会主义法律体系有两种方式可以选择:成为独立的法律部门成为新的第八大部门法或者加入现有的七个法律部门之中。

有人认为现在公共服务法在我国并不是一片空白,而是散见于几个法律部门之中,换句话说,我国现在采取的是第二种方式来发展公共服务法,比如经济法中的《公路法》《铁路法》《电力法》《民航法》,社会法中的《义务教育法》《劳动法》,行政法中的《环境保护法》《义务教育法》。

在笔者看来,现有的公共服务法其实并不是真正意义上的公共服务法,从制定法律的目的来讲,它们的立法目的并不是为了提供公共服务,而是忠诚于各自现有的法律部门。从法的内容来看,目前,已制定的所谓的"公共服务法"

---

① 杨清望.公共服务的"意义"探析与内容重构[J].法律科学.2012(4).

多以缺乏执行力与约束力的法律原则为主，使得这些法律条文沦为空洞的口号，如《义务教育法》在强调适龄儿童必须接受九年义务教育的同时却缺乏国家和社会对确保义务教育顺利实现应采取的措施以及对违反这一规定的强制执行措施。公共服务法的重点不仅在于对公共服务的确定性描述，还在于对公共服务的完全准确的供给的保证，缺乏后者的公共服务法对公共服务的发展没有多少促进作用。

从社会现实来看，散见在几个部门法中，缺乏系统的和条理的结构，公共服务法不能发挥其本应有的作用。我们看到，虽然有了《义务教育法》，但是还是有很多适龄儿童游离在校园之外，他们在打工甚至乞讨；虽然有《失业保险条例》，但是还是有很多的农民在失去赖以生存的土地之后没有保险供其生存；虽然有《环境保护法》，但是我们的家园仍然一天一天地被破坏得更加严重……固然产生如此之多的问题也有这些法律本身的问题，但最基本的一个问题是散见于各个部门法中的公共服务法没有获得足够的重视。这些法的层次较低，政府也没有明确部门的责任与义务，时时存在法律的漏洞，导致最终这些问题没有人来管。

从法理方面考虑，公共服务法分散在这几个部门法中并不合适。公共服务法要解决的是人的基本生存和生活问题，具有维系人的基本尊严的作用，而且还具有建构人的多元生活方式和拓展人的发展空间的作用。以经济法为例，经济法是调整国家从社会整体利益出发对经济活动实行干预、管理或调控所产生的社会经济关系的法律规范，两者的出发点和落脚点截然不同。两者的立法目的截然不同，如果强制地放在一起只能扩大经济法的范围，而现在我国经济法的范围已经是世界之最，相比之下美国经济法只有反不正当竞争法，这样做的后果是经济法脱离其原有的部门法意义。

因此公共服务法应该采取第一种方式来发展，即成为独立的部门法，与七大部门法并驾齐驱。

（二）公共服务法的结构分析

公共服务法作为独立的部门法其结构可以有三种模式：制定法典，如刑法；制定基本法和其他各部分法律，如民法；仅制定各个部分的法律，如经济法。笔者认为应该有步骤地分批制定法律，即选择第二种方式。

这种选择的原因主要有：第一，现阶段制定法典的条件不成熟。实践出真知，我国立法的步骤总是循着这样一条路线，先找试点实验寻找经验，然后才立法普及，这样做的好处一方面避免了完全照抄外国法条，而使法律不接地气的尴尬局面，另一方面也使制定的法律具有实践基础上的科学性。现如今，我国的公共服务供给严重短缺使得公共服务供给与需求矛盾激烈，而且公共服务立法方面也是一片空白，闭门造车的场面并不适宜制定完整的法典。第二，公共服务包罗万象，涉及公民生活的方方面面，对于公共服务法的各个部分法，我国不可能在短时间内全部制定出来，而公共服务的实施却刻不容缓，基于社会现实的需要就必须先制定一部公共服务基本法。

对于公共服务法的基本法，笔者认为至少应包括以下几个方面：

第一，明确公共服务法的目的。公共服务法的目的最初级层次即提供高质量、长时间的公共服务，从根本上来讲，公共服务法制定的目的在于保证人民基本生存要求的前提下使人民拥有追求更加美好生活的能力，使我国向福利国家转型。

第二，公共服务法的原则。至少包括普惠均等原则即注重公平原则（对应公共服务不足不均的问题）、注重效率原则（对应公共服务的提供质量不高的问题）、水平适当原则（对应公共服务提供过剩的问题）、便民原则（对应如何使民众获取高效便捷的公共服务）、依法服务原则（公共服务的提供应该依法进行）等。

第三，公共服务的基本内容，包括基础性公共服务、调试性公共服务、演化性公共服务三大部分。基础性公共服务的主要内容包括土地承包经营权和拆迁补偿制度、知识产权权利保护、政府采购制度的完善和政府与市场主体的平等交易保障、财政收支结构的优化、就业促进服务、平等人格和尊严保障服务、平台建设服务、基本安全服务、全民基本养老保险、全民基本医疗保险、工伤保险、失业保险、生育保险等。调试性公共服务的主要内容包括调整产业结构、调控投资规模、稳定物价水平、调度物质资源、培育市场主体、强化市场法律规制、维护市场秩序、完善社会管理格局、强化政府对人口、生产安全、虚拟社会的管理、培育社会组织、健全利益诉求和维护机制、建立健全社会的诚信系统、交涉权、质询权、监督权等。演化性公共服务的主要内容包括表达自由权、和平集会、结社权、环境权、公共价值形成权等。

第四，公共服务的提供模式即采取多元治理模式。

第五，公共服务绩效评估制度。

（三）我国立法中应该注意的问题

首先，选用兼顾公平与效率、覆盖面广、水平适度的公共服务模式，公共服务的提供量应量力而行，不应过度膨胀也不能过度紧缩，不能过于强调公平而忽略效率，避免出现英美等国出现的问题，即一方面公共服务支出过大，政府财政入不敷出，赤字巨大；在保证人们基本生存权利的同时忽略人的社会进步性,一方面公共服务的过剩带来懒人的大量出现,另一方面公共服务过少而人权备受忽视,人民生活压力过大,压抑人的创造性不利于经济的可持续发展。

其次,强化公共服务绩效评估,健全公共服务的监管体系。一是加强绩效评估立法,完善监管方面的法律,科学确立绩效评估体系,使绩效评估与服务监管做到有法可依。二是,充分发挥各个行业协会、新闻媒体、普通公众等制度外监管主体的力量,从而推动公共服务的发展。

最后,积极引导公民和社会力量参与。公民和社会力量是公共服务接受的主体,公共服务的提供质量直接影响到他们的日常生活,为了适应经济环境的变化和公众对公共服务的多样化、个性化要求,降低公共服务成本,必须充分发挥公民和社会力量的作用。

四、《湖南省政府服务规定》所反映的地方公共服务立法的成就与不足

(一)《湖南省政府服务规定》的成就

作为我国第一部省级政府规章,2011年5月颁布的《湖南省政府服务规定》(以下简称《规定》)注定具有重大的创新意义,这主要体现为:

第一,《规定》通过对政府服务中权利义务主体、内容和运行的设定,开创性地将服务型政府与法治政府、责任政府的建设联系起来,着力推动服务型政府的法治化,为公共服务的制度化、规范化运行提供了保证,为服务型政府的建设提供了可行的路径。从社会意义上讲,营造了公开、公平、公正的社会环境,提升了湖南的法治软实力。

第二,《规定》紧紧抓住人民日益增长的公共服务需要与服务供给不足、不均、不便的基本矛盾,以人们最关切的利益为突破口,初步建立了普惠均等的公共服务的体系、规范优质的服务方式、多样化的救济监督机制。这为公共服务的提供探寻了一套完整的机制,为我国和其他省市的公共服务立法提供了范本。

(二)《湖南省政府服务规定》的不足

作为一部探索意义的规章,《规定》在理论还不十分成熟、可供借鉴的立法几乎空白的情况下,在公共服务范围如何划定和如何监督公共服务有效提供上存在两大"硬伤",严重影响了《规定》预期作用的发挥。这要求我国后续的公共服务立法必须以对这两大基本问题的准确把握为前提。这两大"硬伤"主要体现为:

第一，在《规定》中，公共服务内容划分和体系建构主要以公共物品的自然属性和人的需要层次理论为依据，没有认识到按照公共服务的意义序列来安排公共服务体系的必然性和合理性，更没有认识到公共服务对促进个人和社会发展的建构性意义。因而其内容安排多是对民众吁求和公共决策的一种被动回应，其体系并不自洽。而且，更为关键的是，这使得公共服务的体系封闭起来，失去了以公共服务促进社会可持续发展的功能性安排。

例如，首先，就体系不自洽而言，经济调节、市场监管、社会管理为什么可以纳入强调政府"服务"的《规定》中来？为什么可以用服务统摄这些职能？不能认识到公共服务的意义序列就不能解决这些问题，更不能构建体系严谨的服务规定。这也是很多学者主张制定"公共服务规定"而不是"政府服务规定"的主要原因。尽管实务部门则主张反之，但理由却略显荒唐，那就是"行政所在就是法律所在"的野蛮权力逻辑，显然这也是没有认识到公共服务的意义序列对公共服务内容的内在规定。所以，将来的公共服务立法应该在意义及其序列的维度下将上述几种职能统摄起来，并且应该在意义序列下合理安排具体的公共服务内容。而不是像现在《规定》第18条到第39条，既搞不清什么是所谓的"公共服务与非基本公共服务"，更搞不清这些具体的公共服务是按照什么样的意义逻辑写入规章的。

其次，就体系封闭而言，《规定》关注点只在于政府如何为公民提供有效的公共服务，它没有反映公共服务内容的安排对个人和社会发展的促进意义，更没有反映公共服务内容体系与整个社会互动发展的关系。例如，对土地流转、知识产权、生态环境等方面没有针对性的公共服务保障内容，反映出立法者并没有意识到土地、生态环境作为一种特殊的资源在承接社会发展和变革中的重要缓冲意义，也没有意识到知识产权促进社会创新的前提意义。

第二，就公共服务的监督管理而言，《规定》的主要缺陷在于缺少对民众参与监督管理的可操作性的机制。如上所述，有效的监督管理是确保政府提供公共服务"质""量"的保证，从而是政府合法性的要求。这种缺陷体现在两个方面。

一是就绩效评估问题而言，《规定》第100条规定把公共服务作为绩效评估的重要内容，但是公共服务绩效评估的指标体系如何设定？其与传统的行政绩效评估有什么区别？《规定》并没有能够做出区分，因而只能在第103条规定"上级行政机关对下级行政机关的各类考核，纳入政府绩效评估范围，除国家和省人民政府另有规定外，不再组织单项考核。"这样的绩效评估的结果又会怎么样？由于公共服务范围不明确，其结果只能是传统行政绩效评估的翻版，只会增加行政机关和人员的负担以及制度变迁的成本。如果从公共服务的意义序列的角度来看：公共服务评估归根结底是一种目标考核而不是数量考核，因而绩效考核并不能有效涵盖公共服务的本质要求；公共服务的提供主体是多元的，受众是民众，其评估自然需要主要交由中立的评估机构来进行，政府要做的只是为建立和监督中立的评估机关提供支持而已。

二是就行政权的监督、监管和法律责任而言，基本上都是在行政系统内强调行政机关的自我监督，显然这很难保证监督、监管的有效，也很难保证法律责任的实现。关键在于必须进行换位，把被服务人纳入监督监管的主体，这要求做到两点：一是确保公民在公共服务确定和提供中的参与权，二是赋予民众对公共服务的请求权。构建一套事前规范、事中参与、事后监督的公共服务运行机制。

第六章　政府提供公共服务均等化的法治保障

第一节　政府提供公共服务均等化的一般理论

一、公共服务均等化的概述

(一)公共服务概念及范围

学者对于公共服务有着不同的理解,李军鹏认为:"公共服务是指政府为满足社会公共需要而提供的产品与服务的总称;它是由以政府机关为主的公共部门生产的、供全社会所有公有共同消费、平等享受的社会产品。"①有些学者把公共服务与公共产品等同,如江民融认为:"公共产品与公共服务是一致的概念。"②而刘星认为:"公共服务可以从动态和静态这两方面来理解,作为动态的公共服务,是公共服务机构所从事的满足公共需求的活动;作为静态的公共服务,是活动的结果,在这个层面上公共服务也就是公共产品,即公共服务产品。"③萨缪尔森认为:"公共产品(public goods)是指这样一类商品:将该商品的效用扩展于他人的成本为零;无法排除他人共享。"④笔者倾向于李军鹏对于公共服务的定义,并在此基础上展论证。

从供给主体来看,公共服务的供给可以分为政府供给、市场供给和多元供给等方式。本书专指的是政府提供的公共服务,排除了由其他主体提供公共服

---

① 李军鹏.公共服务学——政府公共服务的理论与实践[M].北京:国家行政学院出版社,2007:2.
② 江民融.公共服务均等化问题研究[D].厦门:厦门大学,2007:26.
③ 刘星.服务型政府:理论反思与制度创新[M].北京:中国政法大学出版社,2007:156.
④ 保罗·萨缪尔森,威廉·诺德豪斯.经济学[M].18版.萧琛,译.北京:人民邮电出版社,2008:32.

务的方式，在这个意义上来展开论证。

公共服务的基本范围包括医疗卫生、义务教育、社会救济、就业服务和养老保险等项目。① 这些都是跟公民的生活密切相关的服务，直接影响到公民的生存和发展。

(二)公共服务均等化内涵

公共服务均等化是十六届六中全会提出的一个新概念，这表示我国的行政理念的转变，也是"为人民服务"的执政理念在具体实践中的表现。

"公共服务均等化是指政府及其公共财政为不同利益集团、不同经济成分或不同社会阶层提供一视同仁的公共产品与服务，具体包括收益分享、成本分担、财力均衡等方面内容。"②"公共服务均等化并不等同于公共服务平均化"③，公共服务均等化并不排除某些公共服务的差异化。公共服务差异化是指针对不同的社会人群提供差异性的公共服务，公共服务的差异化并不与公共服务均等化相悖，这是因为各个社会阶层对于公共服务的需求并不完全一致，每个具体的社会阶层有着各自的公共服务需求，但是公共服务差异化是在不损伤公共服务均等化的前提下进行差异性的供给。《广东省基本公共服务均等化规划纲要》指出："均等化并不是强调所有居民都享有完全一致的基本公共服务，而是在承认地区、城乡、人群间存在差别的前提下，保障居民都享有一定标准之上的基本公共服务，其实质是'底线均等'。"④现阶段的公共服务均等化应该是一种高水平层次的公共服务均等化，而不是一种低水平的公共服务均等化。

法学视角下的公共服务均等化是指一方面通过法律保障公民享受公共服务的权利，而且这种公共服务应该是均等的，另一方面通过法律保证政府提供的公共服务是均等的。

二、公共服务均等化的现实依据

法学是权利义务之学，公共服务均等化是人权的基本内容之一，也是实现

---

① 国家发展改革委宏观经济研究院课题组.促进我国的基本公共服务均等化[J].宏观经济研究,2008(5).

② 江民融.公共服务均等化问题研究[D].厦门：厦门大学,2007:35.

③ 中国(海南)改革发展研究院.加快推进基本公共服务均等化(12条建议)[J].经济研究参考,2008(3).

④ 广东省人民政府文件粤府[2009]153号.印发广东省基本公共服务均等化规划纲要(2009—2020年)的通知[EB/OL].(2009-12-14)[2019-01-02].http：//zwgk.gd.gov.cn/006939748/200912/t20091214_11575.html.

人权的重要手段。《宪法》第 33 条规定："国家尊重和保障人权。"公共服务是一种基本的人权，也是一种公民权，公民权首先是一种生存权，作为基本人权的一种权利，"基本人权是指社会的每个人及其组合体（群体）享有由各国政府、社会（包括国际社会）负有主要保障责任的、在各个方面（政治、经济、社会和文化领域）享有'人作为人'和'把人看做人'的起码的基本权利和基本自由"①。夏勇认为"人权富于人道精神，是一个以个人作为人道主体的主体性概念，是一个以权力来推行人道的权威性概念"②。"人权概念通过给人的生存与发展的基本需要以及满足这些需要的方式（民主、自由、平等）赋予某种权力或权威，使之成为权利。"③公共服务作为一种非竞争性和排他性的公共物品，是一种满足社会需求的产物。所以公共服务是一种具有"公共特征"的权利，是一种真正的公共需求。李向平认为，唯有出自公民权利之公共需求的制度化，才能构建成为现代社会亟须的公共领域④。

范健教授认为"基本公共服务所涉及的范围有很大一部分应当属于基本人权的范畴"⑤。《世界人权宣言》把教育、卫生和社会保障作为人权加以规定，公共服务均等化是人权的现代要求，首先人权的主体是人，人权的主要目的是促进人的发展，人权的目的是促进全体社会成员的共同发展，而不是着眼于部分人的发展。公共服务作为基本的人权，也应该提供给全体社会成员，公共服务的均等化的核心是公共服务作为政府提供给社会成员的公共需要，应该实现均等化，在此意义上公共服务均等化正是人权的内在属性。

公共服务均等化是实现人权的重要手段，人权作为一项法治原则，要求国家对公民的基本权利加以确认和保护。公民在向国家纳税以后，应该享受国家提供的国防、外交和教育、医疗及社会保障等基本的公共服务，国家向公民提供公共服务应该一视同仁，不应有差别。公共服务作为公民生存和发展的基础，只有实现均等化才能从根本上实现人权。

公民享有公共服务的基本人权只有在具体的权利义务结构性冲突中才能体现出来，在这个具体的关系中，既有权力和义务的关系，也有权利和义务的关系。但最重要的还是权力和权利之间的关系，把两者的关系理顺，才能让政府提供更好的公共服务，让均等化落到实处。因为公共服务的特征，所以政府有

---

① 丁元竹. 向社会共同体——丁元竹谈社会建设 [M]. 北京：中国友谊出版公司, 2010：53.
② 夏勇. 人权概念起源：权利的历史哲学 [M]. 北京：中国社会科学出版社, 2007：146.
③ 夏勇. 人权概念起源：权利的历史哲学 [M]. 北京：中国社会科学出版社, 2007：147.
④ 李向平. 从"人民内部矛盾"到"公共供给不足"——中国当代社会主要矛盾的转移 [J]. 江苏行政学院学报, 2007（5）.
⑤ 范健. 试论实现"基本公共服务均等化"的法制基础 [J]. 甘肃理论学刊, 2008（3）.

提供公共服务的义务，这种义务必须借助权力才能推行和实现，政府提供公共服务既是义务，也是权力。作为义务，政府应当向社会提供均等、优质的公共服务；作为权力，政府必须有限度地去使用该权力。正如孟德斯鸠所言："自古以来的经验表明，所有拥有权力的人，都倾向于滥用权力，而且不用到极限绝不罢休。"①根据国家理论，国家的权力正当性来源于公民权利的授予，即人民让出部分本应属于自己的权利给国家，让国家实行通过个人力量不能达到的事情，如国防、外交和安全等，在现代社会公共服务也应当包括在里面。权力既然来自公民，就应该归还于公民，公民是一个共同体的概念，即里面蕴涵一层"共同利益"的概念，但是权力有一种天然的膨胀性，如果不加以限制，存在着巨大的破坏性。权力与权利之间存在着一种"结构性冲突"的关系，正因为权力的双重性和"结构性冲突"，才要求以权利来限制权力。

政府在提供公共服务的过程中相对来讲处于主导和优势的地位，虽然随着社会的发展，公民对于公共服务的供给有了自己的发言权，但是相对而言，政府还是处于优势的地位，政府有权决定提供公共服务的种类、数量、质量等。公共服务供给作为政府的一项权力和义务，只有服务于人民，才能体现其自身的价值。而公共服务作为一项公共利益，不仅仅涉及公民的个人权利，还涉及国家的利益和社会的公平正义问题。在公共服务供给的过程中，权力与权利应该是一种双边互动的关系，而不仅仅是一种单边互动的关系。公共服务作为一项基本的法律权利，要体现于具体的法律关系当中。在公共服务的供给当中权利主体是公民，责任主体为政府。从法律的层面来讲，政府作为责任主体应该保护公民的基本人权和基本自由，必须在法律制度上对政府的权力加以限制，对政府的责任加以界定，这样才能使政府成为一个责任政府。公共服务的均等化意味着政府提供公共服务的法治化，政府应当承担我国法律体系中规定的各种义务，如宪法规定的各种公共需求及各个部门法规定的教育、医疗和社会保障等。公民作为权利主体一方面有权利享受政府提供的基本公共服务，另一方面公民有权利监督政府提供公共服务的过程是否透明，是否符合法律的要求。这样才能使公共服务均等化的过程实现法治化。

三、公共服务均等化的理论证成

正义是人类社会永恒的话题，人类一直在为追求正义而努力，当人类社会进入 21 世纪时，正义变得更加实际和可触摸，变得更加清晰起来，因为人类社会有能力使理论上的正义变成现实上的正义，这才是正义的真谛。

---

① 孟德斯鸠.论法的精神(第一卷)[M].许明龙，译.北京：商务印书馆，2009：185.

功利主义学派认为正义就是最大多数人的最大利益，而罗尔斯则从分配的角度出发，认为正义应该是"分配正义"，强调对弱势群体的保护，认为资源应当倾向于弱势群体，以保证社会的公平正义。① 人类社会追求正义的步伐一直都没有停止，虽然这些理论在某些方面有些偏差，但是都是为了追求一个共同的目标，就是为了建设美好的人类社会，充分实现"共同善"的社会。从这些正义理论中可以品读出不同意味，但这些理论都有一个共同点，那就是都关注资源的如何分配。"作为社会之善，正义不是一种抽象的善，而是体现为社会不同生活领域中关于不同物品的正当分配原则。"②公共服务是政府占有资源的再分配，公共服务作为一种公共性的资源，必须接受正义的衡量和裁决。而平等地分配资源是正义的最基本的前提，如果不能做到平等分配资源，那么这种分配就是非正义的，所以公共服务的供给应该是均等的。如果公共服务的供给不是均等的，那么那些享受不均等的群体就会遭受非正义的对待，受损害的不仅仅是这些本应供给的社会需要，而且还有这些群体的尊严。正义作为一种善，应该尊重社会成员的尊严，不应以损害社会成员的尊严为代价而发展。

公共服务均等化是一种看得见的正义，也是政府与人民的具体结合点，在某种程度上反映了政府的施政水平。均等化既是正义追求的目标，也是实现正义的路径之一。这种均等的正义原则是指一种结果的正义，是国家为了促进社会整体的进步和发展，运用公权力，向全体社会成员提供一种公共资源的行为。"社会有责任维持和增加投入，以保障群体所有成员的生活品质环境；只要社会在进行这种投入，就应当让所有公民，而不是某一些人，从中同等地得益。"③公共服务均等化其实就是结果正义在公共服务领域的具体体现，公共服务均等化是政府通过税收对社会财富再分配的制度安排，因此政府在分配公共服务时应当遵循公平正义原则。政府提供公共服务不但在结果上要公平正义，还应当符合起点上的公平。公共服务领域内的起点公平是指公民在消费和享受公共服务的机会是平等的和公平的。公共服务是一个社会的基本需求，是公民生存和发展的前提。作为正义的基本原则，机会平等要求社会提供平等的机会给全体社会成员，一旦公共服务的供给是不均等的，这样会使社会成员的机会是不平等的。如果机会不平等，那么就有可能导致结果的不平等，结果平等在某种意义上是以机会平等为前提的。虽然有些社会成员凭着天赋可能达到结果，但是大多数社会成员由于天赋存在差异，有可能导致强者更强，弱者更弱，

---

① 约翰·罗尔斯.正义论[M].何怀宏，何包钢，廖申白，译.北京：中国社会科学出版社，1988：249.
② 徐贲.通往尊严的公共生活：全球正义和公民认同[M].北京：新星出版社，2009：120.
③ 徐贲.通往尊严的公共生活：全球正义和公民认同[M].北京：新星出版社，2009：121.

贫富差距拉大。

几乎任何"正义"的概念都和平等联系在一起，平等可分为积极平等和消极平等。消极平等是指政府提供公共服务时无论社会的人处于何种地位、状况，法律都应该一视同仁给予同等的保护。积极平等是指政府在提供公共服务时应该针对处于不同阶层和不同地位、不同状况的公民提供不同的公共服务。社会发展到一定阶段之后，对平等权的保护应该由消极平等向积极平等转化。积极平等包括以下几个原则，一是差异化保护，二是机会均等保护，三是倾斜保护，四是开放性保护。差异化保护是指针对不同的人群给予不同的保护；机会均等保护是指即使社会的人不是处于同一起跑线上，但应该让人人有向上流动的机会，对机会的保护应该平等；倾斜保护是指对弱势群体国家应该从财政和法律等各个层面给予更多的保护；开放性保护是指人人都有权参与政府提供基本公共服务的决策，表达自己的意见。差异化保护和倾斜保护是机会均等保护的保障，开放性保护是以上三个保护原则的基础。当社会发展到更高的阶层时，差异化保护和倾斜保护将会逐渐消失。

社会发展到今天，公共服务应该由消极平等向积极平等转化，而公共服务均等化是平等的具体体现，也应该符合以上四个原则。首先差异化原则，公共服务均等化并不等于平均化，而是一种有条件的平均化，由于社会各个群体对于公共服务的需求并不相同，在资源总量一定的情况下，要使公共服务绝对平等地平均分配到每一个群体完全是不可能的，也是不合理的。因此政府应当先满足处于社会底层的公民的公共服务，这些处于社会底层的人享受公共服务应当是优先的，在满足这些人的公共服务之后，再来提供其他人的公共服务。

差异化保护原则应当建立在正当化的基础之上，因为公共服务的供给是为了追求社会的整体效益，而不是单纯的经济效益。为了保障差异化保护不走向一种极端，就需要倾斜性保护原则，社会发展到今天并没有消除贫富差距和地区发展的不平衡，而且通过上述对公共服务现状的分析，可以得知我国目前的公共服务供给存在严重的不均等。倾斜性保护原则要求政府提供的基本公共服务应该向弱势群体倾斜，从文化、教育、医疗等各个方面向弱势群体倾斜以调节公共服务供给不均的现象，实现社会的公平正义。倾斜性保护原则不能与机会平等保护原则相抵触，倾斜性保护原则是以机会平等原则为基础的，在不损害机会平等原则的基础上实行倾斜性保护，机会平等原则要求政府提供的基本公共服务在面对同一种情况时，应该让社会各个阶层有同等的机会和同等的权利，处于同一的竞争平台上，不能厚此薄彼。

四、公共服务均等化与法治的契合

(一)公共服务均等化是政府的义务

有些学者认为,随着市场经济的发展,公共服务的范围会越来越萎缩,因为公共服务的供给主体在不断扩大,政府不再是公共服务的唯一的供给主体,出现了一种多元化的供给主体。虽然政府已经不是公共服务唯一的供给主体,但是政府的职能和拥有的优势决定了政府是不可替代的公共服务的供给主体,公共服务均等化是政府的义务。

一是政府职能决定了政府有提供公共服务的义务,政府是公共利益的代表,政府是公共组织代表,是一种对社会进行组织管理的公共组织,既没有营利的压力,也不像其他的团体组织代表一种小范围内的群体。政府有向公民提供公共服务的职能和义务。

二是政府提供公共服务有着天然不可替代的优势,政府是唯一的垄断性的暴力机构,政府具有强制性,这种强制表现为征税权和财政权,这使政府提供公共服务有强大财力支撑。政府具有信息优势,在这个信息爆炸的时代,任何人和机构都不可能掌握所有的信息,市场的主体在一定程度上会忽略一些信息,而政府在某种意义上可以尽可能地掌握最大的信息量,从而为其提供公共服务提供便利。政府提供公共服务可以节省交易成本,政府掌握着大量的自然资源和社会资源,可以提高生产效率,减少浪费。

三是公共服务的内在特性需要政府来供给,公共服务涉及大量的基础设施建设,是国家促进经济发展的重要手段。如果公共服务的供给不足或不均,就会影响经济的发展。在这次金融危机当中,国家把大量的财政投入民生建设,提高公共服务的供给,通过这种方式,既解决了民生问题,也促进了经济的增长。从西方的发展路径来看,政府提供的公共服务越来越多,一方面可以从不断发展的社会需求来解释,另一方面可以从政府为维护自身的稳定和促进社会和经济的发展来解释。

(二)公共服务均等化与法治的关系

首先,政府提供公共服务均等化目标的实现离不开法治的保障,公共服务均等化是以公共服务供给为前提的,在公共服务供给中存在着权利义务的关系,涉及的主体包括政府、公民及第三方等。因此在这个过程中,亟须法律来厘清各个主体之间的权利义务关系,政府的权力与义务,公民的权利与义务等。不仅仅需要法律在公共服务供给前界定权利义务,而且还需要法律来保证公共服务在供给的过程能够有效地供给，满足社会的需要，而不至于成为无效率和浪费的代名词。

其次，为了保证政府提供公共服务的行为不出现偏差和均等化的实现，这就需要法律监督政府提供公共服务的行为是否合法，是否合乎均等化的要求。离开法律的监督，可能会使均等化成为部分人的均等化。

最后，在公共服务供给完成后，还需要公民来评价公共服务的质量和数量等，这也需要法律提供有效的机制保证公民能够有效地表达自己对公共服务的意见和建议。如果对其提供的公共服务不满意，还需要补偿和追究责任的制度，可见公共服务供给的一系列环节当中都离不开法律。

公共服务均等化是法治的最终目标之一，公共服务的均等化一直是中国人民所追求的目标，从古代"不患寡而患不均"到"大同世界"，但是由于中国传统社会缺少真正意义的法治环境，没有法律制度来保证均等化的实现。平等是法治的基本属性之一，各个国家的法律都以追求和创造平等的社会环境为己任，我国的宪法和法律也不例外。公共服务均等化正是平等的内容之一，因此也是法治建设的内容，公共服务均等化本身也是法治的价值之一。

第二节　西方主要国家公共服务均等化法治建设的经验

一、规定政府提供公共服务的宪法义务

西方国家在其宪法中规定了政府有提供公共服务的义务。如美国宪法开宗明义地指出制定宪法的目的是提供国内治安、国防、公共福利等公共服务："为建立更完善的联邦，树立正义，保障国内安宁，提供共同防务，促进公共福利，并使我们自己和后代得享自由的幸福，特为美利坚合众国制定本宪法。"德国基本法、意大利宪法及日本宪法则通过对公民基本权利的规定体现政府的公共服务义务，或者在规定公民权利时同时规定政府的义务。例如，日本宪法第 25 条第 1 款规定："全体国民都享有健康和文化的最低限度的生活的权利。"接着在第 2 款规定："国家必须在生活的一切方面为提高和增进社会福利、社会保障以及公共卫生而努力。"意大利宪法第 32 条规定："共和国把健康作为个人的基本权利和社会利益予以保护，保证贫穷者能得到免费医疗。"从根本上保证了公共服务的供给。

二、建立财政均衡的法律体系

西方国家建立了财政均衡的法律体系，通过法律来保障转移财政支付的实

现。如美国通过划分联邦和州的事权，通过补贴财政来转移财政达到财政均衡。德国在《基本法》和《财政平衡法》明确了中央与地方在税收方面的职权，并确立了转移财政制度，保证各个地区的财政均衡，通过这两项制度来实现公共服务的均等化。

三、以竞争促进公共服务均等化

西方国家在竞争中实现公共服务均等化。如日本《公共服务改革法》第三章、第四章和第七章都是关于官民竞标的内容，从各个环节对于公共服务的供给进行了规定。在供给的环节了规定了"官民竞标"和"民间竞标"的方式，不再由政府直接地提供公共服务。如果民间能够提供更好的公共服务，政府可以以委托等方式交给民间来提供公共服务。在竞标和供给的过程中也实施了监督，如第四章规定的公共服务的监督和第七章规定的官民竞标监理委员会。通过这些法律法规保证竞争的公平性，促进公共服务供给的公平和效率。英国的《竞争和服务(公用事业)法》对于各个公共服务项目都制定了具体的服务标准和竞争机制。

四、建立政府提供公共服务的监督机制

西方国家建立了专门的机构来监督政府提供公共服务的行为。如加拿大维亚斯科舍省的《公用事业监管法》设立了公用事业与审查委员会，具体规定了该委员会的权力与责任、公用事业单位的权力与责任、监督程序和运行等。美国佛蒙特州的《公共服务委员会规则》和得克萨斯州的《公用事业规制法案》都设立了委员会用来专门监督政府提供公共服务的行为。除了专门委员会之外，西方国家还针对特定的公共服务领域，出台了专门的监督法律，如美国的《公用事业监管政策》是针对电力零售价格而制定的。

第三节　我国公共服务非均等化现状
——以公共图书馆建设为例

破解我国公共服务非均等化难题的关键在于准确把握公共服务非均等化现实的困境。就目前而言，在现实层面，我国公共服务实现均等化要破解三大"差异性"难题，即公共服务供给的城乡差异、区域差异、人群差异。为了能更好地说明这个问题，下面以公共图书馆公共服务资源在城乡之间、区域之间、人群之间的分布加以讨论。

一、城乡差异

长期以来，城市凭借强大的集聚效应和优势地位在社会资源配置方面优胜于农村，社会资源更多地汇集于城市。尽管近年来城乡二元结构有所松动，但农村在社会资源配置上的弱势地位并没有发生根本性改变，城乡之间的差距仍然较为明显。如表 6-1 所示，以代表城市的省级与地市级和代表乡镇（农村）的县级公共图书馆 2016 年基本情况进行对比，两者在总藏量、书刊文献外借册次等方面基本持平，县级公共图书馆在从业人员总量和专业技术人才总量要高于省级与地市级数量总和（分别达到 1.44 倍和 1.16 倍），但是在正高级职称和副高级职称人数方面与地市级以上图书馆存在较大差距（分别占 24% 和 60%）。在电子图书方面，县级公共图书馆有 3500 多万册，低于地市级以上公共图书馆的 5200 多万册（只占到其总量的 68%）。但在本年新增藏量和本年新增电子图书数量方面，县级公共图书馆要明显高于地市级以上公共图书馆。另外，从 2017 年全国文化事业费分布情况来看（表 6-2），县以上文化单位398.35 亿元，占比 46.5%，比上一年度降低 1.6%；县及县以下文化单位457.45 亿元，占比 53.5%，比上一年度提高 1.6%。

表 6-1　2016 年公共图书馆城乡基本情况比较

基本情况城乡	省级	地市	县级
从业人员/人	7760	15070	32845
专业技术人才/人	6554	11773	21316
正高级职称/人	297	305	143
副高级职称/人	1258	1836	1848
中级职称/人	2823	5531	9628
总藏量/万册	20183.77	24106.08	42237.92
电子图书/万册	6543.92	45979.58	35849.45
本年新增藏量/万册	736.23	1836.37	3574.79
本年新增电子图书/万册	572.56	3651.27	6817.55
书刊文献外借册次/万册次	10944..25	16030.57	27693.23

数据来源：中国文化文物统计年鉴（2017）。

表 6-2　全国文化事业费按城乡和区域分布情况

年份	2015	2016	2017
全国/亿元	682.97	770.69	855.80
总量/亿元　县以上	352.84(51.7%)	371.00(48.1%)	398.35(46.5%)
县及县以下	330.13(48.3%)	399.68(51.9%)	457.45(53.5%)
东部地区	287.87(42.1%)	333.62(43.3%)	381.71(44.6%)
中部地区	164.27(24.1%)	184.80(24.0%)	213.30(24.9%)
西部地区	193.87(28.4%)	218.17(28.3%)	230.70(27.0%)

数据来源：中华人民共和国文化和旅游部 2017 年文化发展统计公报。

二、区域差异

区域发展不平衡必然导致公共服务的不均问题。由于历史、区域、政策、资源禀赋等因素的影响，我国各地区经济发展水平客观上存在差距。而公共服务的区域差异主要体现在公共服务的供给端。2017 年统计数据显示，在人均拥有公共图书馆藏书方面，上海位居第一，人均拥有 3.17 册，遥遥领先其他省份，而排名第二、三位的浙江、北京人均拥有 1 册以上；排名后三位的安徽(与贵州并列)、河北、河南人均拥有 0.3 册左右，不及上海的 1/10。在人均购书费方面，排名第一的上海为 7.684 元，远超全国平均水平，排名第二、第三的北京、浙江也突破了 3.5 元；排名垫底的河南人均购书费仅为 0.456 元，分别占上海、北京的 5.9%、11.1%。在每万人公共图书馆建筑面积方面，超过全国平均水平(103 m²)的省市有 15 个，其中 8 个在东部地区，占东部 11 省市的 72.7%；2 个在中部地区，占中部 8 省市的 12.5%；5 个在西部地区，占西部 12 省市的 41.7%。从表 6-3 不难看出，以上三项指标排名后三位的省市不但远远低于排名靠前的省市，而且与全国平均水平差距较大。此外，从全国文化事业费用区域分布来看(表 6-2)，东部地区比重最高，达到 44.6%，且近三年呈上升趋势；中部地区比重最少，为 24.9%，近三年基本保持平衡；西部地区比重稍高于中部地区，达到 27%，且近三年呈现下降趋势。

表6-3 2016年各地区公共图书馆基本情况人均比较

排名基本情况	人均拥有公共图书馆藏量[①]/(册/件)	公共图书馆人均购书费[②]/元	每万人公共图书馆建筑面积[③]/m²
1	3.17(上海)	7.684(上海)	189.0(浙江)
2	1.25(浙江)	4.091(北京)	183.0(宁夏)
3	1.19(北京)	3.517(浙江)	173.2(上海)
…	…	…	…
27	0.35(安徽、贵州)	0.552(贵州)	64.1(河南)
28	0.31(河北)	0.487(河北)	63.2(河北)
29	0.28(河南)	0.456(河南)	63.1(湖南)

注：数据来源于中国文化文物统计年鉴(2017)。①全国平均值为0.65；②全国平均值为1.562；③全国平均值为103。

三、人群差异

公共服务的人群差异表现为因身份、户籍、年龄、身体状况等因素的差异造成享有公共服务机会的不均等。尽管近年来政府在推进公共服务均等化方面做了许多努力，但是弱势群体在享受公共服务过程中被边缘化的现象仍然十分突出。例如，有些地方政府有意或无意地将农民工、残疾人排除在公共服务体系之外，致使这些群体无法享有与当地居民同等的公共服务。以少儿图书馆为例，我国14周岁以下少年儿童占总人口约1/6，而全国少儿图书馆仅有122个，占全国公共图书馆的3.87%。此外，从专业人员数量、总藏量、本年新增藏量、电子图书数量等指标来看，少儿图书馆所占比重都明显处于低位。除此之外，在馆舍地址、设备更新、服务水平等方面，少儿图书馆的情况也不容乐观。与之对比的是一些发达国家的少儿图书馆在提供服务时更加注重儿童的需求，例如开设专门的儿童阅览区、设计专门针对儿童特点的书架、桌椅等，此外还强调儿童阅读习惯的培养。[①]

表6-4 2016年少儿图书馆与全国公共图书馆基本情况比较

	少儿图书馆	全国公共图书馆	少儿图书馆所占比重/%
机构数/个	122	3153	3.87
从业人员/人	2510	57208	4.39
专业技术人才/人	1877	41098	4.57

---

① 张鹏.我国公共图书馆服务均等化问题与对策研究[J].图书馆工作与研究，2018(S1).

续上表

	少儿图书馆	全国公共图书馆	少儿图书馆所占比重/%
正高级职称/人	50	812	6.16
副高级职称/人	298	5341	5.58
中级职称/人	814	18699	4.35
总藏量/万册	4230.94	90162.74	4.69
电子图书/万册	1539.26	88797.59	1.73
本年新增藏量/万册	340.90	6275.24	5.43
本年新增电子图书/万册	192.87	11043.17	1.75

数据来源：中国文化文物统计年鉴(2017)。

第四节　我国公共服务均等化的法治建设现状

一、公共服务均等化的宪法确认

政府权力的合法性是宪法赋予的，政府的行为不能脱离宪法而存在。《宪法》规定了政府的职能，公共服务是一项最基本的政府职能。《宪法》不但对公共服务的供给做了规定，而且关于国家结构的规定也为公共服务的供给提供了直接依据。

首先，我国《宪法》对政府提供公共服务进行了详细而具体的规定。如《宪法》的第14条是关于社会保障制度的，第19条是关于教育的，第21条是关于医疗卫生和体育的，第22条是关于文化的，这些都是公共服务的具体内容。这些条款规定了政府的义务，即提供公共服务是我国政府的一项义务。

其次，《宪法》设计了灵活的国家体制，使国家能够更好地提供公共服务，《宪法》创造了强大的行政机关，并赋予了行政机关强大行政执行权，让行政机关能够更好履行公共服务供给的义务。如《宪法》第89条规定了中央政府国务院的职能是领导和管理科学、教育、文化和卫生事业等。《宪法》第107条和第119条规定了地方各级政府管理本行政区内的科学、教育、文化和卫生等事业。说明公共服务本身就是政府的职能之一，而且政府必须运用公权力，推行和建设公共服务，以满足社会群体大众的需求。与此同时《宪法》把对政府提供公共服务的监督权赋予人大，人大通过选举政府官员和行使立法权来监督政府提供公共服务的行为，让政府提供公共服务不但合法合理，而且还要有效率。《宪法》还造就了完整的司法系统就政府的违法行为进行审判。在《宪法》对国家权力的合理配置之下，我国政府不但是一个有限的政府，还是一个有效的政府。正是这样一个有限且有效的政府才能够更好地提供均等、优质的公共服务。

第三，中央与地方的关系是我国《宪法》的主要内容之一，公共服务均等化需要正确处理中央与地方的法律关系，推动基本公共服务均等化也是实现中央与地方关系正常化、法律化的重要途径。均等化的实现需要财政的支持，众所周知，我国的现状是中央富、地方穷，这是由我国税制的不合理造成的。据统计我国的地方债务总量超过上万亿，这已经成为影响我国经济正常有序发展和公共服务均等化目标实现的重要因素。这种情况造成各个地方的公共服务水平千差万别。因此我们需要正确对待中央政府与地方政府之间的关系，从法律上厘清中央政府在公共服务供给方面的职责和地方政府在公共服务中的职责。

目前我国中央与地方的关系是中央的权力过重，地方的权力过小。《宪法》第89条规定的中央政府的权力几乎涵盖了方方面面，包括财权、事权、人权和物权等；甚至地方的立法权也来源于中央的授予。虽然《宪法》第3条规定："中央和地方的国家机构职权的划分，遵循在中央的统一领导下，充分发挥地方的主动性、积极性的原则"，但是由于地方政府与中央政府在公共服务供给过程中的职责并不清晰，《宪法》第89条甚至可以成为地方政府推卸责任的借口。如果中央与地方的权限不清，或者是中央的权力过重，都会挫伤地方政府提供公共服务的积极性，或者是地方政府虽然有心提供公共服务，但是由于涉及权力方面的原因也会出现有心无力的状况。因此需要厘清中央政府与地方政府在公共服务均等化供给过程中的职能，把中央政府权力过重的影响降低至最小。因此需要对公共服务进行合理的分类，把属于地方政府的公共服务职能划归地方政府，各个地方对于公共服务的需求往往是不一样的，地方政府也是最了解当地社会需求的供给主体，这些划分都应以事权为基础，合理规划中央与地方的事权。但是地方政府作为一个利益主体，也有自己的利益需要，因此有可能会损害公共服务的供给，这就要求中央加以干预和加强不应由地方政府供给的公共服务，如铁路的建设。

除此之外，我国宪法对于各个省级政府之间关系的界定基本上可以忽略，而目前我国实行的财政转移支付，不是简单的中央向地方转移财政，还包括地方政府之间的财政转移，比如目前实行的援疆、援藏政策。对口援疆即国家以灾区重建的模式来扶持新疆，要求全国19个省市对口支援新疆。各省市需建立起人才、技术、管理、资金等方面援助新疆的有效机制，优先保障和改善民生，并且要下大力气帮助新疆各族群众解决就业、教育、住房等基本问题，同时支持新疆相关特色产业的发展，提高新疆自身的"造血"功能。不仅仅是援疆，还有援藏、发达地区援助西部欠发达地区，还包括现在的长三角合作、珠三角合作等，这些都是地方政府与地方政府之间的关系问题，而我国《宪法》基本上没有涉及地方政府关系的条文，这也成了我国《宪法》的一个空白区。

地方政府关系的正常化和法律化是公共服务均等化的保障和依据。现在各个地方政府之间主要存在三种关系，一种是竞争关系，一种是合作关系，还有一种是非自愿的关系。竞争关系是指各个地方政府之间为了自身经济的发展与别的地区之间的竞争，比如张五常研究认为中国经济的发展是由于县级政府之间的竞争关系而引起的。① 合作关系是指部门地方政府为了共同发展而进行的区域内合作，如长三角地区和珠三角地区都是合作关系。非自愿关系是指由中央政府强制地方政府，或者是由法律法规强制发生的关系。我国的公共服务均等化离不开地方政府的互相支援、互相合作，我国各个地区的经济发展状况不一样，东部地区的经济发达，而中西部地区的经济相比而言落后一些，因此各个地方的财政状况也不一样。这就需要发达地区支持欠发达地区，公共服务均等化应该是整体社会的均等化，而不是某一个地区和某一部分人的均等化。随着经济社会的发展，大量跨地区的公共服务如农民工子女教育问题、公共卫生问题（如全国范围内非典）、社会保障问题（全国范围内的转移）等产生，面对这些跨地区的公共服务问题，单一的地方政府因为财政、技术等因素，并不能有效解决。而中央政府面对这种情况由于信息的不对称，也不能完全有效地解决，还是需要地方政府之间的合作。如果地方政府受地方利益的驱动不加以合作，不但不利于自身经济的发展，还会造成区域内公共服务问题的恶化，有违和谐社会的发展。但是在我国《宪法》当中，对省际关系并没有明确的规定，缺少法律依据，多数的合作都是由中央政府推动的非自愿合作，这些都不利于公共服务均等化的建设。这就需要法律法规对地方政府合作做出规定，使得这种合作成为法律上的一种义务，更加有利于公共服务均等化的建设，公共服务均等化可能会成为推动地方政府关系法治化的重要路径。

综上所述，《宪法》作为根本大法，是政府提供公共服务的法律依据，其规定的国家结构制度也在某种程度上影响了公共服务均等化的建设。《宪法》是规定国家整体与部分、中央与地方关系的根本大法，公共服务均等化建设既是规范中央与地方关系、地方与地方关系正常化、法律化的一个契机，也是推动法治政府建设的一个途径。

---

① 张五常.中国的经济制度[M].北京：中信出版社，2009：141.

二、公共服务均等化的行政法保障

公共服务一直是行政法所关注的内容，政府提供公共服务主要是运用行政权力来实现的，这主要与现代社会的发展有关。以往的行政法并不关注公共服务，认为公共服务是行政管理方面的内容，并不需要行政法来调整。随着社会需求的增多，国家职能日渐增多，公共服务逐渐成为现代行政法调整的内容之一。党的十七大提出了"加快行政管理制度，建设服务型政府"的重要命题，使秩序行政全面转向服务行政。服务行政的提出有既有理论的基础，也有现实的基础。从行政法的角度来说，一方面为了提供公共服务，行政机关必须有必要的权力，另一方面为了维护公民的权利和对公民的权利进行补救，必须对行政机关的权力有所限制。

在行政法上，行政分为秩序行政和服务行政两种形态。"秩序行政指的是国家运用公权力来限制、干涉人民自由权利的行使，以达到维持社会秩序、国家安全和排除人民及社会之危害的目的。"①由此可知，秩序行政关注的焦点是管理，即用行政的手段，管理和维持社会秩序，这是一种管理型的政府。"服务行政，即给付行政，是指通过授益性活动，积极提高、增加国民福利的公行政活动。"②给付行政关注的焦点是服务，即不再把自身看作是一个家长，而是一个提供服务的商家，但这个商家又是一位不以营利为目的的商家，这种政府是一个服务型的政府；它关注的是民众的需求，其根本目的是满足日益发展的民众需求。服务行政是现代市场经济发展的必然要求，一是信息符号的多元化，在这个信息时代，从某种意义上来讲人人都成了信息源，人人都可以发布信息。二是单位由单质发展成为异质，由以前的单一国家所有的经济，发展成为多种经济形态并存的经济体制，让单位由单质发展成为异质。正是这两者的发展，让人们的选择更多了。面对现代信息社会的冲击，服务行政就成了必然的选择。服务行政不仅要求政府不侵犯公民的基本权利，还要对公民的基本诉求做出回应并提供条件保障公民的基本权利。基本公共服务的内在含义就是给予公众最基本的生存权和发展权，均等化是基本公共服务的内在要求之一，服务行政不是服务某个利益共同体，而是服务整个社会的公民，因此这就要求政府提供的基本公共服务应该是一种均等的服务。在权利义务上政府与民众是不对等的，但是在法律上两者的地位在总体上是平等的，从这个意义来讲，政府是公仆，民众是政府提供服务的服务对象，两者是合作的关系。这就要求政府在提

---

① 张树义，蔡乐谓. 回归与重构：服务行政在中国的源起[J]. 政法论坛，2007(2).
② 杨建顺. 日本行政法通论[M]. 北京：中国法制出版社，1998：329.

供基本公共服务时应该放权给民众，民众作为消费者应该有自己选择的权利，对政府提供的基本公共服务有监督和表达自己意见的权利。

西方国家非常重视服务行政，把服务行政视为政府的天职，美国政府于1994年发布了《顾客至上：为美国人民服务的标准》，分专题介绍了政府各个部门的服务标准。服务行政在我国的法律当中也有所体现，我国《宪法》第2条第1款规定："中华人民共和国的一切权力属于人民。"第27条第2款规定："一切国家机关和国家工作人员必须依靠人民的支持，经常保持同人民的密切联系，倾听人民的意见和建议，接受人民的监督，努力为人民服务。"这是服务行政在《宪法》上的具体体现，也是其理论依据。全心全意为人民服务，是我国政府的一切活动的出发点和落脚点。《行政许可法》第6条规定："实施行政许可，应当遵循便民原则，提高办事效率，提供优质服务。"这是服务行政在行政法上的具体体现。

政府在提供基本公共服务时，在侧重服务行政的同时，不能丢掉秩序行政，因为在某些领域，离不开秩序行政中的强制，比如在医改过程当中，出现的各种不正当行为，就需要秩序行政的干预。正是由于理念的转变，要求政府提供的公共服务应该更加注重均等化，这种均等化的公共服务是建立在服务行政的基础之上，它不再关注公共服务数量的多寡，而是把焦点转向公共服务的质量和均等化。

服务行政最终发展成为服务型政府的理论来源和依据。但是我国学者对于服务型政府存在着不同角度的理解，一是从管理学的角度出发认为，服务型政府是指在社会民主秩序的框架内，在公民本位和社会本位的理念指导下，以为公民服务为宗旨，通过灵活多样的服务方式提供高质量和高效率的公共服务并承担服务责任的现代公政府。① 二是从行政学的角度出发，认为应当把以服务行政模式履行政府法定义务作为核心，兼顾服务行政和秩序行政两个领域，塑造一个行政法之下的服务型政府。② 三是从政治学的角度出发，认为"政府职能应当从管制转向服务，公共服务型政府是要求政府作为公共机构应承担为社会和经济发展提供基本的公共物品的职能，要求政府一切从服务社会出发，步入服务的轨道，而不是从包揽社会、直接参与经济建设出发"。③

综上，我们可以发现，无论从哪种角度出发来诠释服务型政府，都把政府提供公共服务作为服务型政府的核心，关键在于如何提供服务，提供怎样的服

---

① 刘星.服务型政府：理论反思与制度创新[M].北京：中国政法大学出版社，2007：41.
② 江必新.行政法学研究如何回应服务型政府的实践[J].现代法学，2009(1).
③ 周洪敬.服务行政——公共行政的新方向[J].党政论丛，2002(3).

务，这是服务型的政府建设最为迫切的问题。按照服务型政府要求，政府应当提供一种均等、优质的公共服务，以促进人的发展和实现社会的和谐发展。如果提供的是不均等的公共服务，就不是建设服务型政府的内涵所在了，也不是一种真正意义上的服务型政府。服务型政府最终要落脚于"服务"，服务应该是一种公共性的服务，即蕴含一种公共利益在其中。公共利益有三个特点，一是不可分性，二是公共性，三是外部效应。正因为公共利益的这三个特点，使社会上每一个成员都应当享有同样的公共服务，公共服务均等化正是基于公共利益的这几个特点而提出来的。从这个意义上来说公共服务均等化是服务型政府追求的目标之一。

三、公共服务均等化法治配套措施建设

党的十九大报告强调，"完善公共服务体系，保障群众基本生活，不断满足人民日益增长的美好生活需要，不断促进社会公平正义，形成有效的社会治理、良好的社会秩序，使人民获得感、幸福感、安全感更加充实、更有保障、更可持续"。为加快建设现代公共服务体系，促进公共服务均等化、普惠化，推动服务型政府建设，保障人民群众充分享有公共服务权益，中央在顶层设计中以推动基本公共服务建设为突破口，围绕新时代提高保障和改善民生水平、推进国家治理体系和治理能力现代化的目标，加强制度设计，完善配套措施建设。

（一）加强基本公共服务均等化规划

2017年3月，国务院印发《"十三五"推进基本公共服务均等化规划》（以下简称《规划》）。① 《规划》指出，基本公共服务均等化是指全体公民都能公平可及地获得大致均等的基本公共服务，其核心是促进机会均等，重点是保障人民群众得到基本公共服务的机会，而不是简单的平均化。推进基本公共服务均等化，是全面建成小康社会的应有之义，对于促进社会公平正义、增进人民福祉、增强全体人民在共建共享发展中的获得感、实现中华民族伟大复兴的中国梦，都具有十分重要的意义。

《规划》强调，要从解决人民群众最关心最直接最现实的利益问题入手，以普惠性、保基本、均等化、可持续为方向，按照"兜住底线、引导预期、统筹资源、促进均等，政府主责、共享发展，完善制度、改革创新"的基本要求，稳步提高均等化水平，全面建立标准体系，巩固健全保障机制，衔接完善制度规范，

---

① 国务院印发《"十三五"推进基本公共服务均等化规划》[EB/OL].（2017-03-11）[2019-01-02].
http://www.gov.cn/xinwen/2017-03/01/content_5172248.htm？gs_ws=tsina_636243042732456966.

力争到 2020 年,基本公共服务体系更加完善,体制机制更加健全,在学有所教、劳有所获、病有所医、老有所养、住有所居等方面持续取得新进展,基本公共服务均等化总体实现。

作为"十三五"时期推进基本公共服务体系建设的综合性、基础性、指导性文件,《规划》明确了制度建设框架,提出了系列政策措施。

一是明确国家基本公共服务制度框架。国家基本公共服务制度以基本公共服务清单为核心,以促进城乡、区域、人群基本公共服务均等化为主线,以各领域重点任务、保障措施为依托,以统筹协调、财力保障、人才建设、多元供给、监督评估等五大实施机制为支撑,是政府保障全民基本生存发展需求的制度性安排。

二是建立基本公共服务清单制。依据现行法律法规和相关政策,确定了公共教育、劳动就业创业、社会保险、医疗卫生、社会服务、住房保障、公共文化体育、残疾人服务等 8 个领域的 81 个服务项目,以及每个项目的具体服务对象、服务指导标准、支出责任、牵头负责单位等,要求在规划期内落实到位,并结合经济社会发展状况,按程序进行动态调整,以此作为政府履行职责和公民享有相应权利的依据。

三是提出四方面保障措施。在促进均等共享方面,要求开展贫困地区脱贫攻坚、重点帮扶特殊困难人群、促进城镇常住人口全覆盖、缩小城乡服务差距、提高区域服务均等化水平、夯实基层服务基础等。在创新服务供给方面,要求加快事业单位分类改革、积极引导社会力量参与、鼓励发展志愿和慈善服务、发展"互联网 +"益民服务等。在强化资源保障方面,要求提升财政保障能力、加强人才队伍建设、加强规划布局和用地保障、建立健全服务标准体系、强化社会信用体系支撑等。在推进规划实施和监督评估方面,明确了国务院各有关部门和省以下各级人民政府的职责,要求加强绩效评价和监督问责。

(二)明确基本公共服务领域共同财政事权范围

2018 年 2 月,国务院办公厅印发《基本公共服务领域中央与地方共同财政事权和支出责任划分改革方案》(以下简称《方案》)。① 《方案》指出,要全面贯彻落实党的十九大精神,以习近平新时代中国特色社会主义思想为指导,紧扣我国社会主要矛盾变化,按照加快建立现代财政制度,建立权责清晰、财力协

---

① 国务院办公厅印发《基本公共服务领域中央与地方共同财政事权和支出责任划分改革方案》[EB/OL].(2018-02-08)[2018-06-02]. http://www.gov.cn/xinwen/2018-02/08/content_5265033.htm.

调、区域均衡的中央和地方财政关系的要求，科学界定中央与地方权责，确定基本公共服务领域共同财政事权范围，加大基本公共服务投入，加快推进基本公共服务均等化，织密扎牢民生保障网，不断满足人民日益增长的美好生活需要。

《方案》提出，要坚持以人民为中心，坚持财政事权划分由中央决定，坚持保障标准合理适度，坚持差别化分担，坚持积极稳妥推进，力争到 2020 年，逐步建立起权责清晰、财力协调、标准合理、保障有力的基本公共服务制度体系和保障机制。

《方案》明确，一是将由中央与地方共同承担支出责任、涉及人民群众基本生活和发展需要的义务教育、学生资助、基本就业服务等基本公共服务事项，列入中央与地方共同财政事权范围。二是制定基本公共服务保障国家基础标准。参照现行财政保障或中央补助标准，制定义务教育公用经费保障、免费提供教科书、中等职业教育国家助学金、城乡居民基本养老保险补助等 9 项基本公共服务保障的国家基础标准。三是规范基本公共服务领域中央与地方共同财政事权的支出责任分担方式，主要实行中央与地方按比例分担。四是在一般性转移支付下设立共同财政事权分类分档转移支付，对共同财政事权基本公共服务事项予以优先保障。

《方案》要求，加快推进省以下支出责任划分改革，明确部门管理职责，加强基本公共服务项目预算管理，推进基本公共服务大数据平台建设，强化监督检查和绩效管理。《方案》自 2019 年 1 月 1 日起实施。

（三）建立健全基本公共服务标准体系

2018 年，中共中央办公厅、国务院办公厅印发了《关于建立健全基本公共服务标准体系的指导意见》（以下简称《指导意见》），并发出通知，要求各地区各部门结合实际认真贯彻落实。

《指导意见》指出，建立健全基本公共服务标准体系，明确中央与地方提供基本公共服务的质量水平和支出责任，以标准化促进基本公共服务均等化、普惠化、便捷化，是新时代提高保障和改善民生水平、推进国家治理体系和治理能力现代化的必然要求，对于不断满足人民日益增长的美好生活需要、不断促进社会公平正义、不断增进全体人民在共建共享发展中的获得感，具有重要意义。

《指导意见》强调，要建立健全基本公共服务标准体系，规范中央与地方支出责任分担方式，推进城乡区域基本公共服务制度统一，促进各地区各部门基本公共服务质量水平有效衔接，以标准化手段优化资源配置、规范服务流程、提升服务质量、明确权责关系、创新治理方式，确保基本公共服务覆盖全民、兜住底线、均等享有，使人民获得感、幸福感、安全感更加充实、更有保障、更可持续。力争到2025年，基本公共服务标准化理念融入政府治理，标准化手段得到普及应用，系统完善、层次分明、衔接配套、科学适用的基本公共服务标准体系全面建立；到2035年，基本公共服务均等化基本实现，现代化水平不断提升。

《指导意见》提出了四个方面的重点任务：一是完善各级各类基本公共服务标准，构建涵盖国家、行业、地方和基层服务机构四个层面的基本公共服务标准体系。二是明确国家基本公共服务质量要求，提出幼有所育、学有所教、劳有所得、病有所医、老有所养、住有所居、弱有所扶以及优军服务保障、文体服务保障等九个方面的具体保障范围和质量要求。三是合理划分基本公共服务支出责任，明确政府在基本公共服务中的兜底职能，明确中央与地方支出责任划分，制定中央与地方共同财政事权基本公共服务保障国家基础标准。四是创新基本公共服务标准实施机制，要求促进标准信息公开共享，开展标准实施监测预警，推动标准水平动态有序调整，加强实施结果反馈利用，推进政府购买公共服务，鼓励开展创新试点示范。

第五节　促进公共服务均等化的法治保障

一、确立公共服务优先的理念

公共服务均等化是政府和公民双方互动的一个结果，而不是单方能够决定的结果，因此在这个过程中既需要政府转变观念，也需要公民转变观念。首先，政府应当树立"服务"的思维，改变以往以"管制"为中心的行政思维观念。以往的政府以管理为主，管制行政强调管理公民，并且在提供公共服务的过程中并不考虑公民的实际需求，是一种以政府为主导的公共服务供给模式。政府这种以"管"为主的行政思维，在特定的历史条件下有其存在的必要性，并且可能发挥了作用，但是随着社会的发展，公民的权利意识增强，管制行政的意识已经不能满足公民和社会对于权利的需求。所以政府应该转变观念，树立公民本位和社会本位的服务行政思维，政府在提供公共服务的过程中应该充分听取公民的意见，并且应当在事后接受公民对于公共服务的评价和监督。其次，公民应该树立一种"消费者"意识。以前公民对于政府提供的公共服务只能当一个被动的接受者，对于政府提供的公共服务数量、质量，以及是否均等都不能提出自己的建议和意见，所以现在应该主动培育公民的"消费者"意识。在公共服务供给的过程中，公民应该把自己作为一个消费者，消费者即顾客对自己享受的服务当然应该有提出建议和评价的权利。受传统文化的影响，中国民众缺少权利意识，缺乏一种为自己权利斗争的意识。权利是在斗争的过程中取得的，所以公民应该树立一种斗争的意识，应当从纳税人的角度出发，认为自己享受公共服务是一种理所当然的事情。

二、建立健全公共服务法律体系

第一，加快"公共服务法"的立法。把公共服务确立为公民的一项基本权利，由于我国《宪法》确立政府提供公共服务并没有具体的操作细节，因此需要通过"公共服务法"确立政府提供公共服务的数量和范围，这样一方面可以保证公民享受到均等的公共服务，另一方面也可以约束政府的行为，保证政府提供的公共服务是均等的。在"公共服务法"中确立政府提供公共服务的方式应为官民竞标。

第二，建立和完善以公共财政为基础的法律体系。公共财政是实现公共服务均等化必不可少的一个环节，也是公共服务均等化实现的前提之一，如果缺少公共财政的支持，公共服务均等化只能是空中楼阁。目前我国公共财政的支出并不均衡，出现了国富民穷的现象，为了保证公民能够享受均等和足够的公共服务，需要通过法律制度来保证公共财政的支出更多地倾向于公共服务。公共服务均等化需要均衡的公共财政支出，而目前我国各个地区的经济发展状况并不均衡，各个地区的财政能力也不相同，这就需要中央政府向地方政府转移财政，或者是改革税收制度，让各个地区的财政均衡和有足够的财力来支撑公共服务均等化的建设，因此需要建立和完善《财政平衡法》《预算法》来保证各个地区的财政平衡。

第三，完善公共服务绩效管理制度。在以往政府提供公共服务的过程中，往往只注重政府是否提供了公共服务，而没有就政府提供公共服务的数量和质量进行评估，绩效管理制度是使政府行为效率最大化的法宝。绩效管理的立法是我国立法中的"软肋"，在发达国家中，很早就出现了对于绩效的立法，如英国的《绩效审计手册》，美国的《美国政府绩效与结果法案》，韩国的《政府绩效评估框架法案》，日本的《政府政策评估法》，都是对政府政策进行评价的立法。这些法律制度从根本上保证了政府提供公共服务的行为符合效率的原则，增加了公民对于政府的信心，增强了政府自身的责任感意识。而我国法律体系中对于政府提供公共服务的行为，在某种意义上只注重刚开始的投入，对于实际的结果有所忽略。因此我们要对政府的行为进行约束，使政府提供公共服务的行为符合效率最大化的原则。使政府更加注重自身的行为，注重投入和产出，以及公平,让公共服务实现均等化,让公民享受更加优质的公共服务。

第四,提供差异化服务。应当通过制定、完善相关的法律制度来保证农村的公共服务达到城市的水平。城乡之间的公共服务不均等已经成为阻碍我国和谐社会建设一大因素,这主要是由我国政府对于农村公共服务的不重视和投入的财政力量过少而造成的。因此需要完善农村公共服务供给的法律制度,通过法律来保证农村公共服务的数量和质量,让政府在财政预算中保证一定的支出来支持农村的公共服务建设,实现城市与农村的同步发展,以及城乡之间的公共服务均等化。

第五,强化政府与公民的互动,加强公共服务的效率公平。从立法过程上来看,应该更加注重与民众的互动,因为基本公共服务关注民众的生存权和发展权,与人民的生活息息相关。在立法中注重公民的参与性,使政府的透明度进一步加强,让公民能够更好地明白自己权利的意义所在,也为后来执法扫除一些障碍。在以往的公共服务中,公民只能被动地接受政府提供的公共服务,并不去关心"公共服务的质量"和"得到怎样的公共服务"。这也是立法上的缺失,现在法律应该转变这种理念,使公民成为公共服务的评价者,让公民能够方便地评价各种各样的公平服务,因此公民应该形成一种"公共服务消费者"意识。

三、完善政府提供公共服务的法律监督机制

监督是公共服务均等化实现过程中的一个重要环节,任何政府行为都不应该离开监督环节。需要从三个方面对政府提供公共服务的行为进行监督。一是内部监督,二是外部监督,三是第三者监督。内部监督是指政府内部对政府提供公共服务的行为进行监督。外部监督是指与政府提供公共服务有直接利益关系的主体对政府提供公共服务的行为进行监督。第三者监督是指除内部监督和外部监督外的第三者力量进行监督,比如新闻、网络等。法律应该从这三个角度来建立健全公共服务监督机制。

责任政府是实现公共服务均等化的前提之一,是实现公共服务均等化必不可少的一个部分,责任政府一方面要求政府为实现公共服务均等化负责,另一方面要求政府以"人"为本位,把公民的利益放在首位。责任政府是法治政府的必然要求,责任政府是依法行政的具体体现。责任政府包括两个方面,一是行政程序,即政府在运用行政权力时,需要通过具体程序实施,而不能任意的行使行政权力。二是司法救济,即如果政府的行为侵犯了公民的权利,需要通过司法来追究政府的责任。

行政程序是指政府的行为需要符合公开、公正和透明原则。政府提供公共

服务的行为应当符合程序的要求，但是政府提供公共服务是不同的利益主体进行博弈的结果，有可能会偏离公开、公正和透明原则的要求，有可能背离公共服务均等化的目标，因此就需要规制政府的行为。

行政程序是规制政府行为和保护公民权利的法宝，现代行政具有一个特点就是政府的各个部门不断趋于臃肿和复杂，但是行政组织本身随着社会的发展，其专业分工也在不断加强。与此同时，依赖于服务行政的公民很难掌握政府各个部门的内部分工和情况。这反映在市民的投诉中往往涉及政府机关内部的不同部门。因此在政府提供公共服务的过程当中，行政法必须对此做出相应的回应。政府提供公共服务的数量繁多，且又要求在不同地区、不同人群之间实行均等化，公民对于这种服务也要进行评价，而行政法具有以国家为本位来管理社会和追求效率的内在属性，这与公共服务追求社会整体效益是相冲突的，由于这些原因，公民不知向哪个具体的部门进行意见反馈，因此需要设立一个专门的行政程序法来回应公民的评价和投诉。行政程序法既可以满足公民的评价需要，也方便了公民，同时限制了政府的权力，节省了政府部门的时间，有利于政府更好地提供公共服务和均等化实现。

第一，建立专门的公共服务委员会，该委员会具有相对的独立性和专业性，可以从各个方面考察和评估政府各个部门提供的公共服务是否符合均等化的要求，是否达到了公民的要求等。不仅仅如此，该委员会的职能还包括接受公民对于政府提供公共服务的建议和要求，并负责答复。

第二，公民对于政府提供的公共服务可以提出自己的建议和意见，政府相关部门应当进行回复，做到事事有回复。为了便于公民提出自己的意见和建议，政府应该提供条件方便公民提出自己的建议和意见，如设立公开电话和电子邮箱等。

第三，提供公共服务的政府部门应该设立新闻发言人制度，及时发布关于公共服务的信息，以便接受舆论媒体的监督。不仅仅如此，还应该充分发挥新兴媒体的作用，如博客、微博等网络工具及时更新信息，回应民众对于政府行为的质疑。

四、尝试建立公共服务公益诉讼制度

公共服务具有公共性的特征，即公共服务主要涉及的是公共利益，传统公法法理甚至将其视为"反射性利益"而不能成为请求权基础。目前，我国的司法救济当中也缺少对于公共利益诉讼的法律。一旦政府的行为侵害公共利益，就面临着缺少法律制裁的结果，因为大家都不具备原告资格。设立公益诉讼法律制度一方面可以保护公民的公共服务权利，另一方面可以监督政府的越权履行行为、不适当履行行为以及不履行行为。

　　一是要在我国的法律中设立公益诉讼法律制度，使我国公民有法律依据可以启动公益诉讼。可以针对公共服务的具体项目比如教育、卫生和社会保障设立专门的法律法规明确公益诉讼制度，使公益诉讼法治化。可以使现有的诉讼机制得到补充，更好地保护公民的权利，减少社会纠纷，促进和谐社会的建设。二是国家应该在诉讼法中完善公益诉讼的主体，让公民可以以无利益关系人作为主体提起诉讼，还应当通过配套的司法解释来保障这些无利益关系人的诉讼主体地位和权利。

第七章　公共服务供给模式的法治保障

第一节　公共服务供给的基本理论

公共服务供给是公共服务领域的重要内容之一，它包括公共服务的规划、生产、提供、评估、监督等环节，其中生产和提供环节应当是公共服务最具决定意义的部分，这两个环节是由一个主体完成还是分属不同主体完成，对公共服务供给主体的权力和责任、权利和义务的设置将产生重要影响。

一、西方公共服务的供给理论

（一）生产和提供合一的供给模式

英国古典经济学家亚当·斯密认为人都是追求个人利益最大化的理性经济人，在经济活动中总是为自己的利益打算，他认为每个人在追求个人利益时也有意无意地促进了公共利益获得最大经济效益，认为最好的政府就是管得最少的政府。亚当·斯密将政府的职能确定为三项即国防、司法、建设公共设施，政府职能的有限性意味着政府公共服务的有限性。西方传统经济学理论，无论是古典经济学还是新古典经济学都不同程度地认为公共服务的供给是政府的责任，市场很难有效提供。由政府负责公共服务的供给，原因在于公共服务的特性使私人投资无利可图或者难以收回成本，从而不愿意投资该领域；再者市场本身存在缺陷，市场不能有效提供公共服务，而公共服务又是一国公民和社会生存和发展所必需的，故政府提供公共服务责无旁贷。实际上从古代到近现代，公共服务一直由政府直接负责生产和提供。20世纪70年代末，西方国家进行公共管理改革，将试图解决公共服务有效供给的目光转向市场，寻求公共服务的非政府供给，尝试由市场等提供公共服务，但改革的结果并未令人满意，公共服务本身的特性使公共服务在政府退出后市场也不能完全有效提供。

上述公共服务无论是由政府供给还是依靠市场供给，公共服务的生产和提供均被看作是一体的，认为公共服务供给职能必然包括生产职能，公共服务的供给主体必然是公共服务的生产主体。在这种认识指导下的公共服务供给必然是生产和提供为一体的，由提供者承担生产任务。

(二)生产和提供相分离的供给模式

公共服务的生产和提供由单一主体同时承担，不断招致非议，为改善公共服务的供给，人们不断探索解决之道。美国经济学家、诺贝尔经济学奖获得者埃莉诺·奥斯特罗姆认为公共事务的解决并不是在市场和政府之间做非此即彼的选择，将其中之一作为公共事务治理唯一途径可能都是错误的。① 埃莉诺·奥斯特罗姆认为公共服务的提供和生产常常是同一的，但两者的同一并不意味着两者必然如此。她提出将公共事务中公共物品的供给过程区分为提供和生产两个环节，不同的环节可以由不同的主体承担完成，也可以由多个主体联合起来共同生产和(或)提供，以达至在公共服务中降低成本、提高供给效率和资源利用最大化的目的。② 将公共服务的供给分解为生产和提供两个环节，公共服务的生产指公共服务从无到有，经过加工获得具体公共物品的过程。经过生产环节我们获得的是公共服务所需的实在物，它为公共服务的提供环节做准备。公共服务的提供是指将公共服务生产环节所获实物交到消费者手中。公共服务可以分解为生产和提供两个环节，本身就意味着不同的过程可以由不同的主体承担。它使人们重新认识公共服务的供给，不再将公共服务的生产和提供相混淆，从而为公共服务供给主体的多元选择提供了理论基础。

二、马克思关于公共物品的供给理论

马克思关于公共物品供给的突出特点是将公共物品的供给放在一定的生产力水平下来考察。马克思在《哥斯达纲领批评》一文中指出，社会总产品在进行个人分配前，首先要扣除满足个人和社会存在和发展需要的部分。在此，马克思将公共物品看作是社会总产品中的一部分，公共物品是个人生存和社会发展所必需的。因此，社会总产品在进行分配前要为个人和社会发展预留所需的公

---

① 埃莉诺·奥斯特罗姆.公共事务的治理之道——集体行动制度的演进[M].余逊达，陈旭东，译.上海：上海译文出版社，2012：30.
② 埃莉诺·奥斯特罗姆.公共事务的治理之道——集体行动制度的演进[M].余逊达，陈旭东，译.上海：上海译文出版社，2012：54－55.

共物品。在马克思看来，公共物品并非因为市场失灵和市场缺陷所致，公共物品的存在源于人类社会的存在和发展。马克思指出公共物品供给方式的选择标准是生产力发展水平决定的一定社会发展水平下的社会共同利益需要。马克思举例说，在当时的西方由于社会生产力发展水平较高，节约用水和共同用水这种社会共同利益需要不仅仅是生存的基本共同需要，而且也是进一步发展的共同需要，并且这部分社会需要是那些私人企业家进一步发展自身企业所必需的共同利益需要，它的社会效益比较集中地体现在这些市场主体身上，因此它适合在这些市场主体之间应用市场方式来解决这部分社会需要的满足问题。而在东方，由于生产力发展水平低、幅员辽阔导致这种社会需要不能产生自愿的联合来满足，使其不适合应用市场的方式来供给，如果等到应用市场的方式来满足这种社会需要，则必然会影响到社会的存在和发展，所以应由政府从社会总产品中直接扣除相应部分来满足。

马克思认为，在生产力发展水平较低时公共物品一般是由政府计划提供，而且在这样的生产力水平下市场没有发育起来，其根本无力组织生产，所以只能由政府负责生产社会所需的公共物品，即这一历史阶段的公共物品的生产和提供都是由政府负责的。当生产力发展到一定程度，市场经济水平较高时，政府可以将部分公共物品交由市场提供，即公共物品供给方式可以是多元化的。马克思并没有直接指出将公共物品供给分解为生产环节和提供环节，但马克思指出了公共物品供给方式选择的标准，相应地，公共物品的生产和提供也可以根据这一标准确定由何者承担。在市场化程度较低时，公共物品供给基本由政府承担，当市场化程度较高时，由市场承担公共物品的主要生产职能，如此可以较好地实现公共服务的目的。

第二节　公共服务供给的主要模式

一、公共服务供给的国家垄断模式

虽然对公共服务的研究始于近代，但公共服务是伴随国家的出现而出现的。在原始社会的部落群体内，所有成员共同劳动，劳动成果由全体成员共同享有，共同防御外部危险，但这些并非公共服务，在没有市场、没有政府的阶段，所有劳动成果在一定范围内分配，只是原始人类在极低的生产力水平下维系生存的一种手段。人类进入奴隶社会和封建社会后，为了维持统治秩序，政府实施征兵戍边、强化社会治安、整饬教育、兴建农田水利设施、制定法律政策等措施。虽然其出发点在于维护统治阶级自身利益，实际上，政府也在向社会提供不同程度的公共服务，履行公共服务职能。相比较而言，在此阶段，由于经济发展水平较低，公共服务的范围较为狭窄，供给方式单一，公共服务由政府提供。

20世纪20年代以前，受自然法和社会契约等理论的影响，人们普遍认为向社会提供公共服务是政府的固有职能，也是人民组成国家的原因之一。英国思想家托马斯·霍布斯在《利维坦》一书中提出了国家的本质，他认为国家的存在就是为了服务于社会成员，即向公民提供公共服务。① 英国的大卫·休谟同样认为，政府是为公共目的而存在。② 英国经济学家亚当·斯密指出了政府有三项职能：国防、司法、建设公共设施。亚当·斯密指出政府的上述职能对于个人生活、国家存在、社会发展不可或缺。但由于对上述事项的投资较大且很难收回成本，故唯利是图的私人或者私人组织不会积极投资。亚当·斯密认为市场这只"看不见的手"会自行调节经济运行，奉行国家最少干预政策，政府充当"守夜人"角色，认为经济活动应尽可能地由市场来完成。同时亚当·斯密也注意到了市场可能失灵，指出公共服务的提供不能指望市场来提供，公共服务只能由政府供给。

20世纪30年代爆发了世界性的经济危机，美国为摆脱经济危机提出实施"新经济政策"，主张国家干预主义，强调经济发展中不但需要"看不见的手"，还要加强国家干预这只"看得见的手"。政府不断扩大公共支出，投资大型工程，兴建公共基础设施。约翰·穆勒曾提出社会事务最好是由私人自愿地去做。然而，政府干预实际上并非无论如何不能超出其固有的适应范围。在某一时期或某一国家的特殊情况下，那些真正关系到全体利益的事情，只要私人不愿意做（而并非不能高效率地做），就应该而且也必须由政府来做。③ 公共服务不但主要由政府提供，而且政府提供的公共服务越来越多，政府被称为"全能型政府"，"提供所谓的'从摇篮到坟墓'式的服务"。④

中世纪以来，西方国家的经济学家对公共服务的研究主要是从市场理论出发，以市场失灵和市场缺陷为基点进行论证。他们大都认为公共物品的非排他性和非竞争性一方面使公共服务的接受方可以免费享用该服务，"搭便车"和"坐享其成"现象将不可避免；另一方面，公共服务的提供者很难向接受公共服务的受益者收费。根据市场经济人假设理论，此时生产者或提供者追求利润最

---

① 托马斯·霍布斯.利维坦[M].黎思复，黎廷弼，译.北京：商务印书馆，1985：131 – 133.

② 大卫·休谟.人性论[M].关文运，译.北京：商务印书馆，1980：568.

③ 约翰·斯图亚特·穆勒.政治经济学原理（下卷）[M].北京：商务印书馆，1991：543.

④ 江必新.行政法学研究应如何回应服务型政府的实践[J].现代法学，2009(1).

大化的目的便会落空，因此市场不会主动向社会提供此类服务，只有政府才能提供，而且政府必须提供。历史上，虽然公共服务范围不断变化，但公共服务基本是由政府供给。

二、公共服务供给的市场主导模式

从20世纪70年代末开始，在全球范围内展开了一场政府改革运动，即重塑政府。这次政府改革运动始于英国。1979年，玛格丽特·撒切尔夫人在英国政府改选中获胜，出任英国首相，撒切尔夫人执政后启动了英国的政治经济改革。在公共服务领域，英国进行公共服务市场化、民营化改革。公共服务民营化的主要措施包括将国有企业私有化，将大量国有企业出售给私人，将公共服务通过制度安排以合同形式承包给私人，倡导和鼓励私人投资公共服务。"撒切尔政府表示民营化无禁区，电力、供水等传统上认为自然垄断行业应由政府直接经营管理的部门，也实行民营化。"①撒切尔政府希望改革达到降低成本、提高服务水平和效率、减少贪腐等目的。

美国政府在20世纪80年代也进行了公共服务市场化改革，强调公共服务更多利用市场和社会力量。美国政府将大量公共服务项目签约外包，比如道路维护、垃圾处理、居民用水、用电等承包给私人，由私人提供。美国在进行公共服务市场化改革的同时，不断精简政府机构，缩小公共服务范围，减少公共服务支出。美国的这次改革将公共服务更多地推向了市场。新西兰、澳大利亚、加拿大等国也开展了与英国、美国相似的改革。英美等国的民营化实际就是一个私有化过程，不断将国有企业甚至是政府部门进行私有化。德国、法国等大陆法系国家也进行了渐进式的民营化改革，其重点集中在国有企业、公共管理部门等方面，以先行政委托后出售的形式对公共事务进行改革。②

纵观20世纪70年代以来西方国家进行的公共服务改革，主要思路可以归结为公共服务的市场化、民营化，主要方法有两个，一是在政府公共服务中引入市场机制，建立服务绩效评估机制，提高政府公共服务部门工作人员的素质，改善公共服务供给水平；二是在公共服务供给中引入私人部门，政府以签约形式把公共服务项目承包给私人部门，部分或者完全由私人部门提供，从而将公共服务推向市场。在这次改革中，有的国家在公共服务市场化、民营化的道路上走得更远，"把任何可能私有化的东西全部实现私有化，从而回归了守

① 敖双红.公共行政民营化法律问题研究[M].北京：法律出版社，2007：117.
② 敖双红.公共行政民营化法律问题研究[M].北京：法律出版社，2007：125.

夜人式的国家,承担一些私人部门不能或者不愿承担的核心职能"①。

三、公共服务供给模式的优劣分析

公共服务的国家垄断供给是由政府承担几乎全部的公共服务。政府提供公共服务的优势体现在以下几个方面:一是可以确定公共服务内容、目标,制定政策、法律,并以国家强制力保证实施;二是解决市场失灵,克服市场的外部效应,对经济发展进行宏观调控,防止企业垄断经营;三是在公共服务中能够兼顾效率和公平,更加注重公平。政府在公共服务供给过程中也有难以克服的弊病:第一,政府的官僚体制虽然可以规范企业垄断,减少交易成本,但同时会增加官僚运行成本;第二,政府很少进行收益和成本分析,往往造成供给效率低下;第三,供给中信息的不对称,使公共服务供给不足或者供给过量,政府和公民之间信息沟通总会存在梗阻,公民的意愿、需求不能完全为公共服务政策制定者所周知,政府往往根据社会的总体情况予以安排,不可能照顾到每个公民,致使政府提供的公共服务和公民需求的错位,造成公共服务资源浪费;第四,政府供给存在寻租现象,根据公共选择理论,政府公务人员仍是个人利益最大化者,其角色的转变并不能克服人的弱点,认为政府是最佳提供者只是某些人的幻想。

市场的竞争机制被认为是最富活力、最具效率的经济运行机制,该机制具有独特功能优势:将变化的市场信息传递给市场经济的参与者,促使生产者和消费者回应市场变化并做出相应安排,平衡供求关系,进行资源配置。在竞争的环境下,市场上的人都是利益最大化者,他们可以根据市场需求和变化有效组织社会产品的生产,他们这一行为可以促进产品质量的供给和经济结构的优化。但市场的逐利性使其对社会公平较少关注,导致分配公平失衡并引发社会问题。由于不存在完全竞争的市场,所以在市场运行过程中,某些资源和价格容易被操控形成垄断,降低资源配置效率,造成资源浪费。

通过对公共服务供给主要模式的分析,我们从中可以获得以下启示:

第一,在公共服务的供给上,政府和市场各有比较优势。在公共服务供给方式的选择上,政府要有所取舍,发挥政府、市场各自的优势,规避劣势,扬长避短,优势互补,最大程度提高公共服务水平,克服人们对公共服务供给方式在政府和市场间非此即彼的选择上的错误认识。

第二,公共服务的市场化、民营化应当是一个渐进的过程,西方国家的民营化路径可以借鉴但不可照搬。为每个公民提供及时、高质量的公共服务是公

---

① 赵成根.新公共管理改革——不断塑造新的平衡[M].北京:北京大学出版社,2007:9.

共服务的目的，这一目的的实现有赖于政府一定财力的支撑。国有企业等一般涉足国计民生领域，它是国家财政收入的重要来源，是国家进行宏观调控的基础，过度的私有化将削弱国家的治理能力和社会控制能力，降低公共服务的质量。西方国家在公共服务民营化过程中招致非议，重要原因就是公共服务质量大大降低。

第三，公共服务的市场化不是政府的完全撤资、淡出。政府应当退出非基本公共服务的生产职能，在某些领域的非基本公共服务甚至可以完全由市场提供。但即使公共服务由市场生产、提供，政府仍要承担或组织、或协调、或监督等责任。政府要鼓励公共服务的非政府主体供给，对后者的生产和提供实施财政补贴、税收减免等措施，给予消费者以财政补贴。对公共服务生产者的生产和提供过程进行引导、监督，保障公共服务的质量，必要时协调组织公共服务的提供。

第三节 公共服务供给模式的法律依据

一、公共服务供给模式的宪法依据

近代宪法的一个重要原则是人民主权原则。在人民主权理论中，人民是国家权力的来源，政府的正当性、合法性来自人民的授权，国家是人民公意的结果。政府应当保护人民的生命、财产等。政府是为人民而存在的，广义而言，政府所履行的所有职能实际上都是服务。几千年来，人类从奴隶社会到封建社会、资本主义社会建立过不计其数的国家，虽然统治阶级是为个人或某一阶级集团的利益而施政，社会契约论长期以来为不同时期的学者所质疑，笔者认为，即使如此，也并不能否定公共服务是随国家的建立、政府的诞生而产生的职能。统治者的建国目的与政府的功能是目的与手段的关系，手段是要为目的服务的，职能的存在并不以统治者或其他人所认识的目的为必要条件。社会契约论、人民主权理论说明了公共服务是政府的天然职能。在近代宪法中，虽然并未具体规定政府应当提供的公共服务项目，但都规定了公民的基本权利和政府的义务和职责，政府应当为公民的生存和发展提供必要的保障，为社会的发展创造条件。如芬兰《宪法》中规定，"人人享有免费的基础教育""不能得到为有尊严生活所必需的财富的那些人有权获得必需的生计和照料"。[1] 西方发达国家宪法都隐含这样一个基本前提，即"政府是一个公共服务组织"，而且政府

---

① 李军鹏. 公共服务学——政府公共服务的理论和实践[M]. 北京：国家行政学院出版社，2007：191.

将财政收入主要用于供给公共服务。①

具体到我国，公共服务是我国政府的一项职能。在我国先后制定的四部《宪法》中均有体现。我国《宪法》明确规定国家的一切权力属于人民，人民通过各级人民代表大会行使权利，人民选举产生国家的权力机关，权力机关要为人民服务。《宪法》第4条到第29条对政府的公共服务义务做出了规定，其中第4条至第18条是关于我国基本经济制度方面的规定，明确了由国家向社会提供制度性的公共服务。《宪法》第19条规定："国家发展社会主义的教育事业，提高全国人民的科学文化水平。国家举办各种学校，普及初等义务教育，发展中等教育、职业教育，并且发展学前教育……"这一条规定了国家对整个社会的教育责任，同时指出，国家以外的社会力量可以依法举办教育事业，但教育事关国家未来、民族兴旺，市场的过度营利会减少受教育的人数，影响整个国民素质的提高和社会的发展，因此由政府提供义务教育，并限制教育的营利性。第21条规定："国家发展医疗卫生事业……开展群众性的卫生活动，保护人民健康。"第22条规定了国家发展文化事业，第25条规定了国家实行计划生育政策，第26条规定了国家保护和改善环境等。《宪法》在规定政府公共服务义务的同时也赋予了公民相应的权利，《宪法》第二章从第33条至第48条规定了公民的劳动权、物质帮助请求权、受教育权等基本权利。我国现行《宪法》关于公共服务的规定表明，获得基本公共服务已是公民宪法上的基本权利，这些基本权利在宪法中以经济、社会等权利的形式出现。《宪法》中公民的基本权利即政府的义务，政府提供相应公共服务即其《宪法》上的义务。从宪法理念和宪法制度安排而言，我国政府自成立起就是服务型政府。

二、公共服务供给模式的行政法依据

我国《宪法》明确规定国家的一切权力属于人民，虽然我国行政法学界就行政法理论基础有"控权论""管理论""平衡论""服务论""控权—平衡论""职责本位论"等多种学说，"但从深层次上讲，行政权的人民本位并不是一个单一的历史范畴的命题，而是一个具有绝对性的命题，就是说只要政府行政系统出现，行政权力的本位就应该站在人民的一边。换言之，政府由人民产生、由人民控制，政府为人民服务、对人民负责"②。作为国家权力（立法权、司法权、行政权）的一种——行政权必然属于人民。人民授权政府行使行政权，政府行

① 陈云良.服务型政府的公共服务义务[J].人民论坛，2010(29).
② 王从虎.我国服务型政府的行政法分析[J].中国行政管理，2007(6).

使行政权必然是服务于人民。党的十六届三中全会把政府职能定位为"经济调节、市场监管、社会管理和公共服务"四个方面，其中的公共服务即对政府行政权服务性质的逻辑定位。

我国的行政法规定了不同层级、不同种类、不同管理领域的各种行政机关的不同具体职责。概括而言，行政机关的一般职责包括维护社会秩序、促进经济文化发展、发展社会保障与社会福利、保护环境等，而维护社会秩序、促进文化发展、发展社会保障与社会福利、保护环境等属于政府的公共服务职能。不同行政机关的有关公共服务的具体职责散见于具体行政法律法规规章中，如《法律援助条例》第2条规定"符合本条例规定的公民，可以依照本条例获得法律咨询、代理、刑事辩护等无偿法律服务"，第3条规定"法律援助是政府的责任，县级以上人民政府应当采取积极措施推动法律援助工作，为法律援助提供财政支持，保障法律援助事业与经济、社会协调发展"。《中华人民共和国行政许可法》第26条规定"行政许可需要行政机关内设的多个机构办理的，该行政机关应当确定一个机构统一受理行政许可申请，统一送达行政许可决定。行政许可依法由地方人民政府两个以上部门分别实施的，本级人民政府可以确定一个部门受理行政许可申请并转告有关部门分别提出意见后统一办理，或者组织有关部门联合办理、集中办理"。《中华人民共和国义务教育法》第2条规定"国家实行九年义务教育制度。义务教育是国家统一实施的所有适龄儿童、少年必须接受的教育，是国家必须予以保障的公益性事业。实施义务教育，不收学费、杂费。国家建立义务教育经费保障机制，保证义务教育制度实施"。《中华人民共和国环境保护法》第1条规定"为保护和改善环境，防治污染和其他公害，保障公众健康，推进生态文明建设，促进经济社会可持续发展，制定本法"，第6条第2款规定"地方各级人民政府应当对本行政区域的环境质量负责"。目前，受传统行政法学影响，我国行政法律法规规章的制定更多围绕国家行政机关、其他国家机关、其他公权力组织等的职权、职责进行，对企业、非政府组织、个人等提供公共服务的权力（权利）义务方面的内容界定较少。

第四节　我国公共服务供给的基本模式

习近平总书记在党的十九大报告中明确指出"中国特色社会主义进入新时代，我国社会主要矛盾已经转化为人民日益增长的美好生活需要和不平衡不充分的发展之间的矛盾"①。进入新时代,人民的需要也发生了时代性变化,人民不仅对物质文化生活提出了更高要求,而且对精神生活、社会制度等方面的需求也日益增长;不但对各种需求的数量明显增加,同时需求的质量显著增强。公共服务供给不足、不均等正是发展不平衡不充分的重要体现。解决公共服务供给不平衡不充分就要进行公共服务的供给侧结构改革,破除公共服务供给中过度强调政府的供给职能,促进、完善公共服务的多元供给和公众参与机制,加强政府、市场、社会组织、公众之间的紧密结合,通过多元主体的共同参与,保障公共服务的有效供给。

一、公共服务的供给方式

研究公共服务的供给方式旨在实现基本公共服务的均等化并提升政府服务的效率,防范市场和政府悖论陷阱。根据公共服务的性质和可经营程度将其进一步划分为非经营性公共服务、准经营性公共服务和经营性公共服务三类。对于非经营性公共服务,由政府规划并直接提供。对于准经营性公共服务和经营性公共服务的投资经营向市场开放、向社会开放,引入竞争机制,实现服务的多元参与。政府负责制定规划、提供资金支持和监管,并承担最后担保责任,以间接方式提供服务。从理论研究来看,美国学者萨瓦斯教授将公共服务的方式划分为 10 种:政府服务、政府出售、政府间协议、合同承包、特许经营、政府补助、凭单制、自由市场、志愿服务以及自我服务。② 我国台湾学者詹镇荣教授将"任务民营化"划分为五大类型:行政委托、业务委托、民间参与公共建设、混合经营、公私合作管制。每种类型中又有细致分类。③ 我国大陆学者陈振明教授将当代各国政府改革与治理中常用的市场化工具归纳为民营化、用者付费、合同外包、特许经营、凭单制、分散决策、放松管制、产权交易、内部市场等。④ 结合国外有益做法和我国各地的实践经验,政府间接提供服务的具体方式至少包括行政委托、政府采购、特许经营以及政府参股公共设施建设的多元投资等(参见表 7 – 1)。

---

① 习近平.决胜全面建成小康社会,夺取新时代中国特色社会主义伟大胜利[M].北京:人民出版社,2017:11.

② 萨瓦斯.民营化与公私部门的伙伴关系[M].周志忍,等译.北京:中国人民大学出版社,2002:69.

③ 詹镇荣.民营化法与管制革新[M].台北:元照出版社,2005:10 – 21.

④ 陈振明.竞争性政府——市场机制与工商管理技术在公共部门管理中的应用[M].北京:中国人民大学出版社,2006:34.

表 7 - 1　公共服务的提供方式

	服务分类	提供方式	
公共服务	非经营性公共服务	直接提供服务	
	准经营性公共服务	间接提供服务	行政委托
			政府购买
	经营性公共服务		特许经营
			政府参股

（一）行政委托

行政委托提供服务的方式是指行政机关在其法定职权范围内委托其他行政机关、社会组织提供服务。例如，对行政委托的基本程序，《湖南省行政程序规定》已有明确规定。湖南省行政委托提供公共服务的程序应遵照适用该规定。

（二）政府购买

政府购买提供服务方式是指行政机关与营利性或非营利性社会组织签订合同，由社会组织对外提供政府服务，行政机关以财政资金支付对价，并对社会组织提供的服务进行监督管理和评估的政府服务提供模式。政府购买公共服务是一种新型的政府提供公共服务方式。其核心是建立契约式服务提供模式而非雇用式服务提供模式。它要求作为购买方的政府和作为被购买方的社会组织之间保持独立性，社会组织独立决策、独立运作、承担责任，政府依据合同进行管理，对绩效进行独立的评估。

目前，国家立法层面仅有 2003 年起实施的《中华人民共和国政府采购法》对政府购买服务做出了规定。但采购服务的范围十分狭窄，对范围广泛的公共服务的采购没有予以明确界定。上海、无锡、宁波等地先后通过地方规范性文件对政府购买公共服务问题加以明确化和细化，其立法和实践活动值得借鉴。

（三）特许经营

特许经营提供服务方式主要适用于经营性公共服务，尤其是公用事业。2006 年 5 月颁布的《湖南省市政公用事业特许经营条例》对此做出了比较详细的规定。政府以特许经营方式提供公共服务应遵照适用该条例。特许经营中包含市场准入规制、价格规制、特许合同规制、质量规制和市场退出规制五个环节。其中，特许经营的市场准入和中途退出的规制问题丛生，亟待立法加强规范。

(四) 政府参股

政府参股包括混合投资公司和项目参股两种类型。前者在权利义务上相对明晰，后者是政府建设公共服务设施的重要途径。行政机关应将具备条件的公共服务设施建设项目，采用工程总承包、工程项目管理方式组织建设。鼓励有投融资能力的工程总承包企业对具备条件的工程项目，根据业主的要求，按照建设—转让(BT)、建设—经营—转让(BOT)、建设—拥有—经营(BOO)、建设—拥有—经营—转让(BOOT)，以及代建制等方式组织实施。

二、促进公共服务的多元供给和公众参与

公共服务的提供要坚持公平与效率兼顾原则。其中，非经营性公共服务注重公平和均等兼顾效率，经营性公共服务和准经营性公共服务侧重效率兼顾公平。为实现效率目标并实现更广泛的公平，公共服务提供应鼓励市场力量、社会力量等多方参与，推动公共服务提供的市场化、社会化。

(一) 公共服务的市场化

行政机关应当积极鼓励和促进具备条件的市场主体以各种方式积极参与有关提供公共服务的投资与经营。开放经营性公共服务市场，清理有关公共服务市场准入法规规章，简化投资管理体制，并通过税费减免、财政转移支付等多种形式实现投资和运营主体的多元化，推动公共服务市场化。

(二) 公共服务提供的社会化

行政机关应引导社会组织、机构健康发展，鼓励和引导社会力量以多种形式参与提供公共服务。鼓励和支持志愿服务活动，引导志愿服务的发展，拓宽志愿服务的范围。各级政府应当设定志愿服务指导机构，负责规划、指导、协调和促进本行政区域内的志愿服务活动，并确定相应单位来承担日常工作。

必须加以明确的是，政府服务的主体始终是政府。无论是市场化还是社会化的服务供给，其形式上是吸纳各类主体参与提供服务，而其实质在于引入竞争提高服务质量和效率，并实现政府与各种社会力量的有效合作。在政府服务的多元供给中始终应贯彻政府主导的原则。政府不仅要承担资金保障责任，还应承担规划设计、选择合作主体、监督服务提供，乃至确保服务效果等一系列责任，政府责任贯穿整个服务过程的始终。政府服务的法治化意在明确政府的上述责任，并通过程序设计使政府有效承担上述责任。同时，无论在怎样的服务模式下，政府服务的全过程均应遵循透明、参与原则，即必须通过信息公开

使公众知情并参与监督,通过公共参与实现有效互动,迅速了解服务需求满足的情况,及时发现公众对服务需求的变化。

三、政务服务方式

政务服务泛指行政机关的基本工作内容。伴随着政府职能转变进程的加快,各级政府部门日益承担起经济调节、市场监管、社会管理等更加多元的工作内容,政务服务的范围相应地不断扩大。就基本政务服务而言,建设服务型政府在此环节应着重解决政务服务的便民问题。政务服务可以划分为日常服务和应急服务两个方面。结合当前的信息化和技术现状,前者的服务平台进一步划分为基本政务服务平台、电子政务平台和电子商务服务平台。在这些方面,各地已进行了积极广泛的探索并制定了较多相关地方政府规章和规范性文件(参见表7-2)。

表7-2 政务服务的提供方式

	分类	基本服务方式	具体服务方式
政务服务	日常服务	服务平台建设	基本政务平台
			电子政务平台
			电子商务服务平台
		服务流程优化	服务流程完善提升
	应急服务	服务平台建设	综合应急服务平台
		服务流程优化	应急服务联动系统

(一)政务服务中心

各级政府应当建立行政服务集中联合办理的政务服务中心。有关行政审批、行政许可及公共服务项目,均应在政务服务中心集中公开、统一办理、限时办结。同时,应将信息服务、信用服务、科技服务等新型政务服务整合进来,积极扩大政务服务中心承载的服务内容。除基本政务服务平台的建设外,行政机关应进一步强化已建立的政务服务中心的内部管理,精简程序、提高效率,将便民高效落到实处。

(二)电子政务平台

电子政务是政务服务的电子化。行政机关应当利用信息与网络技术,将管理和服务集成，向社会提供规范、便捷的电子政务服务。省、市级政府应当建立由政务外网、政务内网和政务门户网站组成的全省统一电子政务顶层网络平台。电子政务平台应整合网站服务事项，集中展现与事项办理流程相关的服务内容，按照"外网受理、内网办理、外网反馈"的模式，开展"一站式"在线办理行政许可事项的网上办事大厅。与此同时，行政机关应当着力建立健全电子政务技术标准实施机制、信息交换机制和安全保障体系。

(三) 电子商务服务平台

随着互联网的飞速发展与普及，电子商务已经成为全球经济的热点组成部分。而发展电子商务的最大掣肘就是围绕诚信的主体身份和产品信息等问题。为电子商务的发展打造政府服务平台是电子商务发展的必然要求和政府服务的新兴内容，深圳等地已率先开展政府服务的实践。为推动这一虚拟经济形态健康发展，政府应努力为其打造服务平台，对交易各方和公众提供主体资格认证、产品信息查询、企业信用等基本服务，打造诚信有序的网络经营环境。

(四) 应急服务平台

目前，湖南省已颁布《湖南省实施〈突发公共卫生事件应急条例〉办法》，制定了森林火灾、突发事件、煤电油气运综合协调、医药储备、突发公共事件、通信保障、林业生物灾害、艾滋病病毒职业防治、防治传染性非典型肺炎等问题的应急预案，以及《湖南省应急救援实施办法》等地方政府规章。但在应对自然灾害、事故灾难、公共卫生事件和社会安全事件等突发事件的综合应急协作体制和服务平台，以及应对分散的公众求助的综合性应急救助联动系统的建设方面仍显不足。对此，应通过立法加以明确。

由于公众的需求以及经济社会环境都在不断发生变化，要求政府应该通过有效方式及时总结经验，应根据实际情况和发展水平积极探索，不断开拓新的服务方式，努力提高服务效能。

第五节　我国公共服务供给模式的法治保障路径

一、以服务性行政原则促进行政法治观念转变

传统行政法学是以控权理论和个人主义为理论基础的，在自由资本主义早期，为防止国家权力扩张造成对个人权利的侵害，将国家职能局限于维护个人自由所必不可少的范围内，强调"管得最少的政府就是最好的政府"，政府仅仅

扮演"守夜人"的角色，政府仅为维护个人自由和保障社会秩序而行使公权力。19世纪末20世纪初，西方国家进入垄断资本主义时期，伴随社会财富的激增，出现了贫富悬殊、社会矛盾激化等一系列问题，为缓解社会矛盾，一些国家开始建立社会保障制度，确立福利国家理念。法国公法学家莱昂·狄骥提出了公共服务概念即公共服务就是政府有义务实施的行为。狄骥认为政府不是权力的来源，政府是行使人民所授权力的机构，政府的权力应当服务于人民，人民组建政府的目的在于通过政府保护自己。在狄骥之后，德国学者厄斯特·福斯多夫提出了给付行政的概念，他指出行政法的任务是积极提供人民所需之公共服务，不应当局限于仅为国防、治安、税收等传统职能，国家应"积极为人民提供'生存照顾'，国家亦不再是夜警，而是各项给付的主体""在行政法学中，负责维持秩序的'粗暴之手'体现为秩序行政，而负责给予的'温柔之手'则体现为服务行政，二者对应存在"①。自由资本主义中早期的政府行政体现为秩序行政，之后服务行政成为政府行政的主流模式。

在我国计划经济时代，政府基本是管制型政府，政府俨然是社会和市场、企业和个人的主宰，行政机关与行政相对人之间主要是管理与被管理的关系，政府以行政计划、行政强制等单方意志和手段来实施行政管理、维持行政秩序。在行政法上的表现是"以行政机关的权力为本位，以秩序行政为中心来构建，其核心内容围绕着行政行为展开，所关注的是国家强制力的直接应用，所强调的是行政机关对公民的管理和公民对行政权力的服从"②。政府行政在很大程度上呈现出的本质特征是秩序行政、管理行政。一直以来，学界把作为行政法调整对象的行政关系主要概括为四类：行政管理关系、行政法制监督关系、行政救济关系、内部行政关系③，对于服务行政在行政法上如何调整较少论述。

党的十二届三中全会提出"实行政企职责分开，正确发挥政府机构管理经济的职能"，党的十三大提出"使政府对企业由直接管理为主转变到间接管理为主"。这一时期，服务型政府建设处于起步阶段，党的十四届三中全会提出"转变政府职能，建立健全宏观经济调控体系"。党的十五大提出"建立办事高效、运转协调、行为规范的行政管理体系，提高为人民服务水平"，党的十六大提出"完善政府的经济调节、市场监管、社会管理和公共服务的职能"。经过一系列探索，党的十六届六中全会提出了"建设服务型政府，强化社会管理和公共服

---

① 江必新. 行政法学研究应如何回应服务型政府的实践[J]. 现代法学，2009(1).

② 莫于川，郭庆珠. 论现代服务行政与服务行政法——以我国服务行政法律体系建构为重点[J]. 法学杂志，2007(2).

③ 姜明安. 行政法与行政诉讼法[M]. 北京：北京大学出版社，高等教育出版社，2005：18.

务职能"的任务，将服务型政府建设作为建设和谐社会的重要举措，厘清了服务型政府建设的内涵、重点及基本内容，服务型政府建设在理论上更加充实。党的十七大提出"加快行政管理体制改革，建设服务型政府"，将服务型政府建设与行政体制改革有机结合起来，注重政府基本公共服务供给能力的提升。党的十八大提出"建设职能科学、结构优化、廉洁高效、人民满意的服务型政府"，进一步将服务型政府建设的内容具体化，服务型政府建设进入全面深化的崭新阶段。党的十八届三中全会提出"使市场在资源配置中起决定性作用和更好发挥政府作用"，明确把服务型政府建设作为国家治理体系和治理能力现代化的重要组成部分。据报道，自党的十八大以来，国务院部门行政审批事项削减了近50%，非行政许可审批彻底终结。党的十九大提出，建设人民满意的服务型政府。自党的十九大以来，各级政府牢牢抓住简政放权这个"牛鼻子"，以全面深化"放管服"改革为引领，加强监管创新，优化政府服务，提高办事效率，加强各类公共服务供给。紧跟党中央、国务院服务型政府建设步伐，各地政府积极推进自身改革，积极运用新的科技手段，推行"互联网＋政务服务"，普遍建立电子政务系统，加强政务信息共享，优化政府服务流程；建立权力清单、责任清单和负面清单制度，明确规范职责权限，把社会反映痛点、堵点、难点作为改进政务服务的重点，简化烦琐手续，降低办事成本。2009 年 4 月，北京市人民政府出台《关于深化改革，转变职能，提高效率，进一步建设服务型政府的意见》。2011 年 5 月 11 日，湖南省人民政府出台《湖南省政府服务规定》，该规定是我国首部把政府服务固定为法律义务的省级政府规章。

行政法学者提出传统行政定位应转变为服务行政。江必新教授认为行政法学应积极回应政府职能的这一转变，并强调应当兼顾服务行政和秩序行政，以服务行政模式履行行政。[①] 袁曙宏教授指出，我国从 20 世纪 70 年代开始进行行政改革，其路径就是从管制型政府到服务型政府，公共服务的特性要求公共服务由政府供给必须从公法上予以明确规定，"公法应当以立体的方式全方位回应公众的合理公共服务需求"[②]。随着我国服务型政府建设的努力推进和服务行政理念的深入人心，行政法学也应当从控权论向服务论转变，政府行政模式由秩序行政向秩序行政和服务行政兼顾转变。

以服务行政原则促行政法治观念的转变，这种转变应当是多方位的转变，既有行政法治理念的转变，也有立法层面和执法层面的转变。服务行政主要依赖于政府及公务人员。我国自开始法治建设以来，有法不依、执法不严、违法不究

---

① 江必新. 行政法学研究应如何回应服务型政府的实践[J]. 现代法学，2009(1).
② 袁曙宏. 服务型政府呼唤公法转型——论通过公法改革优化公共服务[J]. 中国法学，2006(3).

现象屡有发生,法之不彰有立法不科学的原因,更主要的在于人们缺少对于法律制度的内心确认,没有树立法治观念。所以,要开展服务行政,保障公共服务效果,首要是唤醒政府公务人员的道德意识、树立依法为民的行政法治观。

二、依法维护我国公共服务供给的多元模式

考察公共服务供给的实践和基本理论,我们不难发现,公共服务供给没有固定不变的模式,没有完好无缺的选择。公共服务由政府独自生产和提供或者完全由市场生产和提供都难以令人满意,将公共服务的供给分解为生产和提供两个环节,为我们解决公共服务的供给问题提供了思路。可以根据马克思关于生产力发展状况决定公共物品供给方式理论,区分公共服务的生产环节和提供环节,确定公共服务的供给方式,从而发挥不同主体在生产和提供过程中的优势。市场具有资源配置的基础性作用,在成本效益的驱动下,市场可以有效地组织社会产品的生产,它同样可以有效进行公共物品的生产。因此,政府可以根据社会发展需要将非基本公共服务类型的提供交给市场完成,政府从非基本公共服务的直接生产和提供中抽身而出,但在这个过程中需要由政府买单或提供财政补贴的,由政府财政支付。基本公共服务是社会成员生存发展和社会发展所必需的,必须由政府予以直接提供和保障。故政府应将更多财力物力等投入关系国计民生和社会发展等基本公共服务供给,保障公民的生存权和发展权,促进社会的和谐发展。

保障公共服务的有效供给有赖于公共服务供给主体多元化的法治化。公共服务是服务型政府的职能之一,它要求政府主动为公民着想,积极回应公民的服务需求。政府必须强化其服务职能才可能实现上述过程,政府职能的强化可能导致其权力的扩张,而且很多时候公共服务也是以权力的面目出现。霍菲尔德指出:"法律权力与无权力相反,而与法律责任相关⋯⋯责任被定义为'职责'。"①现代法治社会强调权力的法定化,法律应当对权力行使者的职权范围予以明确规定,为其行使权力提供法定依据。在一定意义上,职责对于政府来说就是政府必须履行的义务,否则政府必须承担法律上的不利评价。因此,若使公共服务目的得以良好实现,必须明确政府的职责和义务。权利不但赋予公民为某种行为的可能性,同时它也是国家权力的源泉,国家权力配置和运作的目的和界限。② 保障非政府主体参与公共服务,应相应确定其享有的权利和承担的义务。美国法学家博登海默曾说:"在法律统治的地方,权利的自由行使

① 霍菲尔德.基本法律概念[M].张书友,译.北京:中国法制出版社,2006:69.
② 张文显.二十世纪西方法哲学思潮研究[M].北京:法律出版社,2006:427.

受到了规则的阻碍,这些规则使掌权者受到一定行为方式的约束。"①市场和社会力量如何提供公共服务,在公共服务提供中和政府的关系定位、其权力(职责)等需要以法律形式确定。因此,保障公共服务的有效供给,首要是依法维护公共服务供给多元化主体各自的权力(职责)、职责职能。

三、依法确认和维护我国公共服务供给的基本主体

(一)确立政府公共服务义务

《宪法》规定了"提供公共服务是政府的基本义务,获取基本公共服务是公民的基本权利"。我国现行《宪法》规定了国家发展教育、科学、医疗、文化等事业,我国公民在年老、疾病等情况下有从国家和社会获得物质帮助的权利等。《宪法》中有关于公共服务方面的规定,但对政府的公共服务义务和责任、公民获取公共服务的基本权利的规定不够明确。政府公共服务义务不明确会导致政府工作人员缺少责任意识,推卸本应当由他们提供服务的责任。实践中,某些政府部门将公共服务推向市场为自己减负,产生这一背离公共服务初衷的原因在于法律规定不明,政府公共部门及公务人员公共服务意识薄弱,甚至没有公共服务意识。所以必须将公共服务供给明确规定为政府的义务,才有可能转变整个社会的认识,以促进公共服务供给。

(二)政府内部分权

应当根据我国经济社会发展水平,由全国人民代表大会制定一部关于公共服务的基本法律,在《宪法》关于公共服务的原则性规定的指导下,对公共服务进行具体明确规定。规定政府提供公共服务的范围、对象、数量、标准、提供方式、信息公开、救济途径等服务事项,确定中央政府和地方政府、政府各部门间在公共服务中承担的服务事项、财政投入、绩效管理、责任承担等职责内容。再由地方法规、规章等将公共服务的具体提供进行细分,并合理地分配给相关职能部门。明确对于应当提供的公共服务,职能部门必须依法提供。法律法规等未规定而将来可能需要提供的公共服务,应当以概括性的规定确定相应负责部门,逐步建立健全公共服务法律体系。避免出现应当提供的公共服务而无提供者的现象发生。2011年4月18至4月25日,在东北相继查获40余吨有毒黄豆芽,归责部门涉及工商、质检、农委、公安等部门,但由于职能规定不明确,四部门互相推诿。这一事例提醒我们,公共事务主体规定不明,最终结

---

① 博登海默.法理学:法律哲学与法律方法[M].邓正来,译.北京:中国政法大学出版社,2004:372.

果可能是无人提供公共服务。

（三）政府与国有性质的企业分权

国有企业曾经承担提供公共服务的职能，如今很多关系国计民生重要领域的服务仍由国有企业提供，如铁路、电力、大型基础设施建设等。1992年，中共十四大提出建立现代企业制度，随后对国有企业进行股份制改造，逐渐建立了现代企业制度。国有企业成为自主经营的市场主体，政府不再干涉国有企业的市场经营活动。国有企业的改革并不意味着政府放弃了相关公共服务职能，只是政府提供公共服务的方式有所变化。对原由国有企业提供的公共服务，如果非属基本公共服务范围，则这类国有企业不应被直接赋予公共服务职能，这类企业应当和其他市场主体以同等条件参与政府的公共服务招标项目，不得享有任何特权。如果属于基本公共服务，则原由国有企业提供的公共服务项目，应接受国家安排继续提供，但应当鼓励市场等其他主体的参与。此类国有企业在公共服务的提供方面应当接受政府的指导和监督，但政府不得干涉企业与市场有关的生产经营活动，要尊重企业的经营自主权。国有企业的利税是国家财政收入的重要来源，对国家宏观调控和提供公共服务作用重大，我们主张国有企业的市场化，提高国有企业的竞争力，但反对国有企业的私有化，国有企业的私有化将动摇我国的经济基础，影响公共服务的提供。

四、确认和维护我国公共服务供给辅助主体的法律地位

在依法对政府的公共服务职能进行定位的同时，要确定市场和社会第三方在公共服务方面的参与权。只要符合法律规定，而且符合提供公共服务所需条件的，就应当将市场和社会第三方与政府部门视为平等主体，无差别参与公共服务的提供，政府应当保障这类主体的平等参与权，不得以不正当理由拒绝或者排斥其参与公共服务的提供。此类主体对是否参与公共服务的提供享有自主选择权，政府及职能部门不得强迫指定其参与公共服务的提供。这类主体享有自主经营权，此类主体主要参与公共服务的生产过程，因此其按照市场规律组织生产、参与市场活动不受政府及职能部门的非法干涉，只要他们按照和政府的合同约定或者法律规定将所负责的公共服务交给政府或直接提供给服务接受者即可。市场和社会第三方享有救济权，当其上述权利或者其他在公共服务方面有关的权益受到侵害时有权获得救济。市场和社会第三方在享有相关权利的同时要承担相应的义务，在参与公共服务时必须严格遵守公共服务方面的法律法规等规定，公开服务信息，接受政府职能部门和公民的监督，改进技术，保证服务的质量等。

五、建立健全公共服务供给的行政法救济制度

基于职能定位和现代行政核心职能的转向，政府对于公共服务体制建设及公共服务提供表现出强大的驱动力，积极行政突破"法律保留"原则会时有发生并且会愈来愈多，侵害公民权利的"行政暴力"事件便难以避免。政府是公共服务提供的主要主体，对公共服务的提供有更多的话语权，在政府怠于履行义务时，公民往往束手无策。2002 年至 2003 年，浙江省杭州市余杭区对乡、镇、街道卫生院进行股份制改革，将原由政府和集体开办的 29 所卫生院全部拍卖，共拍得 7584 万元。政府以出卖的方式将基层的基本医疗公共服务这个包袱甩了出去，其结果是加剧了普通百姓看病难、看病贵的难题。7 年后，余杭区政府将当初以作价 7584 万元抛售出去的卫生院又以近 3 个亿的价格收回。政府服务义务复位，但对于决策失误造成的国有资产流失谁来负责？普通百姓在此期间的医疗损失谁承担？目前对此并无救济途径。此外，地方政府将道路修护承包给企业、个人等市场主体，企业、个人等在贷款投资修护后设立收费站收费还贷，超期经营后的收费行为侵害社会公众的利益，因政府之外的其他公共服务提供者提供公共服务侵权而造成损失，社会公众如何维护自身权益？

依靠我国目前行政法中的行政复议、行政诉讼、国家赔偿行政救济制度，很难对公民的公共服务权利进行救济。因公共服务供给主体多元化，应加快公民公共服务救济机制的多元化和公共服务矛盾化解机制的多元化，对公民因政府作为公共服务提供者使其自身遭受损害或有损害之虑时，公民可以行政调解、行政复议、行政诉讼、国家赔偿等途径维护其公共服务之权利；因政府之外的其他公共服务提供者在提供公共服务过程中给公民造成损害的，公民可以向有监督职权的行政机关寻求救济，或者通过人民调解、仲裁、诉讼等途径维护自身权益。建立公共服务的政府监督和非政府监督双轨监督机制，对公共服务供给不足、不均等问题进行受理、收集、要求（建议）整改、反馈，对监督机构或者个人意见建议未做有效回应的，进行行政问责。公共服务的受益对象点多、面广，在公共服务侵害不特定多数人的利益时，公民个人难以维护自身合法权益，建议在行政诉讼中建立公民公共服务权利救济公益诉讼制度，确定此类案件受案范围、诉讼主体资格、举证责任、诉讼时限等内容，支持公民在获取公共服务过程中权益受损时的诉讼权利。

第八章　公共服务评估机制的建构

第一节　建立第三方公共服务评估
机构的必然性和必要性

一、社会呼唤公共服务第三方评估机构的出现

（一）逾越"社会墙"，重建"政府—公众"互动

就"公共服务"的本质而言，它表达的是一种存在于公众与政府间的互动关系：一方面，政府根据公众的需求，提供市场所不能提供的公共产品和服务，并以政策性手段引导公众的"公共服务"消费理念；另一方面，公众通过行为选择、大众舆论向政府提出其所需公共服务，并在政府宣传下，不断审视自己的所获。在这一双向互动中，"公共服务"在不同地域中有不同的内容，但可以与实际供求状况相一致。也正是通过这一过程，政府与公众都能在"公共服务"范畴内做出适时的正确反应。

但处于转型中的中国社会，民众与政府之间的互动并不畅通，这是因种种原因而形成深厚的"社会墙"所致。① 在"社会墙"的阻隔下，相关部门制定的公共服务政策能否真实反映公众意愿，可能要大打问号。对于中国公众，他们一方面希望自己获得政府提供的公共服务，另一方面却对政府的所作所为持怀疑态度。如 CCTV 新闻联播所报道的"77 元廉租房"新闻被网民所诟病，反映出公众在公共服务领域上对政府的复杂而矛盾的心态。可以说此时如果有第三方的介入，帮助公众与政府逾越"社会墙"，则可以重建双方互动，并在互动中重新界定公共服务。但第三方的作用是否仅限于重建"政府—公众"的互动？在

---

① "社会墙"是指社会各个群体和各个角色之间由于互不信任而砌成了一堵堵的"墙"，这些"墙"存在于人们的心底。因为非显性存在，所以没有引起很多人的注意。但人们越来越发现，随着这些"墙"的逐日增高，社会治安问题也在增多。此外，"社会墙"也会使改革所获得物质发展归于无效。

我们看来，建立第三方评估机构还有更深层次的作用。

（二）抑制政府自利性，防止公共服务中的"权力寻租与腐败"

在传统政治学中，政府具有的公共性使它区别于其他组织和个人的自私自利，因此，政府必然是提供公共服务、追求公共利益的机构，而政府及成员则是一心一意为公众谋利而无任何私利的政治人、公共人。在经济学研究中，有学者也认为政府提供的公共产品化解了"囚徒困境"，防止了"公地悲剧"和"搭便车"行为，纠正了负外部性，其提供的制度也具有规模经济，便于被认识等特点。即使在有限权传统的西方国家，政府的公共性优点也曾经使公众放松了其对政府的警惕，任由政府扩张，西方福利国家的兴起即为此例。但也正是随着福利国家陷入困境，人们又重新认识到政府的公共性是有限的，甚至可以说，政府具有自利性。

随着人们对政府自利性认识的加深，公共选择理论发展起来。在西方公共选择理论中，组成政府的是一群追求效用最大化的"经济人"，而政府作为一个整体也有利己需求。正如马克思·韦伯所指："获利的欲望、对营利和金钱的追求，一直存在于所有的人身上，可以说，尘世中的一切国家、一切时代的所有的人，不管其实现这种欲望的客观可能性如何，全都具有这种欲望。"在公共选择理论看来，同样的人在政治领域和经济领域不可能出现人格分裂的特征。政府与官员并不像人们以前所认为的那样，是充满公益心、能够尽心尽力为公众服务的，他们首先追求个人利益和机构利益，然后才能考虑公众利益。政府及其组成人员在这种自利性驱使下，制定的公共政策也具有极强的短视性，最终会导致"公共政策失效"。而在执行公共政策、提供公共服务时，也往往不以高效率和供求关系为准，而是进行低效率的公共服务，导致"预算收入最大化"但"公共服务低效率"的现象。

回到中国，由于转型期经济、政治体制不健全，政府的自利性无法得到很好的抑制，以上可能出现的弊病都已在现实生活中出现。

其一，地方政府为追求经济增长，其制定、执行政策时表达出明显的"GDP增长冲动"。2006年，当环保总局和国家统计局联合发布《中国绿色国民经济核算研究报告2004》时，因核算结果经环境污染平衡使得GDP降低3.05%，当时同意进行"绿色GDP"核算的试点省份都一一要求退出，致使这一"绿色GDP"计划搁浅。仅仅在GDP核算方式上进行了改进就使地方政府知"难"而退，其追求经济增长政绩的狂热情绪可见一斑。具有长远效益的公共服务在政策制定、绩效评估中被地方政府忽视、边缘化也成为可以想象的结果。

其二，为了缓解眼下政府与民众之间的冲突，政府在未周全考虑后果的情况下，出台应景政策。例如，为解决农村地区师资短缺和大学生就业难问题，教育部于 2007 年在四个师范类大学招收免费师范生，这类学生在读期间的学费、生活费全免，只是附加条件为师范生必须在毕业后前 3 年回到生源地的农村学校执教。但在 2010 年底，当这些免费师范生开始进行择业时，却遇到了生源地不愿收、非生源地不敢要的困局。一个在当时颇受欢迎的政策，仅仅三年后就被指责"耽误学生前程""无法解决农村师资问题"，其公共政策的短视性暴露无遗。

其三，在提供公共服务方面，由于监督机制的缺失，公共服务低效率甚至零效率现象屡见不鲜——开发商的城建费已缴齐，但公共道路上的路灯总是不见架起；暴雨时，经常"水漫金山"……种种低效率现象公众已经见怪不怪，并当作日常生活的一部分，心怀怨言地忍受一切。

其四，权力寻租、腐败现象在公共服务领域中也层出不穷——在上海市，住房公积金被挪作炒股本金；在杭州市，因为领导换届，工程重新招投标，刚建一年的新公路马上就被拆重修。官员的私欲之手已经伸进关系到民众日常生活的公共服务领域，而民众却无力阻止。

可以说，公共选择理论所担心的政府自利行为在中国已成为普遍态势。而政府为应对以上问题所设置的内部监督机制效果非常有限，社会吁求独立公正的第三方监督。我们提出的第三方评估机构可以全面、公正地评估政府提供公共服务的能力、质量和效率，同时了解市场提供公共服务的可能，最终限制政府的自利性需求，遏制政府在公共服务领域的短视行为，减少公共服务领域内出现的低效率现象，最大限度降低在公共服务领域中进行权力寻租和腐败的可能性，解决政府自利性所带来的自我监督失效问题。

(三)防止政府扩权，建立服务型的有限政府

第三方评估机构的作用不仅仅限于以上两个层次，它的作用还在于防止政府以提供公共服务为由进行扩权。

一般而言，要求政府提供公共服务就需要政府强化其服务职能，需要政府积极作为。如此一来，政府必定需要更多的职能、权力、资源以提供公共服务，这就很可能导致政府权力再度膨胀。

在西方国家，民众对政府提供公共服务可能造成的扩权具有天然的警惕性。布莱代斯法官曾说："当政府的目的在于行善便民时经验告知我们更应当保有警醒以保护自由。生而为了自由的人，对于抵抗藏有恶意的统治者侵犯其自由的行径，自然具有极高的敏感力。然而，对自由的最大危险，则潜藏在那种热心者的、诱人的但却含有剧毒的行径之中，潜藏在那些善意但却令人无法理解其为何如此之善的行径之中。"可见，西方民众出于其对自由的追求，在任何情况下都对政府扩权抱有警惕心态。

但在中国，情形却完全不同。在全能型政府的治理模式之下，政府无所不能且包办一切，与此相对应，个人和组织对国家严重依附，独立性较少，以至于到今天，盼政府、求政府、靠政府、找政府的心理认知和思维惯性还留存在一般民众当中。[1] 而政府强烈的"包办冲动"，促使其对民众不断做出承诺。民众对政府扩权的警惕心理远远未被培养起来，政府缺位、越位、错位的现象也依然普遍。可以说，在此时要求政府进一步完善其提供的公共服务，权力扩张成为无法避免的问题，这也使得社会对第三方监督的需求越来越高。因为只有第三方评估机构才能独立于政府且具有警惕性，能够对政府应提供、能提供的公共服务进行评估，并公布于众，最终形成公众舆论，对政府可能的扩权行为进行无形的监督，在完善公共服务的同时，达到限权的目的。

综上所述，从重建"政府—公众"互动、抑制政府自利性和防止政府扩权三个层面来看，一个第三方评估机构的出现是必然的。但在已有第三方进行政府绩效评估的情况下，再建立一个仅对"公共服务"评估的中立第三方机构是否有必要？下面我们从"公共服务"评估分立之必要性，以及建立真正中立第三方之必要性两方面回答这一问题。

二、社会需要分立的"公共服务评估"体系

当前国内外公共服务评估的主要形式是政府公共服务绩效评估，且它包含于政府绩效评估中。所谓绩效评估，即运用科学的方法、标准和程序，对公共组织的经济、效率和效益（包括质量和顾客满意度）做尽可能准确的评价。政府绩效评估，是政府自身或社会其他组织通过多种方式对政府的决策和管理行为所产生的政治、经济、文化、环境等短期和长远的影响、效果进行分析、比较、评价和测量。这包括两个方面：一方面是政府"产出"绩效，即政府在提供公共服务和进行社会管理的绩效表现；另一方面是政府"过程"的绩效，即政府在行使职能过程中的绩效表现。可以说，政府绩效评估内容与公共服务评估内容在一定程度上有所重叠。

在西方主要国家的政府服务改革法治化进程中，基本公共服务和绩效管理方面的相关立法一直是重中之重，大多数的立法要么是围绕改善基本公共服务展开，要么是以强化绩效管理促进政府服务水平提高为主旨。

首先，就绩效管理立法而言，它经历了一个随着社会发展而不断完善的过程。在绩效评估兴起较早的英美国家，政府绩效评估经历了五个阶段：1900—1940 年，强调有效率就是好政府；1940—1970 年，强调控制成本的预算；1970—1980 年，强调效率与有效性的管理；1981—1992 年，强调民营化与小政

---

[1] 江必新. 行政法学研究应如何回应服务型政府的实践[J]. 现代法学，2009(1).

府；1992 年至今，倡导政府再造。① 特别是 20 世纪七八十年代，政府绩效评估在英美国家有了蓬勃发展。例如，1973 年，尼克松政府颁布了《联邦政府生产率测定方案》(*The Federal Government Productivity Measurement*)，力图使公共部门绩效评估规范化、系统化、经常化。而美国于 1993 年通过《美国政府绩效与结果法案》(GPRA)，要求联邦政府制定联邦范围内的绩效方案，同时各州还制定本州范围内绩效管理方面的法律。除了直接规定绩效管理问题的法律外，审计、预算等与绩效管理极为密切的法律在西方主要国家的立法中也是极受重视的。1979 年，撒切尔夫人任命雷纳作为其顾问，在推进改革的过程中开展了著名的"雷纳评审"(Rayne Scrutiny Program)。1983 年，英国卫生与社会保证部提出了包含 140 个绩效指标的绩效评估方案。2003 年，英国又颁布实施《绩效审计手册》，使绩效管理方面的法律规定更为具体明确。这些立法使绩效评估成为一项法律制度，使评估更加规范，也促使评估活动有法可依。

其次，就绩效管理而言，注重绩效管理是西方主要国家取得公共服务改革成功的重要经验。以英国和美国为例，英国在梅杰政府时期发起"公民宪章"运动，提出"顾客中心论"，政府以私营部门的管理方法和为"顾客"服务的精神来努力提高公共服务的质量。在绩效评估的方式上，英国的执行机构极为重视对顾客满意度的调查，广泛采用普查、网络反馈、书面调查、问卷反馈、独立机构评估等方式及时监测公众对公共服务的满意度。而美国在 20 世纪 80 年代末就由地方政府率先发起制定政府绩效规划的运动。俄勒冈州于 1989 年成立发展委员会，于 1991 年发布了第一个题为《俄勒冈标杆》的报告。此后，佛罗里达州所任命的 GAP(the Commission for Government Accountability to the People) 委员会于 1996 年发表的报告"包括了 268 个用以记录佛罗里达在 7 个主要领域进展情况的指标，这些领域包括：家庭与社区、安全、学习、健康、经济、环境和政府"②。当下风靡全球的政府再造运动毫无例外地着力于对政府提供公共服务的绩效评估，这已经成为一国善治的重要表征。

在我国，政府绩效评估肇始于 1982 年劳动人事部下发的《关于建立国家行政机关工作人员岗位责任制的通知》。此后，全国均不同程度地建立了岗位责任制，并进一步发展为机关工作目标管理责任制。随后，我国又开展了目标管理责任制绩效评估、地方人大选举和任命干部的考核评估、社会服务承诺制的绩效评估、效能监察的绩效评估和效能建设的绩效评估。进入 20 世纪 90 年代后，全国又开展了以公民满意度为重心的绩效评估，举行"公民评议政府"活

---

① 付含玉. 新时期政府绩效评估体系研究[J]. 求实，2006(2).
② 安瓦·沙. 公共服务提供[M]. 孟华，译. 北京：清华大学出版社，2009：22 - 24.

动。随后，各地逐渐摸索出不同的绩效评估模式，其中较为典型的是甘肃模式、青岛模式、思明模式和珠海模式。

但论及公共服务评估时，国内现在还未出现明确的、单独的公共服务评估体系，只是其内容大致被纳入政府行政绩效评估的范围。有研究指出，在政府绩效评估中，其评估指标已"逐渐从片面的经济指标体系向经济与社会协调发展的指标体系过渡，涉及失业率、社会保障覆盖率、农村新型合作医疗参与等方面的内容"①。显然，政府绩效评估中涵盖了部分公共服务的内容。同时在人事部发布的《中国政府绩效评估研究》中，"公共服务"也被列为二级指标（见表8-1）。② 甚至有些人认为，公共服务评估本质上也从属于行政绩效评估，显然这是对政府向服务型政府转型下服务行政与管制行政的本质没有深刻认识的反映。

表8-1　中国政府绩效评估指标体系

	一级指标	二级指标	三级指标
政府绩效	影响指标	经济	人均GDP、劳动生产率、外来投资占GDP比重
		社会	人均预期寿命、恩格尔系数、平均受教育程度
		人口与环境	环境与生态、非农业人口比重、人口自然增长率
	职能指标	经济调节	GDP增长率、城镇登记失业率、财政收支状况
		市场监管	法规的完善程度、执法状况、企业满意度
		社会管理	贫困人口占总人口比例、刑事案件发案率、生产和交通事故死亡率
		公共服务	基础设施建设、信息公开程度、公民满意度
		国有资产管理	国有企业资产保值增值率、其他国有资产占GDP的比重、国有企业实现利润增长率
	潜力指标	人力资源状况	行政人员本科以上学历者所占比例、领导班子团地建设、人力资源开发战略规划
		廉洁状况	腐败案件涉案人数占行政人员比率、机关工作作风、公民评议状况
		行政效率	行政经费占财政支出的比重、行政人员占总人口的比重、信息管理水平

在我们的研究中，政府服务包括政务服务和公共服务。2002年，党的十六

---

① 陈天祥.政府社会建设绩效评估框架体系探讨[J].中山大学学报(社会科学版),2009(2).

② 管理.观"中国政府绩效评估体系"[J].当代广西,2005(10).

大报告第一次将我国政府职能明确界定为"经济调节、市场监管、社会管理和公共服务"。此后，这一提法成为统一认识，2005 年《国务院工作规则》提出，"国务院及各部门要加快政府职能转变，全面履行经济调节、市场监管、社会管理和公共服务职能"。建设服务型政府或者说政府服务的核心是提供更多好的公共服务，"把公共管理和社会服务放在更加重要的位置"，而我们的研究以及《湖南省政府服务规定》着重要解决的也是公共服务不足、不均的问题。但是"不能把目光仅仅限定在服务行政领域，而应兼顾服务行政和秩序行政这两个领域"①，经济调节、市场监管和社会管理也存在如何以服务的方式进行的问题，"在管理中体现服务"，我们将这一类服务称为政务服务。因此，我们认为政府服务既包括公共服务，也包括政务服务。我国政府服务的结构可以用图 8-1 来表示。

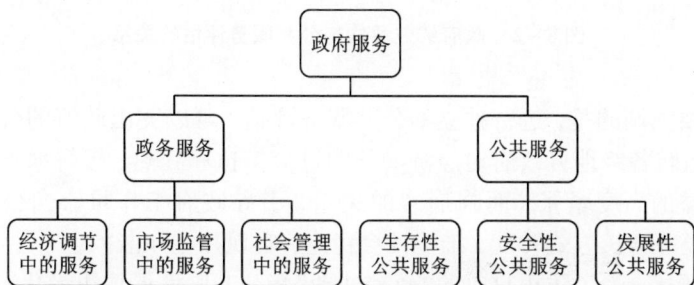

图 8-1 政府服务结构图

如前文所述，由于政府天然的自利性，其必然具有"政绩冲动"和"GDP 增长冲动"。如果将公共服务和政府的其他三项职能混在一起进行绩效考核，出于对政绩的追求，政府、政府评估机构、被评估方必然会突出和注重政府的经济调节、市场监管职能，追求经济增长，而将公共服务评估内容边缘化。即使未被边缘化，政府绩效评估也因其注重"投入—产出"的特点，不能很好地反映公共服务质量和公众对公共服务的评价。湖南省的政府绩效评估也印证了这一点。在湖南省绩效评估委员会下发的《2010 年市州政府绩效评估指标》中，列出了五大类指标，包括"省委省政府重点工程与重点工作""为民办实事""经济发展""社会发展""行政管理与机关效能建设"，并没有专列"公共服务"一项。在与公共服务相关的"为民办实事"和"社会发展"两大项中，也并未凸显出"政

---

① 江必新.行政法学研究应如何回应服务型政府的实践[J].现代法学，2009(1).

府公共服务"的重要性。其中,"社会发展"将公共管理内容与公共服务内容混为一谈,并侧重于公共管理的考察。

同时,由于内容上的差异,公共服务提供主体可以是政府、社会组织和市场。主体上的多样化也使得公共服务评估与政府绩效评估所含内容虽有重叠,但也有无法互相包含之处(图8-2)。

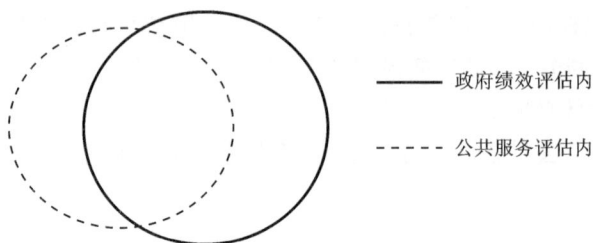

政府绩效评估内
公共服务评估内

图8-2 政府绩效评估与公共服务评估的关系

特别要强调的是,进行独立的公共服务评估,可以突出政府的公共服务职能,强力扭转各级地方政府对经济增长的过分偏执和狂热,缓解地方经济发展与民生权益的高度紧张、面临崩裂的关系,引导政府工作重心向公共服务转移,促进经济增长方式转变,维护社会稳定,实现社会和谐。

综上所述,为了防止政府的"政绩冲动"将公共服务评估边缘化,也为了达到限制政府权力扩张的效果,分立的公共服务评估是必要的。

三、培育真正中立的第三方评估主体

既然单独的、长期性的公共服务评估是必须的,那么选择一个合适的评估主体就成为又一关键问题。上述分析显示,第三方可以成为评估主体的最佳人选。现在社会上有不少成熟的评估机构,为何不选择一个从业经验颇多的评估机构,却选择重新成立评估中心,也成为无法回避的问题。

现行政府绩效评估有三方:受评估方自评为第一方评估;上级主管部门对下级的评估为第二方评估;由民间考核机构组织主导的评估为第三方评估。在我国,进行第三方评估的主体主要有:专业咨询公司,如零点调查公司、麦肯锡咨询公司、华图咨询公司;受政府资助的研究机构,如兰州大学的中国地方政府绩效评估中心。其中,不乏对公共服务进行评估的例子,如零点调查公司从2006年起发布《中国公共服务公众评价指数报告》;华图咨询公司于2011年起发布政府公共服务能力评价报告。

虽然以上所列评估机构都声明自己秉承独立、客观、中立的态度,但其中

缺少真正中立的第三方。现分析如下：

受政府资助的研究机构在成立之初就含有政府意志。如兰州大学的中国地方政府绩效评估中心，最初是受兰州市政府委托进行绩效评估，目标群体为兰州市企业，后评估范围逐渐扩大至公众对政府工作的评价，最终成立绩效评估中心。此类评估机构在进行测量、撰写报告时会出现以下问题：其一，由于受政府资助，其资金运作无法独立，研究机构进行评估时往往顾虑颇多，最终无法(或者说不愿)拿出反映真实情况的报告；其二，由于报告会被委托方用来作为单位年终评估的依据，评估机构为了不影响公务员的个人前途，往往措辞委婉，"一般""中等"等敷衍词汇经常在报告中出现，评估的效果与不进行评估的效果无异；其三，由于没有一个监督机制，受委托方所采用的测量指标、测量模型是否科学有待检验，其中是否掺杂评估者的主观臆断，公众、受评估方不得而知。同时，受政府资助的研究机构所出具的报告往往会遇到政府、公众都不接受的尴尬境地。对政府一方，由于没有相应的回应机制，报告流于形式，公布之日起也就失去其真正价值，成为政府作秀的牺牲品。对公众一方，由于评估机构受政府资助的身份，其也会受到客观性的质疑。因此，不管是从主观还是客观上看，受政府委托、资助的研究机构并不具有中立性。

专业咨询公司由于自身的资金独立，其调查的中立性、客观性有一定保障。但因其自身运作的需要，调查报告大多作为商品出卖，且购买者为企业、政府机构，最终对普通民众形成"信息垄断"，使公众一直处于对公共服务知之甚少的状态。也就是说，专业咨询公司在形式上做到了中立，但其商业性质加深了需求方与供应方间在公共服务方面的信息不对等，造成了实质上的不中立。零点调查公司的《中国公共服务公众评价指数报告》即为此类。因此，由于实质上的不中立性，专业咨询公司的公共服务评估并不能实现真正中立第三方所应达到的"政府—公众"互动效果。

综上所述，受政府委托、资助的评估机构，由于资金无法独立于政府，形式上已失去中立性；而专业咨询公司由于进行了"信息垄断"，实质上的中立性丧失。因此，在政府的服务型转向过程中，所缺少的并不是第三方评估，而是真正中立的第三方评估。可以说，建立一个对公共服务单独评估的真正中立第三方不仅是必要的，也是紧迫的。这也正是评估中心建立的必要性。

四、建立绩效评估体系的意义

从服务型政府研究关注的焦点来看，其核心在于政府履行其法定义务的既有情况将产生哪些影响。而要对这些影响进行较为精确的测定和评估，就必须建立和健全一套行政绩效评估机制。

传统政府的绩效考核与服务型政府的绩效评估的立足点不同。从服务型政府建设的直接目的来看，其在于实现"服务行政"这只"温柔之手"与"秩序行政"这只"粗暴之手"之间的整合、兼容和和谐。显然，如何实现二者的融合需要评估它们在行政行为中的绩效。这包括要实现以利益最大化为主要指标的"客观绩效"与以行政相对人的满意度为主要指标的"主观绩效"之间的融合。

绩效评估并不是衡量政府服务。从推进服务型政府实践可能产生的重大问题来看，其包括可能引发的权力膨胀问题、成本增加问题、资源配置的公平性问题、服务资源的科学和合理使用的问题以及服务效率悖论问题。这些问题的有效化解首先都要求建立一套有效的行政绩效评估机制，力求实现客观绩效与主观绩效的协调与整合。

总之，设定行政绩效评估机制对于服务型政府的建设具有决定性的意义。可以说，没有这种评估机制，服务型政府的优势要么只能停留在纯理念的层面，要么就只能停留在人们的感性层面。通过设定绩效评估机制，不但能够提供科学的行政决策依据，还可以促使人们理性认识并认同服务型政府的建构，进而为服务型政府提供深层的民众和民意基础。

第二节　公共服务绩效评估理论基础

一、公共参与理论

在风险社会视域下，现代社会民主的一个重要表现形式就是公共参与。公共参与作为引入概念，又被翻译为公民参与、公众参与等。作为公民参与公共生活的重要途径，公共参与是指公权力在进行立法、制定公共政策、决定公共事务或进行公共治理时，由权力机构通过开放的途径从公众和利害相关的个人或组织获取信息，听取意见，并通过反馈互动对公共决策和治理行为产生影响的各种行为。它是公众通过直接以与政府或其他公共机构互动的方式决定公共事务的过程。① 公共参与影响政治体系构成、运行方式、运行规则和政策过程的行为，是现代民主政治最主要的特征之一。② 公民参与权的法律属性体现在三个方面：其一，参与权是一项基本权利。其二，参与权的权利主体具有广泛性。任何公民，不分民族、种族、宗教信仰、教育程度，都可以行使参与权，但是，人身自由受到限制或被剥夺政治权利的人，其参与权的行使将受到限制。

---

① 蔡定剑.公众参与风险社会的制度建设[M].北京：法律出版社，2009：5.
② 王浦劬.政治学基础[M].北京：北京大学出版社，1995：207.

其三，参与权的行使必须通过合法途径。国家通过经济、文化和民主法治建设，不断创造各种合法途径，满足公众日益增长的参与公共事务的要求。① 在公共服务提供及管理中，具体表现为：政府相关主体通过允许、鼓励利害关系人和一般社会公众，就立法和决策所涉及的与利益相关或者涉及公共利益的重大问题，以提供信息、表达意见、发表评论、阐述利益诉求等方式参与立法和决策过程，并进而提升行政立法和决策的公正性、正当性和合理性的一系列制度和机制。②

二、顾客满意度理论

市场营销理论与实践领域中的顾客满意度理论，在企业管理的理论研究中一直是热点问题。现在，更是向法学、政治学、管理学的领域扩散。顾客满意度理论发端于 20 世纪 70 年代，最早的研究见诸 Cardozo 的"顾客的投入、期望和满意的实验研究"③。国内外许多学者的核心观点认为，在顾客满意度理论研究中，应确保企业尽力满足顾客的期望，提高顾客满意程度，以便提高经济收益。④ 可以说，顾客满意度(customer satisfaction degree，CSD)是顾客消费后对消费对象和消费过程的一种个性、主观的情感反映，是度量顾客对消费品及消费服务的满意度的指标。其从顾客对产品或服务的质量评价中抽取的潜在变量，是对传统的、具有物理意义的产品或服务的质量评价标准的突破，是人们对质量认识的飞跃，使不同的产品或服务之间具有了质量上的可比性。⑤

三、公共治理理论

公共治理概念受到全球的关注和研究，发端于 1989 年世界银行报告的《南撒哈拉非洲：从危机走向可持续增长》，该报告提出了与治理有关的观点。之后，1992 年世界银行发布年度报告《治理与发展》，系统阐述关于治理的看法；同年，联合国成立"全球治理委员会"并创办《全球治理》杂志，"治理"概念迅速成为政治学、公共管理学、行政学等众多学科探讨的热点，引发了延续至今的研究热潮。⑥ "治理"的基本含义是指在一个既定的范围内运用权威维持秩

---

① 黄学贤，齐建东.试论公民参与权的法律保障[J].甘肃行政学院学报，2009(5).

② 王锡锌.行政过程中公众参与的制度实践[M].北京：中国法制出版社，2008：2.

③ Cardozo R N. An experimental study of customer effort, expectation, and satisfaction [J]. Journal of marketing research, 1965：244–249.

④ 李先国.顾客满意理论及其发展趋势研究综述[J].经济学动态，2010(1).

⑤ 王志兴，李铁治.顾客满意理论综述[J].商场现代化，2009(23).

⑥ 何翔舟，金潇.公共治理理论的发展及其中国定位[J].学术月刊，2014(8).

第八章 公共服务评估机制的建构

205

序，满足公众的需要。治理目的是在各种不同的制度关系中运用权力去引导、控制和规范公民的各种活动，最大限度地增进公共利益。公共治理是指政治管理的过程，它包括政治权威的规范基础、处理政治事务的方式和对公共资源的管理。特别地关注在一个限定的领域内维持社会秩序所需要的权威的作用和对行政权力的运用。公共治理理论的主要内容包括两个方面：其一，治理主体的多样性。公共治理是由多元的公共管理主体组成的公共行动体系，包括政府部门（中央政府、地方政府、其他公共权威等）、非政府部门（私营部门、第三方部门）。所以，治理的主体包括政府，但又不限于政府。其二，主体间具有相互依赖性和互动性。参与公共治理的各个主体，无论其为政府部门还是非政府部门，都无法拥有充足的能力和资源独自解决一切问题，必须相互依赖，进行谈判和交易，在实现共同目标的过程中实现各自的目的。①

第三节　公共服务评估体系的设定

一、公共服务评估原则

探讨设定绩效评估方法的原则要求。这些基本原则包括：其一，效率和公正原则。绩效评估首先就是要实现行政行为对利益最大化的促进，其次还必须考量社会资源的平等分配以及个人发展机会、发展结果的公平和公正。所以，必须在这一原则之下设定一套科学可行的指标体系，否则不仅很难保证考核结果的公正性，还可能会产生错误的导向，影响被考核者的工作积极性。这种评估方法本身要讲究效率，便于主体的操作。其二，信息公开透明原则。政府绩效评估的指标、体系、程序、标准以及结果不仅应当向评估者和被评估者公开，还应当向社会公众公开。其中，作为绩效评估程序内容的评估方式、步骤和过程也要求做到公开透明。其三，公众参与原则。这是人民主权原则和民主原则在政府绩效评估中的体现。行政机关行使行政职权以及行使职权的结果与人民利益密切相关，因此政府绩效评估活动应当允许、鼓励和保障公民参与。其四，利益均衡原则。评估方法及其体系的设定必须综合考量社会的整体利益，达到对各种利益的协调和均衡。总之，这些绩效评估原则就是要促使行政绩效评估做到具体性、可测量性、可实现性、现实性和有时限性的统一。

---

① 滕世华.公共治理理论及其引发的变革[J].国家行政学院学报，2003（1）.

二、公共服务评估指标体系的设定

解决了为什么要建立公共服务评估中心这个前提问题之后，我们必须着力建立一个能够在中立、客观的立场上有效运行的公共服务评估机构。为此，我们要结合《湖南省政府服务规定》的内容和湖南省的实际，划定公共服务评估的范围，提炼评估的指标体系，选取可行的评估方法。

（一）公共服务评估指标体系的设定

想要得到真正客观的数据，进而对公共服务进行有效评估的关键是选择科学、恰当的指标体系。所以，我们必须借鉴中外政府绩效评估的实践经验。

在西方政府绩效评估的晚近历程中，1991 年，英国首相梅杰发起了"公民宪章运动"，提出以顾客满意为导向，不断提高服务质量，满足公民对公共服务的合法需求。政府绩效评价指标体系的研究此时进一步深入，具体表现在：指标内容多元化，即经济、效率、效益、公平成为政府绩效评价的主要内容，同时服务、民主、正义、责任等理念也纳入其中；指标设计方法多样化，即由单纯定性研究转向定性与定量方法相结合，诸多企业管理工具开始引入其中；指标研究成果丰富化，其中有代表性的如英国地方自治绩效委员会根据公民宪章的精神，构建了包括居民应对、住宅供给、垃圾处理、地方环境、教育服务等 17 个领域 280 多个指标的地方自治绩效评价指标体系。美国俄勒冈州政府运用标杆管理法，通过广泛征询地方政府、立法机关、普通市民、商业团体、慈善机构和专家的意见，建立了包括经济、教育、环境、市民参与、社会支持、公共安全、社区发展等 7 个领域共 158 个具体指标的政府绩效评价指标体系。美国全国绩效评估委员会也提出了一套涉及投入、能量、产出、结果、效率和成本效益、生产力等 6 个方面的政府绩效评价指标体系，该体系在实际操作过程中又细分为 150 到 1500 种不等的评估指标。日本于 2002 年 4 月施行了《政府政策评估法》，东京市政策报道室在全面深入调查基础上，筛选出包含 99 个具体指标的东京政策评价指标体系，以指导政府公共服务实践。不仅如此，世界银行、联合国开发计划署在 2001 年也分别提出了与政府公共产品供给相关的指标体系。

根据上述论述和第一部分所述思想，结合湖南省已有实践，我们设计的公共服务评价指标体系见表 8 - 2 至表 8 - 9。

表8-2 环境保护领域评估指标

序号	维度	评估指标
1	投入	政府财政对环境保护投入占 GDP 比重
2		社会投资环境保护占 GDP 比重
3	过程	政府环境保护政策的稳定性
4		政府环境保护政策执行的监督力度
5		社会组织执行环保政策率
6	结果	工业废气排放及处理情况
7		工业废水排放及处理情况
8		工业固体废弃物排放及处理情况
9		森林覆盖率
10		水土流失率
11		土地资源利用率
12		城市空气质量达标率
13		城镇建成区绿地率
14		城镇绿化覆盖增长率
15		城市噪声达标率
16		居民饮用水达标率
17		城市垃圾无害处理率
18		人均耕地面积
19		人均绿地面积
20		自然保护区面积与辖区面积之比

表8-3 基础设施建设领域评估指标

序号	维度	评估指标
1	投入	政府基础设施建设支出占 GDP 的比重
2		财政支持弱势地区基础设施建设的投入
3		社会投资基础设施建设资金数

序号	维度	评估指标
4	过程	政府基础设施建设政策的稳定性
5		政府支持社会进入基础设施建设领域政策的稳定性
6	结果	人均地下排水管道长度
7		人均园林绿化面积
8		城市维护费占 GDP 比重
9		城市人均拥有道路面积
10		城市人均拥有路灯数量
11		城市人均拥有公交路线里程数
12		城市人均公共绿地面积
13		城市每万人拥有公共厕所数
14		每万人拥有水库容量
15		农业气象业务站点
16		地震监测台

表 8-4　水、电、气供给领域评估指标

序号	维度	评估指标
1	投入	政府支持水、电、气供给占 GDP 比重
2		社会投资参与水、电、气供给的比重
3	过程	政府鼓励水、电、气供给民营化政策稳定性
4		社会组织参与水、电、气供给比重
5	结果	水、电、气管道铺设率
6		水、电、气普及率
7		水、电、气供给稳定性
8		水、电、气价格稳定性
9		居民水、电、气支出占人均 GDP 比重

表 8－5　教育发展与教育公平领域评估指标

序号	维度	评估指标
1	投入	政府教育支出占 GDP 比重
2		公共财政对于弱势地区、学校、学生和家庭的支持
3		社会组织设立教育机构的资金量
4	过程	政策的稳定性
5		公平教育政策
6	结果	九年义务教育实现率
7		每百在校学生拥有专任教师数
8		教育硬件数
9		教育公平实现程度(地区、城乡、校际、家庭间)

表 8－6　社会保障领域评估指标

序号	维度	评估指标
1	投入	政府社会保障支出占财政支出比重
2		政府社会保障支出对弱势地区和人群的支持度
3	过程	政策的稳定和连续度
4		弱势群体社会保障政策
5	结果	基本养老保险覆盖率
6		基本医疗保险覆盖率
7		居民最低生活保障覆盖率
8		失业保险覆盖率
9		工伤保险覆盖率
10		弱势群体救助率

表 8－7　医疗卫生领域评估指标

序号	维度	评估指标
1	投入	政府医疗卫生支出占 GDP 的比重
2		财政支持弱势地区医疗卫生的投入

续上表

序号	维度	评估指标
3	过程	政策的稳定性
4		对弱势地区的医疗卫生支持政策
5		突发公共卫生事件应急处理机制建设
6	结果	农村新型合作医疗参与率
7		社区卫生服务人口覆盖率
8		婴儿死亡率
9		人均期望寿命
10		每万人拥有病床数
11		每万人拥有职业医师数

表 8-8　公共安全领域评估指标

序号	维度	评估指标
1	投入	对公共安全的财政支出水平
2		政府在公共安全中人力资源投入水平
3	过程	政府对突发事件应急处理体系建设
4		政府公共安全监管执行力
5	结果	万人发案率
6		刑事案件破案率
7		重大刑事案件破案率
8		群体性事件数
9		万车死亡率
10		万车重伤率
11		万车重大交通事故发生数量
12		食品药品安全指数
13		亿元 GDP 死亡率
14		亿元 GDP 重伤率

表8-9　就业服务领域评估指标

序号	维度	评估指标
1	投入	政府就业与再就业的财政投入
2		就业与再就业政策
3	过程	公共就业服务体系建设
4		促进分配公平政策及执行
5	结果	城镇失业率
6		城镇就业率
7		城镇再就业率
8		农村剩余劳动力转移率
9		残疾人员就业比率
10		年末职业介绍机构

三、公共服务评估方法的选择

(一)方法论前提

设定评估机制的基本方法论前提,包括成本—收益分析方法和框架效应。行政绩效评估要实现客观绩效与主观绩效的结合根源于人性的要求。传统经济学理论认为,利益的最大化是人行为的主要动机,显然,实现对人的利益的最大化的有效维护和促进是行政行为最基本的正当性依据。在这种理论基础上,成本—收益分析法成为最主要的客观绩效评价法。而以2002年诺贝尔经济学奖得主卡尼曼(Daniel Kahneman)和史密斯(Vernon Smith)为代表的行为经济学理论则进一步修正了传统经济学理论中关于人的自利、理性、完全信息、效用最大化和偏好一致等基本假设的不足,提出了"框架效应"和"心账理论",这也论证了在客观绩效基础上实现客观绩效与主观绩效协调的重要性。[1] 所以,本课题将以成本—收益分析法和"框架效应"等作为行政绩效评估的方法论依据,绩效评估的具体方法和指标体系的设定都直接建立在这种方法论基础之上。所以,本部分我们将集中探讨这些方法论的内涵、产生、发展、作用及其对评估

---

[1] 张燕晖.行为经济学和实验经济学的基础:丹尼尔·卡尼曼和弗农·史密斯[J].国外社会科学,2003(1).

机制设定的内在规制。

(二)具体方法

通过比较和甄选，我们认为，可以作为服务型政府绩效评估机制的这些具体方法包括三类。其一，4E 评价法：经济（economy）、效率（efficiency）、效益（effectiveness）、公平（equity）。这种方法要求政府要以长远的眼光对社会发展做出远景规划，指导政府绩效评估。其思想精髓是注重绩效评估战略，核心是建立全面的指标考核体系，做到效率与公平的均衡，这是行政绩效评估的起点。其二，标杆管理法。标杆管理的指标体系比较全面，除了经济层面的指标外，还包括政府提供的公共产品如教育质量的比较评估，政府在公益性活动中所做努力的指标等。这标志着对政府绩效全面评估的开始。其三，层次分析法。其基本思想是把复杂的问题分解为小的组成因素，将这些组成因素按照支配关系分组形成有序的递阶层次结构，根据一定的比率标度，通过两两比较将判断定量化，形成比较判断矩阵并确定层次中诸因素的相对重要性，然后综合确定各方案的排序。其基本步骤可以概括为"分解—判断—综合"。层次分析法主要用于确定考评指标的权重方面。政府绩效考评是一个具有多层次、多指标的复合体系，层次分析法通过构造判断矩阵，先对单层指标进行权重计算，然后再进行层次间的指标总排序，来确定所有指标因素相对于总指标的权重，为确定类似指标体系权重提供了一种很好的解决途径。总之，上述方法是一个互为补充的严密整体，只有充分发挥各自的优点才能达到对行政绩效的科学评估。

第四节　公共服务评估运行机制

一、公共服务评估的组织机构及其运行

(一)组织机构

在建立评估指标体系并选取恰当的评估方法后，构架一个有效运作的评估组织机构也至关重要。为此，我们对公共服务评估中心的组织机构进行如下构架。

评估中心设主任一名，负责本评估中心的总体事务；设副主任两名，分别主管项目筛选拟定、信息收集分析、结果发布反馈和办公室、财务、后勤管理工作。其中，项目筛选拟定部、信息收集分析部、结果发布反馈部中都分设公

共服务供给方专员(以下简称供给方专员)及公共服务需求方专员(以下简称需求方专员)。在结果发布反馈部设同业联络专员,以增加与其他评估机构的信息沟通,完善中心工作(参见图8-3)。

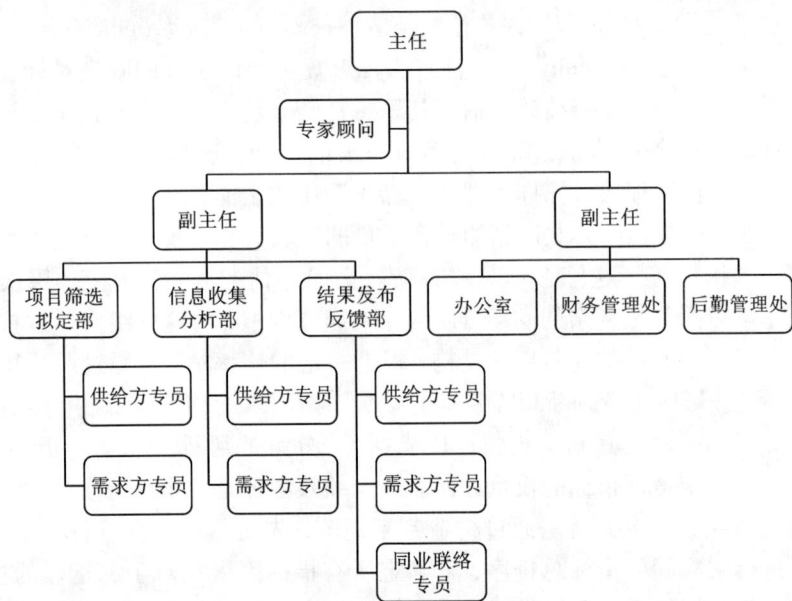

图8-3 公共服务评估中心组织机构

1. 项目筛选

在具体运作中,首先对某阶段公共服务评估的可行性和必要性进行研究论证,筛选出由本中心进行评估的项目,编写评估计划书,设置评估指标。在这过程中,要进行深入的社会调查,了解公众最关心、与公众关系最密切的公共服务问题。

2. 信息收集

项目确定之后,由信息收集分析处按照评估指标体系开展对与该公共服务有关的信息收集工作,如电话访问、问卷调查、实地访问等。信息收集是否真实、准确和全面直接关系到评估结果的客观性和可靠性,因此就需要中心的调查人员接受过科学、严格的调查培训,并保持实事求是和认真负责的态度。

3. 信息分析

在随后进行的信息分析、评估中,信息收集分析部仍负主要责任。在此阶段中,信息收集部的各专员根据已收集数据,分别进行评估,即采用DEA(数据包络分析)对政府、社会组织所提供公共服务进行分析，采用 FCEM(模糊综合评价法)对需求方的感知度、满意度进行分析。最后由信息收集分析部出具评估报告，并根据对各地政府的评估结果编制公共服务排行榜。

在公布之前，报告需呈至主任，由主任组织专家顾问对报告进行再评估，以确保报告所采指标、调查方法、评估模型的正确性。在专家顾问签署意见后，由结果发布反馈部进行公布。

4. 公布评估结果

评估结果和排行榜将被送至政府、提供公共服务的社会组织、公众(特别是受访群体)以及同业评估机构。

为避免"信息垄断"，结果发布反馈部将通过报刊、中心网站向全社会公布报告全文(在这里会涉及国家机密、商业秘密问题，一般来讲，牵涉这两者的信息会加以不公布的说明)。同时，结果发布反馈部要确保受访者对结果的知悉，以这种间接方式提高公众对访问、调查的认同。为改善本中心评估工作，该部还负责收集整理公众对中心评估结果的反馈信息，并对公众提出的问题进行答复。此外，该部还应将评估报告送至各同业评估机构，以促进信息交流和评估技术提升。同时，结果发布反馈部还会为各学术研究机构提供更为详细的原始数据。

财务管理处主要负责本中心的财务工作。后勤管理处主要负责本中心工资、文印、收发、采购等工作。办公室主要负责起草、修改本中心的各项日常工作制度、年度工作计划和年度工作总结、起草有关工作的通知和函件以及人事工作。

(二)运行程序

绩效评估机制如何切实有效运行关涉行政绩效评估的效度。其完整的运行程序内在要求可从如下三个方面着手。

第一，选择和确立绩效评估主体。首先，社会公众应该是主要的政府绩效评估主体；其次，政府部门是最便利的绩效评估主体，政府内部评估是一种最为便捷的绩效评估方法；再次，权威专家和社会专业评估机构是确保评估效度的重要支持；第四，新闻媒体等社会监督形式是绩效评估机制健康运行重要保证。总之，将不同主体吸纳到绩效评估机制中来，形成多层次政府绩效评估体系，促进政府内部绩效评估与社会评估的结合，对政府绩效实施多角度、全方位的评估，以保障绩效评估的公正、客观和有效。

第二，制定绩效评估的实施程序。一是定绩效目标，建构绩效评估指标体系；二是定绩效标准，设计绩效评估指标的权重系数和等级标准；三是促绩效沟通，通过持续不断地收集信息，不断提示行政主体绩效的提高；四是进行绩效考核评价，通过运行绩效考核指标体系定期评估行政绩效；五是绩效评估结果的反馈及改进。经历上述五个过程，就达成了一个行政绩效评估周期。

第三，绩效评估结果的运用。对服务型政府绩效进行评估的目的是促进政府绩效的提高，所以，对政府绩效评估结果的运用必须坚持奖励导向和惩罚相结合的原则。具言之，就是建立与行政人员提拔任用、考核评优、行政奖励、行政问责相结合，以竞争激励为机制的奖惩制度。

二、评估机制的次生问题及其克服

行政绩效评估机制的建立目的在于促进行政行为的高效和公正，但是通过绩效机制来评价行政行为本身也可能带来众多次生问题。这主要体现在：第一，绩效评估机制受制于评估主体与评估对象之间的信息不对称，而且有可能加剧信息不对称的状态，进而加剧行为决策时的不利选择现象。第二，绩效评估机制的完全实施可能导致道德风险的难题。第三，绩效评估机制的实施可能引发行政相对人的逆向选择的难题。高质量的行政服务产品可能因为其"价格"相对昂贵促使人们转而选择质量低劣的同类产品。第四，绩效评估机制自身失效的问题。由于绩效评估建立的最重要的基础是利益最大化的假设，但是在一定阶段，人们会表现出一种绩效敏感度递减的状态，从而引发绩效评估不能有效地通过奖励和惩罚来实现其激励功能的问题。

对这些次生问题的解决可以从以下几个方面进行：第一，解决信息不对称状态不但要求加大政府行政行为的信息公开力度，而且还要加大政府进行不利选择的成本，增加政府有效作为的收益，促使服务行政的合目的性运行。第二，道德风险的存在源于绩效评估者和被评估者都有隐蔽的私人信息和私人行动。克服这种问题必须建立对绩效评估的监督机制，建立政府绩效申诉制度，加强对评估本身的再评估。第三，通过完善实施机制加大对政府提供质优价劣行政服务产品的奖励制度，加大对劣质产品的惩罚力度，通过激励制度解决逆向选择问题。第四，完善绩效考核要素，完善绩效评估的指标体系。力求促使评估者与被评估者建立一种心理契约，进而达成一种促进效率、实现公正的人本文化。

第九章　公共服务保障体系法治建设

　　改革开放四十多年来，社会经济文化飞速发展。人民日益增长的美好生活需要要求构建普惠的公共服务体系，要求政府为公众提供全面且优质的公共服务。要实现这一目标，推动公共服务法治化是关键。公共服务保障体系作为公共服务体系的重要组成部分，其法治化对于公共服务体系建设起着至关重要的作用。公共服务保障体系是指国家通过立法制定关于公共服务的资金、基础设施、科学技术手段等一系列制度的总称。公共服务保障体系的作用在于保障公共服务能够顺利开展、进行，特别是保障公共服务在物质基础及技术手段等方面的需求。公共服务保障体系作为公共服务体系建设的支撑性前提，需要科学设计、合理规划，将制度建设纳入法治的轨道，实现公共服务保障体系的法治建设。公共服务保障体系法治建设，首先要瞄准公共服务资金保障体系的建设，其次要聚焦公共服务基础设施保障体系的建设，最后要谋划公共服务科学技术手段的法制保障。只有制定公共服务保障法律规范，才能保证公共服务保障真正得到贯彻实施。

第一节　公共服务的财政资金保障体系

　　公共服务保障体系法治建设中的重要一环是公共服务资金保障体系的法治建设。公共服务的资金保障体系，是指制定关于国家为发展公共服务事业所必须提供的货币或物资的一系列财政、法律制度。随着市场经济体制的建立，生产建设型财政越来越不适应于我国财政活动的客观规律，政府不能再像计划经济时代那样大包大揽，财政投入竞争性经济领域反而阻碍了市场机制发挥作用，最终浪费财政资源。在 1998 年 12 月 15 日举行的全国财政工作会议上，时任国务院副总理的李岚清同志提出，要"积极创造条件，逐步建立公共财政基本框架"。之后，"十一五"规划、十六届六中全会决议以及十七大报告都明确提出，"要围绕推进基本公共服务均等化和主体功能区建设，完善公共财政体系"。这标志着，我国财政体制已经开始由建设型财政转向注重保障政府公共服务的公共财政。2018 年 2 月，国务院办公厅印发了《基本公共服务领域中央与地方共同财政事权和支出责任划分改革方案》（以下简称《方案》），要求按照加快建立现代财政制度，建立权责清晰、财力协调、区域均衡的中央和地方财政关系的要求，遵循相关法律法规规定，科学界定中央与地方权责，确定基本公共服务领域共同财政事权范围，制定基本公共服务保障国家基础标准，规范中央与地方支出责任分担方式，加大基本公共服务投入，加快推进基本公共服务均等化，织密扎牢民生保障网，不断满足人民日益增长的美好生活需要。从《方案》中可以看出，建构公共服务的资金保障体系，需要完善公共财政体系的法律保障，扩大社会参与和融资渠道的法律保障。①

一、公共财政体制是提高政府服务水平的重要保障

所谓公共财政，是针对计划经济时代"建设型财政"的提法而提出的，它在本质上仍是国家财政，"是一种以国家为主体的经济行为，是政府集中一部分国民收入用于满足公共需要的收支活动"②。之所以在"财政"之前加上"公共"二字，是为了强调财政的公共性，即要求转型后的财政要以满足公共需要为标准。公共财政不是"吃饭财政"，"在改革过程中，减少财政对生产建设领域的投入固然必要，但让财政支出由此退出生产建设领域，甚至以此作为财政支出结构调整的方向，绝不是公共财政建设的实质内容"③。

公共财政以满足公共需求为标准，这要求财政政策向公共服务方面倾斜。这意味着财政将加大对政府服务领域的投入，使更多的资金集中到科技、教育、文化、卫生以及社会保障等公共服务领域。即使部分资金仍然投向经济建设领域，也是为了保障政府增强财政能力，更好地提供公共产品和服务。要保障财政对政府服务领域的投入，就要求协调好各级政府"财权"和"事权"的关系，改变当前的税收征管政策，让地方政府享有更多的税源，提升他们的公共财政能力。公共财政还要求完善现有的转移支付政策，推进税收返还、一般性转移支付、专项转移支付制度建设。这些都将有利于提升政府服务能力，保证"让人民的钱更好地为人民谋利益"。

---

① 社会参与资金保障体系与公共服务供给模式的社会化密切相关，笔者已经在前文做了相关论述，在此只论证公共服务的财政保障制度建设问题。

② 陈共. 财政学 [M]. 5 版. 北京：中国人民大学出版社，2007：25.

③ 高培勇. 公共财政：概念界说与演变脉络 [J]. 经济研究，2008（12）.

另外，公共财政的公共性还体现在"均等化"上。公共财政是为了解决 20 世纪 90 年代以来我国财政困境而提出的，被"借用"于财政改革实践。它描绘的是区别于传统财政的一种新的、更合理的财政体制。一般来说，传统财政除了重点投向生产建设领域外，其重要特点是财政收支活动主要在城市区域内部完成，而广大的农村地区往往很少甚至不被财政所覆盖。此外，正如学者所说，传统财政实质上是"取自家之财，办自家之事"①，这就导致在发达地区财政收入越多，财政支出力度越大，而不发达地区则正好与此相反，形成了财政资源地区配置的不均衡。公共财政正是为了解决传统财政的这些问题而提出的，因此公共财政更注重财政资源的公平配置，以实现政府服务能力得到均等化保障。如果说加大对服务领域的财政投入是从"量"上提高政府公共服务水平，那么注重财政资源在城乡、区域之间的公平配置，则是从"质"上提高，使政府公共服务内部结构更趋合理。

二、现行财政体制制约政府发挥服务职能

自 1998 年提出建立公共财政框架以来，经过 10 多年的努力，公共财政理念已经成为普遍共识，公共财政框架也已基本建立。然而，从构建服务型政府的大背景下看，现行财政体制仍存在诸多不合理因素，制约了政府公共服务职能的发挥。

(一)财政支出结构依然不尽合理

近年来，尽管用于公共服务的各项支出在绝对数量上有所增加，但相比于 GDP 增长来看，我国财政支出结构依然不尽合理。就教育来看，财政性教育占国民生产总值 4.5%～5% 的目标是符合我国经济社会发展水平的，而且 4% 这一目标早在 1993 年的《中国教育改革和发展纲要》中就已经确定。但 2009 年我国财政对教育的总投入仍没有达到 4%，这一目标 17 年来成了空谈。不仅是教育，可以说整个公共产品和服务领域都存在类似的情况。据学者统计，我国公共产品支出占总财政支出的比重 2004 年只有 22.62%，相较于国外的 70%，差距很大。②

(二)预算外资金管理不规范

在分税制财政体制下，预算外资金一直是我国财政收入的主要来源之一，

---

① 高培勇.公共财政:概念界说与演变脉络[J].经济研究,2008(12).
② 安体富.完善公共财政制度逐步实现公共服务均等化[J].东北师大学报(哲学社会科学版),2007(3).

而且呈现逐年增长的趋势(见表9-1)。预算外资金于1993年开始逐步实现规范化管理,如实行以非税收入管理取代预算外资金管理、"收支两条线"管理、以部门预算涵盖预算外资金等制度,但是预算外资金脱离人大监督、收支混乱等诸多弊病仍然存在。

表9-1　预算外资金收入总额及增长速度(1998—2007年)

年份	总收入/亿元	总收入增长速度/%
1998	3082.29	9.1
1999	3385.17	9.8
2000	3826.43	13
2001	4300	12.4
2002	4479	4.2
2003	4566.8	2
2004	4699.18	2.9
2005	5544.16	18
2006	6407.88	36.4
2007	6820.32	6.4

注:从2004年起,预算外资金收入数据,从财政预算外专户收支口径进行反映。数据来源:国研网数据中心。

周天勇教授指出,到目前,政府不收费和罚款的机构没有几个,几乎都成了准税务部门。这些乱收费和乱罚款,许多是冲着个体经营户、微型和中小企业来的,导致大量的个体工商户破产。① 预算外资金不仅没有起到保障政府服务的作用,反而成了损害人民利益的工具。

(三)各级政府间事权与财权划分不清

公共财政体制涉及方方面面,但就保障政府提供公共服务来说,各级政府间事权和财权的划分是最重要的一环。我国的情况是,地方政府在公共服务的提供上充当主力军的角色,但财权越往下走越捉襟见肘。有这样一句话形容我国的财权分配情况:"中国财政运行看起来是中央财政喜气洋洋,省市财政满

———————

① 邓聿文.政府行政和职能改革的八个问题[N].学习时报,2006-02-27.

满当当,县级财政紧紧张张,到了乡镇财政,叫作哭爹喊娘,非常困难。"①中央财政一直占据着全国财政总收入的50%左右(见表9-2)。审计署对中西部地区10省区市49个县(市)的调查表明,到2001年底,这些县累计负债(显性直接负债)163亿元,相当于当年可用财力的2.1倍。至2005年,全国财政困难县达到791个,占县财政总数的48.4%。②

表9-2 1994年以来中央财政收入占全部财政收入比重

年份	全国财政总收入/亿元	中央财政收入/亿元	中央财政收入所占比重/%
1994	5218.1	2906.4	55.7
1995	6242.2	3256.6	52.2
1996	7408.0	3661.1	49.4
1997	8651.1	4226.9	48.7
1998	9876.0	4892.0	49.5
1999	11444.1	5849.2	51.1
2000	13380.1	6986.1	52.2
2001	16371.0	8578.0	52.4
2002	18914.0	10390.0	54.9

资料来源:根据年度预决算报告整理。

(四)转移支付制度尚需完善

我国财政转移支付是分税制改革的产物,它在促进地方经济发展、强化宏观调控等方面发挥了一定作用,但也存在诸多不足之处。一是转移支付形式和项目过多。世界上通行的财政转移支付形式有一般性转移支付和专项转移支付两种,而我国转移支付形式多达六种。同时,专项转移支付项目繁多、规模庞大。据统计,中央对地方的财政转移支付资金,2005年为7733亿元,2006年为9557.2亿元,2007年则达到13991亿元。2005年,中央财政专项转移支付达239项,其金额占转移支付总金额的64%。2006年,使用中央财政专项补助资金支持的项目多达44149个。③ 其中,10万元以下的拨款项目有8825个。第二,转移支付结构不合理。对促进公共服务均等化有重要作用的一般性转移

① 贾康.以扁平化改革作为改造我国现行财政体制的切入点[J].中国金融,2008(8).
② 刘尚希.从县财政困难看现行财政体制的缺陷[N].中国经济时报,2007-11-15.
③ 潘圆.委员吁加快出台《财政转移支付法》遏制"跑部钱进"[N].中国青年报,2008-03-12.

支付,在整个转移支付中仅占10%左右,而支付总量中约有近50%的资金是用于效率优先的,背离了"均等化"目标的初衷。而且税收返还、原体制补助等转移支付形式,包含了原体制中的不合理因素,过多地照顾了各地区既得利益,难以体现中央政府的施政目标。第三,缺乏规范化管理,存在"跑部"要钱的现象。

三、完善公共财政制度,保障政府公共服务供给

(一) 界定政府公共服务资金支出领域,确保支出规范性及保障重点支出领域

1. 政府公共服务支出范围

政府公共服务支出是政府为社会提供公共产品和服务,满足社会共同需要而进行的财政资金的支付。对政府公共服务资金支出进行有效管理,提高资金的支出效率,有必要按照政府公共服务支出涉及领域将其内容进行合理的归纳,对政府公共服务支出进行明确分类。

政府公共服务支出主要有一般公共服务支出、用于公用事业服务的支出、社会公共服务支出、公共安全服务支出、其他应当由政府提供的公共服务支出。

政府公共服务资金支出应关注的重点领域有民生工程、"三农"、社会事业发展的薄弱环节、环境保护。

2. 确保政府公共服务资金支出规范性

要着力解决收入增长有限性和支出需求扩张性的矛盾,将服务资金真正用在"刀刃上",必须按照"单一账户、集中收付,集中审批、统一开户,全程控制、安全完整,依法理财、严格监管"的原则,切实改变"重收入、轻支出,重分配、轻管理,重投入、轻绩效"的观念,进一步健全资金安全管理体制和监督制约机制,增强风险防控能力,切实加强组织保障和人员管理,依法使用资金,确保资金安全完整,进一步提高政府公共服务支出资金的使用效益,克服财政资金损失浪费现象,防止财政违法违规行为发生。

(二) 加强收入管理,税收收入和非税收入的管理并重

着力建设服务型政府,加强公共服务体系建设,需要有坚实的财政收入体系作为资金来源保障。收入管理包括税收收入管理和非税收入管理两类,而且两大类收入管理并重。本研究认为,通过加强收入管理,可以规范有效地筹集税收收入和非税收入,促进政府服务资金持续稳定增长,从而为政府服务提供充足的资金保障。

1. 加强税收收入管理的操作要点

以湖南省为例，加强税收收入管理的基本思路是以税收与经济的内在关系为理论基础，以科学的税收收入预测为出发点，以纳税能力估算为参照，以科学的税收收入计划管理体制为手段，以有效的税源控制和现代税收征收管理体系为依托，以综合考核体系为依据，以调控经济和税收收入最大化为目的，建立一个适合湖南省实际的现代税收收入管理体系。因此，税收收入管理主要包括税收预测管理、税收计划管理、税源监控管理、税收收入预警管理和税收分析管理等内容。

2. 加强非税收入管理的操作要点

应根据非税收入的特点，从征收管理、分成管理、资金管理、监督检查等环节加强政府非税收入管理：应当在依法筹集的基础上，努力挖掘收入潜力，实行分类规范管理；合理确定政府非税收入分成比例，完善政府非税收入分成管理政策；按照深化"收支两条线"管理改革和财政国库管理制度改革的要求，深化政府非税收入收缴管理改革；加强政府非税收入票据管理，政府非税收入分步纳入财政预算，实行"收支两条线"管理，强化政府非税收入预算管理；健全政府非税收入监督检查机制，提高政府非税收入管理效率。

(三)完善财政转移支付制度，理顺省以下财政管理体制

完善这一制度需从以下几个方面着力：第一，合理安排转移资金。主要是加大一般性转移支付力度，减少专项转移支付。第二，要构建纵横交错的转移模式，同时减少具体的转移形式。第三，要明确转移支付的范围和规模。哪些事项应列入转移支付范畴，哪些应由各级财政自行筹集应当明确。

省以下各级政府是实现政府服务最直接的主体，理顺省以下财政管理体制，增强基层政府财政能力，对于保障政府服务能力意义重大。首先，要在财政管理级次上大胆探索，"有条件的地方可实行省级直接对县的财政体制"。不具备条件实行省管县财政管理体制的地区，应研究将省对下的转移支付测算到县，并采取必要的措施加以保障，保证县级财政正常运转。其次，要建立健全与事权相匹配的财税体制，明确划分省以下政府间财政支出责任。

(四)增强财政透明度，建立政府服务财政保障评估制度

应当加强财政透明度，切实贯彻落实《政府信息公开条例》的要求，为社会公众了解财政运行状况提供必要条件。此外，政府也应主动吸收社会公众力量参与财政监督。可以探索建立政府服务财政保障评估制度，吸收财政学、会计学、统计学、政府管理及法律等方面的专家组成公共服务财政保障评估委员

会,对各级政府公共服务财政能力及实施状况进行评估。对于评估结果,相关部门应予以重视,将其作为制定、修改公共服务专项预算的重要依据。

第二节 公共服务基础设施保障体系

提供全面且优质、适用范围广泛的公共服务是现代服务型政府的主要工作和任务。应推进基础设施建设,提升公共服务质量,让每一位公民感受到公共服务的便利。公共服务基础设施的完善是公共服务保障体系建构的基础性条件,是影响公众的生存发展和生活质量的关键性因素,是统筹城乡基本公共服务发展、实现城乡公共服务体系均等化的重要内容,更是建设美丽中国,实现全面建成小康社会奋斗目标的重要保障。

我国最早引入基础设施的概念是"基础结构"①,其含义包含了经济基础设施和社会基础设施。他们认为,基础结构主要是指水、电、运输、通信等,这是较为早期的认识。近年来,国内很多研究都采用了世界银行六个系统的分类法。按照这个分类方法,基础设施一般可分为能源供应系统、道路交通运输系统、供水排水系统、生态环境保护系统、电力与通信系统和城市防灾系统等六大系统。② 根据《国务院关于印发"十三五"推进基本公共服务均等化规划的通知》,"十三五"时期基本公共服务领域主要发展指标为基本公共教育、基本劳动就业创业、基本社会保险、基本医疗卫生、基本社会服务、基本住房保障、基本公共文化体育及残疾人基本公共服务。据此,从一般意义而言,公共服务基础设施是指公众在生产生活的全过程所需要的各种生产要素的统称。大致可以分为两类,其一是物质性公共服务基础设施,譬如交通设施、水力、电力、通信等;其二是文化性公共服务基础设施,譬如学校、博物馆、图书馆、广场、礼堂等。这些要素构成了保障公民的基本生存权的必要条件。但越是在欠发达地区、偏远山区,越可能缺乏必要的公共服务基础设施。假如这些问题长时间无法解决,则会加剧发展不均衡、不协调的问题,贫困地区民众的基本生活得不到满足,就会导致脱贫工作无法顺利开展,甚至会导致一系列社会问题,如教育、医疗、社会稳定问题等。而公共服务基础设施建设存在涉及面广、需要资金投入大、需要耗费的时间长等一系列问题。仅凭公共性投入,无法在短时间内保质保量地解决发展不平衡、不协调的问题。

因此,要建立公共服务基础设施保障体系,顺利完成脱贫攻坚任务,必须

---

① 钱家骏,毛立本.要重视国民经济基础结构的研究和改善[J].经济管理,1981(3):12-15.
② 吴泽波.城市基础设施投资体制改革对策[J].中国投资,1999(9):24-26.

推行公共基础设施建设的社会化。此外，全面推行依法治国要求把公共服务基础设施保障体系建设纳入法治的轨道上，建立健全公共服务基础设施建设法律保障体系。

一、推行公共服务基础设施建设的社会化

公共服务基础设施建设的投资成本大、建设周期长，因此我国的公共服务基础设施建设以中央和地方财政为主要资金来源。公共服务基础设施建设水平作为衡量我国经济发展和社会进步的重要标志，如何又快又好地进行公共服务基础设施建设已经成为当下迫切需要考虑的问题。而在发展公共服务基础设施的过程中，必须把握好公共服务基础设施建设中的融资问题。

当下，在公共服务基础设施建设融资中，政府财政出资所占的比重最大。中华人民共和国国家统计局国家数据中心的数据显示，2017 年国家财政一般公共服务支出达 16510.36 亿元，2016 年国家财政一般公共服务支出达 14790.50 亿元。[①] 政府作为投资者，又扮演被融资的对象。公共服务基础设施建设的决策与规划、监督与检查、验收与运营，都由政府进行统一的管理。这样一来，便会产生如下问题：一方面，在公共服务基础设施建设中，政府作为最重要的投资主体，虽然实现了其提供公共服务的职能，但不能避免政府公权力垄断所造成的低效运行。并且近年来公共服务供给中效率低下、以权谋私和权力寻租等问题使政府在公共服务基础设施建设融资中的垄断地位受到挑战。另一方面，完全由市场经营者进行投资建设虽然能够提高效率，但又可能会产生市场垄断与社会福利损失的问题。那么，在推行公共服务基础设施融资社会化的过程中，首要解决的是投资主体的界定问题，即以谁的名义提供公共服务基础设施建设资金、以谁的名义进行建设经营的问题，亦即界定政府与社会资本的投融资边界问题。作为公共服务的提供者，政府应当对公共服务基础设施进行科学分析与合理分类。根据不同公共服务基础设施的功能与其经营性的强弱划分项目种类，继而划分投资主体。这也就是以项目的经营性强弱为标准进行项目分类的项目区分理论[②]，将公共服务基础设施建设的投资主体分为政府和非政府。非经营性项目的投资主体是政府，经营性项目投资主体是全社会投资者，政府可提供适当补贴，主要是吸纳民间私人资金、外资等多种社会投资主体。由此可将城市基础设施投融资主体划分如下：非经营性项目的投融资主体是政

---

① 数据来源自中华人民共和国国家统计局国家数据中心。

② Kessides Christine. Institutional Options for the provisions of infrastructure [J]. World Bank Discussion Paper212. Washington, D. C, 1993：81.

府或国企或事业单位，经营性项目投融资主体是追逐营利的资本运营公司或相关基金。① 推行公共服务基础设施建设融资的社会资本倾向是公共服务基础设施建设社会化的关键。公共服务基础设施保障体系建设的成效主要取决于公共服务基础设施建设的融资，融资要区分经营性项目与非经营性项目，不断推行公共服务基础设施建设的社会化，使财政资金与社会资本在公共服务基础设施建设中发挥各自的作用。

二、完善公共服务基础设施建设法律保障体系

长期以来，受政府领导与国有经济占比高的影响，公共服务基础设施建设行业一直被认为是公权力垄断性行业，由少数国企或事业单位把持和控制，政企结合的国企运营思想不适合公共服务基础设施的建设与运营，政府通过指令赋予行业垄断部门独家权，对推行公共服务基础设施建设社会化是较大的障碍。综观公共服务基础设施建设立法现状，尚存在缺乏统筹安排和规划，未建立健全统一规范的法律体系等问题。搜索中国法律法规数据库，关于公共服务基础设施建设国家层面的法律处于空白状态，部门及地方的规章条例、规范性文件居多。完善公共服务基础设施建设法律保障体系，需要以立法的形式界清政府职责，改革国有企业参与公共服务基础设施建设形式，健全相关财税法律法规与政策，依法治理公共服务基础设施建设市场等，以促进公共服务基础设施建设顺利进行。

以立法的形式界清政府职责。在公共服务基础设施建设的决策与规划中，政府应处于主导地位。在公共服务基础设施建设融资阶段，政府与社会资本应处于同等地位。在法律规范及法律关系中的具体体现就是政府与社会资本之间的合作协议（合同）。在公共服务基础设施建设的决策与规划过程中，政府与社会资本之间签订的合作协议应界定为行政合同。政府作为公共服务基础设施建设的监督者与社会公共利益的代表，应该运用公权力对决策与规划产生影响，不能随意更改。在此过程中，政府与社会资本之间产生了监督与被监督的关系，双方处于一种不平等的法律地位，所以此阶段的合作协议的产生应界定为政府的具体行政行为。在公共服务基础设施建设融资过程中，政府与社会资本形成的合作协议应界定为民事合同。因为在此阶段，双方处于平等的法律地位，双方都具有一定的意思自治性，对产生的法律后果由自己承担。此阶段按照民事合同进行界定，明确了融资合同的性质。社会资本对自己的利益有着较

---

① 冯为民，王名晖，李嘉荣. 我国西部城市基础设施社会化融资体系研究[J]. 武汉理工大学学报（信息与管理工程版），2006（6）：132 - 136.

为明确的认识，这直接影响社会资本对投资的积极性。假如发生争议，合同性质的分阶段明确更有利于社会资本维护自己的利益。在政府决策与规划阶段发生的问题，诉诸行政诉讼程序解决。在融资过程中发生的问题，诉诸民事诉讼程序解决。以立法的形式分阶段界清政府职责，才能保障公共服务基础设施建设顺利进行。

运用立法手段改革国有企事业单位参与公共服务基础设施建设形式。以往的公共服务基础设施建设往往由政府许可国有企事业单位独家进行，具有较强的垄断性。需要运用立法手段，除却单一主体对公共服务基础设施建设项目的垄断经营权。此外，完善相关财税法律法规及政策。从整体上确立税收减免、财政补贴、对口支援、外资引进等财税保障法律法规及政策。依法治理公共服务基础设施建设市场，改善投资环境和条件。在努力培育市场主体的同时，不断完善市场机制，建立公平、公正、公开的市场秩序，切实保护投资者的合法权益。打破条块分割、地区封锁，建立和优化以市场为核心、以资源配置为基础的开放式市场体系。营造一个有利于社会资本生产经营的市场环境，提供能够吸引国内外投资者的营利机会，增强投资者的信心和决心。

第三节　公共服务科学技术手段的法治保障

一、现代科技发展与公共服务建设的关系

比较世界公共服务发展状况，可见现代科学技术已经成为公共服务建设的重要推动力，并已逐渐成为国家和社会进一步发展的助推力。自改革开放以来，国家陆续出台了一系列促进科学技术创新与公共服务建设发展相结合的政策与措施。推动公共服务建设的发展与法治化，需要注意科学技术创新与公共服务建设之间的互推关系，使现代科技发展对公共服务建设的提升作用更加明显。

现代科技发展与公共服务建设是互相促进、辩证统一的关系。科技点亮生活，让我们的生活更加便利和多样。公共服务建设发展离不开现代科技发展。公共服务基础设施的电力、水力、交通、通信等，无不蕴含着丰富的科技因素。可以说，现代人类生活离开科学技术将寸步难行。纵观历史发展，国家变革、社会进步，以及四次工业革命，都离不开科学技术的创新发展。科学技术的发展始终贯穿在人类发展的历史长河中。科学技术较之公共服务建设，同样是最基础和最具承载性的因素。一方面，公共服务建设的前进方向要靠现代科学技术发展来引领，科学技术的每一次进步都推动了公共服务建设的新飞跃。另一

方面，公共服务建设会促进现代科学技术进步。在公共服务建设的过程中，会面临现实中各种各样的复杂状况，发现问题、解决问题，在实践中实现现代科学技术的创新与大发展。革新技术手段、创造新知识新方法等，都是公共服务建设为现代科学技术带来的利好。因此，现代科技发展与公共服务建设是互相促进、辩证统一的关系。

现代科技发展对公共服务建设的作用，绝不仅仅囿于手段与方法的革新，绝不仅仅是提供了便利，绝不仅仅是第二性的影响因素，更多的是促进公共服务建设的本质内容与内在机制潜移默化式的改变。从发展的角度而言，现代科技对公共服务建设的发展是在本质上有促进作用的。通过公众这个因素，实现公共服务建设的现代化转变与法治化转型，促使政府向公众提供全面优质的公共服务。比如，现代科技发展为我们带来了更为便利的信息网络科技，人们足不出户便可以知晓身边乃至世界所发生的或正在发生的事情。通信技术的发展使世界各地的人们联系更为便捷、更为紧密。资料显示，2017 年我国移动电话普及率已达到 101.97 部/百人。① 科技发展日新月异，促使公共服务建设做出本质性的改变。政府在公共服务建设的过程中，往往存在信息不透明、公开程度不够强、与公众的对话少等问题。但是，现代信息技术的发展，促使政府在公共服务建设的过程中，必须实现政府信息公开，并且还必须得迅速而全面地进行公开。通信技术的发展，使公众与政府间的对话可以及时有效。这一方面提高了政府的行政效率，更多是促进了公共服务建设质量的提升。另外，在公共服务建设的过程中，实地建设情况与进展可以被公众通过拍摄等方式向全体公众公开，更加方便全体公众知悉公共服务建设的情况，更好地实现社会监督。可以说，现代科技发展对公共服务建设的作用是颠覆性的。现代科技发展为公众提供了全方位、多形式的监督方式，有利于提升政府行政水平，有利于促进社会力量参与公共服务建设，有利于实现公众依法享有公共服务的权利。

二、现代科技在公共服务新平台应用中的制度难题

将现代科技比作公共服务建设的发动机一点都不为过，现代科技发展牵动着公共服务建设。2017 年，我国有研究与试验发展人员 403.36 万人，研究与试验发展经费支出为 17606.13 亿元，发表科技论文 170.09 万篇，出版科技著作 54204 种，科技成果登记数（项）为 59792，专利申请受理数（项）为 3697845。② 但科学技术在公共服务新平台应用中仍面临着科技成果转化的难

---

① 数据来源自中华人民共和国国家统计局国家数据中心。
② 数据来源自中华人民共和国国家统计局国家数据中心。

题。科技成果转化是指为提高生产力水平而对科技成果所进行的后续试验、开发、应用、推广直至形成新技术、新工艺、新材料、新产品及发展新产业等活动。① 现代科技应用在公共服务新平台中，必然面临科技成果转化的问题。高等院校、科研机构、相关企事业单位等所创造的科技成果，其创新效益、经济价值必须通过成果转化的途径才能实现。但是，作为现代科技在公共服务新平台应用中的重要途径与手段，科技成果转化在实践中却存在转化效率低、转化质量较差等问题，制约了新技术、新方法的应用与实施，制约了科学技术的发展，也同样制约了公共服务建设的提质增速。

在科技成果转化过程中，存在产权不明确的问题。《中华人民共和国科学技术进步法》第 19 条第 2 款、第 20 条第 1 款之规定："科学技术研究开发机构、高等学校、企业事业组织和公民有权依法自主选择课题，从事基础研究、前沿技术研究和社会公益性技术研究。""利用财政性资金设立的科学技术基金项目或者科学技术计划项目所形成的发明专利权、计算机软件著作权、集成电路布图设计专有权和植物新品种权，除涉及国家安全、国家利益和重大社会公共利益的外，授权项目承担者依法取得。"从这些规定可以看出，按照现行法律规定，科技成果的产权归项目承担者所有，而项目承担者的概念是较为模糊的。全国人大常委会法制工作委员会行政法室将"项目承担者"解释为"既包括承担项目的企事业单位，也包括作为项目直接承担者的个人（而且可以是共同承担某一科研项目的多个科研人员）"。依此界定，以科研机构的受财政性资金资助的科学研究项目为例，在上级审批中，其项目承担者应是科研机构本身；在科研机构的实际科学研究中，相关科研人员是项目的直接承担者，按照其实际情况而言，二者都为项目承担者。但是，在科技成果转化中，项目承担者应厘清至一个目标。根据现有的法律规范，厘清这个问题尚且有些困难，致使相关科研人员的科技成果转化之路多舛。

三、推动科技手段在公共服务提供中的法制保障

推动科技手段在公共服务提供中的法制保障，关键在于完善科技成果转化的法律规范体系。加强科技成果的运用和保护，健全科学技术创新激励机制，以法律的形式保障科技手段在公共服务中能够得到良好的应用。

建立健全科技成果权属划分机制。普遍而言，科研人员与科研机构存在附属关系。科研人员在研究工作中取得的成果也要分情况讨论。其一，科研人员

---

① 全国人大常委会法制工作委员会行政法室.中华人民共和国科学技术进步法解读［M］.北京：中国法制出版社，2008：69.

在承接科研机构部署的具体任务时，其产生的科技成果应归属于科研机构。这种情况的法律依据为《中华人民共和国专利法》第 6 条："执行本单位的任务或者主要是利用本单位的物质技术条件所完成的发明创造为职务发明创造。职务发明创造申请专利的权利属于该单位；申请被批准后，该单位为专利权人。"其二，科研人员在科研机构的工作除了承接被部署的具体任务，其余大部分科学研究工作具有任意性。科学研究工作本身是需要灵感与创造的，无法过多用强制力及命令来保障科技成果产出，科研人员的工作大多有一定的随意性，所以，大部分科技成果的产出不应该按照职务作品的性质来划分权属，应该就现实情况对相关法律规范进行完善。对现行《中华人民共和国科技成果转化法》第 20 条第 1 款中的"项目承担者"应分情况进行讨论，进一步明晰具体情况中的科技成果权利归属。除了科研机构部署的具体工作任务外，在其余科技成果产出之前，科研人员应与科研机构事先沟通，引入协商机制。与相关项目有关联的科技成果，应进行前提性谈判，明确权利归属划分。其三，非职务性的科技成果，按照体系解释的方法，依《专利法》第 6 条第 2 款规定，"非职务发明创造，申请专利的权利属于发明人或者设计人；申请被批准后，该发明人或者设计人为专利权人"，权属理应属于相关科研人员。

建立健全科技成果转化法制规范体系，应特别加强对受财政性资金支持的科研项目的保护和管理。必须加强科技成果保护的合法性与规范性，防止管理部门不作为、乱作为，避免人为造成科技成果保护方面的部门利益化问题。应尽快形成完备的法制保障体系，激励科技创新与人才发展，推动科技手段在公共服务新平台中的应用。

第十章 公共服务监督管理与法律责任

第一节 公共服务监督管理

一、公共服务监督管理的形式及必要性

（一）公共服务监督管理的形式

保障公民能免费或以合理的价格获得质量可靠的公共服务是政府应当承担的责任。但是，公共服务的提供方式是多元的。在公共服务方式社会化和市场化、服务主体多元化的背景下，公共服务的提供主体不同，监管机制也应该是不同的。

对行政机关提供公共服务的监督包括立法监督、行政监督、司法监督以及社会监督等手段。立法监督主要有法律审查、预算控制、听取政府工作报告和质询、询问四种方式。行政监督则有行政机关内部监督（自我监督）、上级机关监督（主要是行政复议）、监察机关监督、审计机关监督等形式。值得一提的是监察机关监督，监察机关行使对所有行使公权力的公职人员的监督权，实现公权力监管的全面覆盖，其主要依据是《中华人民共和国监察法》第 1 条、第 11 条。另外，依据《中华人民共和国监察法》第 10 条，作为垂直管辖的监察机关，其监督权的内在独立性对于监督行政机关有着重要意义。司法监督是指服务相对人在行政机关没有依法提供公共服务的情况下，提起行政诉讼，寻求司法保护，其主要依据是《行政诉讼法》第 11 条以及《最高人民法院关于执行〈中华人民共和国行政诉讼法〉若干问题的解释》第 1 条。社会监督有公众批评、建议或媒体曝光等形式，但是就制度化和可操作性而言，最好建立制度性的热线投诉。其主要设想是在各级政府设立专门投诉处理热线（条件成熟时，可以在全省设立统一投诉处理热线），由专门机构（如监察部门）负责受理并进行调查。投诉处理热线机制实行有诉必有调查、有查必有结果的原则。调查结果向投诉

者公布。每年统计并公布各行政机关的投诉记录,作为行风评议和绩效考评的重要依据。这种形式的监督目的在于由那些亲身体验公共服务的公民来衡量和反映行政机关的公共服务水平和质量,从而实现社会监督。

对于非行政机关提供公共服务(如市场准入、价格监督、质量监督)的监督,一般称之为经济性监管或政府监管。所谓政府监管,是指由行政机关制定并执行的直接干预市场配置机制和间接改变企业和消费者的供需决策的一般规则或特殊行为。① 监管的本质是政府与市场的关系,它异于传统的行政管理,是政府按照合法的程序和透明的规则对企业交易活动进行的专业化干预。对行政机关之外的法人和其他组织提供公共服务行为的监管,大多是在公共服务市场化(私有化、民营化)的背景下进行的。总体而言,我国政府监管体系及机制仍处于非常不完善的阶段,下面拟对此进行专门分析。

(二)公共服务监督管理的必要性

政府监管的必要性在于:第一,克服因自然性垄断造成的市场失灵,维护社会公平,优化资源配置效率;第二,打破非行政机关提供公共服务过程中产生的企业与消费者信息不对称的局面;第三,监督公共服务提供者提供普遍服务和均等服务,保障公共服务的公益性。由此可见,政府监管的本质或基本理念是通过引入竞争和规范管理,保障公共服务的效率、市场公平以及维护企业经营者和消费者的利益平衡,最终促进公共福利的最大化。②

二、公共服务监管对象

(一)对行政机关提供公共服务的监管

在公共服务领域,政府监管的对象一般是容易形成自然性垄断的行业,如公共交通、供水、供气、供电、通信等行业。这些自然性垄断行业大多是独家经营、没有充分的竞争或者是依据经营网络形成的自然垄断而排斥竞争,因而需要国家在价格、服务质量、市场准入等方面进行特别管制。

(二)对非行政机关提供公共服务的监管

被纳入监管体系的非行政机关一般包括法律授权或委托的主体和社会组织。

---

① Spulber. 监管与市场[EB/OL]. 转引自:国外监管制度的演变和中国的改革实践分析[EB/OL]. [2010 - 08 - 02]. http://www.serc.gov.cn/jgyj/zcyj/200802/t20080220_5856.htm.

② 王学庆. 垄断性行业的政府管制问题研究[J]. 管理世界, 2003(8).

在公共服务领域，政府提供的公共服务很难顾及所有事项，所以需要对外授权、委托。例如水力、电力、通信等行业，就由政府授权给相应的水力公司、电力公司、通信公司经营相关业务，提供范围性的公共服务。又如劳动保障、社会保险等事项，往往可能由一些社会组织承担相应的工作。因此在非行政机关提供公共服务的范围内，监督对象大多为法律授权或委托的主体及社会组织。

三、国外公共服务监管模式

第一，单独设立监管机构(联邦和州)，即分层监管模式，如美国。美国在联邦层面设置公用事业监管机构，在州也设置监管机构，联邦和州的监管机构没有隶属关系。

第二，在综合行政部门中设立相对独立的监管机构，如英国通过立法，建立起了许多行业监管办公室，如金融服务管理局、电信服务办公室、供水服务办公室、电气管制办公室、邮政服务办公室、铁路管制办公室等。这些机构由议会批准设立并独立于政府部门，是议会和部门大臣决策的执行机构，虽然它属于行政机关而且工作人员也是公务员，但其经费来源于议会。[1]

第三，社会监管。为了克服政府服务监管易被俘获的缺陷，一些国家建立了社会组织的监督。如英国的良好管制工作组、消费者协会、行业自律组织等。它们独立于政府监管机构和市政公用事业经营企业，只代表消费者利益。[2]

第四，德国的监管路径多样化模式。二战以来，德国的反垄断部门——联邦卡特尔办公室——拥有独立于政府的执行权和决策权，是负责德国反垄断和促进竞争的最重要的机构。另外，在电信领域，德国成立独立于企业和政策执行机构的电信监管机构；但在电力领域，却由行业协会、联邦和地区卡特尔办公室以及经济部等多家部门共同实施监管。

第五，日本和韩国的管办合一的内部监督模式。日本自 1985 年通过《电气通信事业法》开始，实现政企分开，电信公司由邮政省负责监管；2001 年，又改组设立总务省，负责电信行业的监管，另外还设立各种委员会。韩国在电信和电力市场化改革之后，分别在信息通信部下设立半独立监管机构的韩国通信委员会、在能源部下设半独立的电力监管委员会。

总体而言，在美国等发达国家，公用事业监管委员会依法拥有准立法权、

---

① 曹现强.当代英国政府服务改革研究[D].济南：山东大学，2007：104.

② 仇保兴，王俊豪，等.市政公用事业监管体制与激励性监管政策研究[M].北京：中国社会科学出版社，2009：41.

准司法权和行政权，被称为除立法、司法、政府之外的"第四部门"。准立法权是指监管机构依法或依授权制定行政规章、行业标准及其他规范，这些规范具有法律约束力；准司法权是指独立监管机构有权依法裁判市政公用事业运行过程中发生的企业同个人及其他组织之间的权益争议问题；行政权是指独立监管机构有权执行各种规则。①

四、我国公共服务监管现状

中国的政府管制具有完全不同的内在逻辑。政府既是管理政策的制定者，又是具体业务的实际经营者。许多服务行业的企业不是真正独立的企业，而是由政府决定企业的一切生产经营活动。政府几乎完全拥有并且直接经营具有政府服务性质的公共事业（如城市供水、供电、燃气、公交、地铁）或产业（如邮政电信、广播、电视、铁路运输、航空运输）。政府服务行业受到政府的严格管制，管制的方式基本上是国有化、价格限制与进入控制。②

我国目前针对非行政机关提供公共服务的监管体制的主要问题在于：第一，尚未建立完善的监管法律法规体系，监管缺乏法律基础；第二，尚未建立职责明确的监管机构，例如，对市政公用事业进行监管的大部分职能分散在其他政府部门，职责并不明确，容易发生相互推诿的情况；第三，尚未明确监管内容和系统的监管标准、程序。③ 由此可见，中国还缺乏真正意义上的政府监管机构。

五、完善我国公共服务监管的途径

(一) 立足国情

必须立足我国国情来完善我国政府监管体系的原因在于：第一，我国改革对公用事业等服务行业提供政府服务的行为的监管，起点是政府垄断一切，然后逐步放开市场，扩大市场准入，逐步建立市场并鼓励市场配置资源，这是一个政府逐步退出直接经济活动的过程。④ 这与西方国家目前的改革前提是不同的。换言之，我们的政府监管正处于从无到有或者说是从极不完善到逐步完善

---

① 仇保兴，王俊豪，等.市政公用事业监管体制与激励性监管政策研究[M].北京：中国社会科学出版社，2009：41.
② 邹晓东.从公共服务的政府垄断到多样化供给[D].上海：复旦大学，2007：92－93.
③ 仇保兴，王俊豪等.市政公用事业监管体制与激励性监管政策研究[M].北京：中国社会科学出版社，2009：30－31.
④ 电监会办公厅.国外监管制度的演变和中国的改革实践分析[EB/OL].[2010－08－02]. http：//www.serc.gov.cn/jgyj/zcyj/200802/t20080220_5856.htm.

的发展过程,因此需要加强政府管制;而西方发达国家则是在反思既有管制体制的基础上开始放松管制。第二,西方发达国家政府监管模式多元化的现状表明,它们都是根据自己的国情,设置符合本国国情的监管模式。因此,我国在完善政府监管模式方面,一定要从本国的基本国情出发,创造性吸收发达国家监管改革的经验,反对简单移植他们监管体系的模式和方法。但是不管如何,法律化、独立化、专业化和透明性原则是我国监管体制所应具备的基本特征。

(二)立法先行

建立健全的政府监管体系,首要步骤是制定相关法律法规。英美等国家的政府监管都是以立法为先导的,具有很高的权威性和实效性。他们都由立法机关颁布一项法律建立对某一特定产业的监管权力。通过监管立法,以法律的形式将政府监管机构的独立性确定下来,可以避免政府出于政治目的而任意地对监管机构的活动施加影响,同时又明确了监管机构的职责权限、监管的目标、监管的内容、监管的程序,增加了监管机构监管过程的透明度,便于这些特定产业接受监督。①

我国政府监管历来实行一种先改革、后立法的传统,监管法律体系严重滞后,制定专门的监管法律法规(如"公用事业法")势在必行。立法内容最重要的是:第一,建立独立的监管机构,在经费、人员、编制方面保持独立性。第二,明确监管的主要目标、内容或领域、程序和方式或手段。第三,赋予监管机构相应的权力,包括调查检查权、审核批准权、行政处罚权、行政强制措施权、行政裁决权、规章制定权和提起诉讼权。②

(三)监管机构设置模式

政府监管最重要一点是监督机构独立行使监督职权,理想的监管模式应该是政府所有职能和管理者职能、公共服务提供职能与监管职能、政策制定职能与政策执行职能以及实现干预与事后救济职能的分离。③ 不过,监管机构的独立并不一定要求所有的管制机构都独立于传统的部门制行政机构,它的核心要素是必须通过或修改专门的立法,明确监管机构的职能及其与其他行政机构的

---

① 范合君,柳学信,王家.英国、德国市政公用事业监管的经验及对我国的启示[J].经济与管理研究,2007(8).
② 吴伟达.论设置自然垄断产业政府管制机构[J].政法论坛,2005(3).
③ 周汉华.监管制度的法律基础[EB/OL].(2008-02-20)[2010-08-02].http://www.serc.gov.cn/jgyj/zcyj/200802/t20080220_5858.htm.

关系。①

我国建设部曾于2004年发布《市政公用事业特许经营管理办法》，各地也先后制定了特许经营管理办法。该管理办法对市政公用事业特许经营的监管做了明确安排，其主要内容是：第一，它将监管职能赋予市政建设部门；第二，被监督对象是获得特许经营权的市政公用事业单位；第三，它要求建立统一的市政公用事业监管机构，但各地无一例外地将其职责限定在搜集资料、提出建议等，没有独立的监督权和做出决定的权力；第四，范围有限，将市政公用事业界定为城市供水、供气、供热、公共交通、污水处理和垃圾处理等。这种安排仍然没有明确建设部门内部监管部门与政策制定部门之间的职权关系，因此它仍无法形成真正独立的监管机构。

结合我国当前实际，建议逐步完善我国公共服务的政府监管机构。在近期，采用行政机关内部监管与外部专业委员会监督相结合的监管模式，而在政府机构改革和政府职能转变完成之后，通过立法，形成全国行业性的垂直型监管与地方统一的分层型监管相结合的监管模式。

第一，行政机关内部监管与外部专业委员会监督相结合的模式。

针对我国许多行业主管部门兼有行业政策制定者和行业监管者的职能的特点，此种监管模式要求在综合性的行政机关内部设立相对独立的监管机构，专门行使行业监管职能，实行政策制定与行业监管在部门首长领导下的分离与独立运行态势。同时，为了防止内部监管机构被监管者俘获或被政策制定部门同化，同时为了克服内部监管机构专业知识的不足，需要设立独立的外部专业委员会。外部专业委员会由政府代表、独立专家（在委员会中占主导地位）、民间代表组成，主要依托独立专家的专业知识辅助监管部门行使职权。外部专业委员会与内部监督机构的关系在于，外部专业委员会负责搜集情报、提供有关监督方面的技术性意见，内部监督机构在此基础上做出政治决定。外部专业委员会有权就内部监管机构的政治决定向部门首长提出异议，以实现对内部监管机构的隐性监督。

这种模式与建设部《市政公用事业特许经营管理办法》中的设想比较接近，只不过赋予了外部专业委员会更加重要的角色。这种体制有利于部门首长的统一指挥、监督和整个行政系统的协调。相比较独立于部门的监管机构而言，它能够得到更多的行政支持，包括资金支持和人事支持。② 其缺陷在于，无法摆

① 余晖. 论行政体制改革中的政府监管[J]. 江海学刊, 2004(1).
② 周汉华. 监管制度的法律基础[EB/OL]. (2008 – 02 – 20)[2010 – 08 – 20]. http：//www. serc. gov. cn/jgyj/zcyj/200802/t20080220_5858. htm.

脱"管办合一"的嫌疑，在实践中的监管效力、权威性可能会不尽如人意。

第二，全国行业性的垂直型监管与地方统一的分层型监管相结合的模式。

具体设想是，对于全国性网络型产业，如能源(水电、火电、核电等)、通信(广电、电信、邮政等)、交通(铁路、民航等)等，在各行业设立全国性的监管机构，统一行使监管职能，然后在全国各地设立若干分支机构，全国性监管机构和地方监管机构间是隶属关系。全国性监管机构行使垂直一体化的管理模式，统一制定监管专业规则，如市场准入规则、行业行为规范、价格监管等。对于城市公共交通、供水、燃气等具有浓厚地域性的市政公用事业，则采用统一的分层型监管，即各级地方政府重组现有相关行政机构，将其中的监管职能和监管人员剥离出来，并精简相关行业委员会，设立统一的公共服务监管委员会，成为隶属于政府首长的独立部门，预算单独拨付，人员属于公务员行列。另外，专门制定规范公共服务监管委员会职权和义务的法律或法规，重点是赋予监管委员会独立的职权，包括制定行业标准、核算成本、进入管制、接收和处理投诉、临时接管、常规检查等。这样做，既可以明确监督主体，防止在出现事故时互相推诿的情况出现；又可以加强监督效果，防止"管办合一、管理职能与监督职能合一"的情况出现。在这种机制下，原来管理公用事业的行政机关只保留政策制定权，而被剥离服务监督权。

(四)监管内容

1.市场准入监督

市场准入实质上是一种行政许可，它最主要的形式是以招标的方式引入竞争。在准入管制中，虽然需要政府对新进入的服务提供者的数量进行控制，并对其资质进行严格审查，但是更重要的是，如何将公共服务由垄断性转变为可竞争性，如何消除服务领域内原有提供者设置的各种障碍，以帮助潜在竞争者能够进入服务领域，并在较短的时期内成长为具有一定竞争力的服务提供者。[①] 监管机构在市场准入监督方面的具体职能是：公共服务监管部门应该依照市场准入条件和程序，进行公开招标，要明确招标主体、招标范围、准备程序、开标、评标和中标规则。综合考虑成本、价格、经营方案、质量和服务承诺、特殊情况的紧急措施等要素，择优选择中标者。

2.价格监督

价格监督是政府监管中非常重要的环节，在一些关于公用事业监管的地方

---

① 仇保兴，王俊豪，等.市政公用事业监管体制与激励性监管政策研究[M].北京：中国社会科学出版社，2009：60.

性法规中它往往以单独一章的方式加以规定。公共服务的价格水平不仅与服务提供者的收益水平密切相关,而且也和消费者的利益密切相关。因此价格监管是公共服务政府管制的核心内容。价格管制的政策目标应该是把价格和利润保持在一个既不失公平又对服务垄断提供者有提高效率的刺激的水平。

价格监督的基本要求是赋予社会大众对等的询价议价机制,通过决策过程的公示和公开讨论,制定有关公共服务的公允价格,只有这样才能真正防止部门利益侵蚀大众利益现象的频繁发生。

许多国家在制定服务价格方面坚持的基本原则是成本加微利,但这里面最关键的是控制成本,在实质上降低服务价格从而惠及公众。目前有多种定价方式,比如投资收益率、价格上限等。采取投资收益率的方式不能有效促进公用事业单位降低成本,反而会诱发他们在利润率的刺激下为了提高利润而提高成本。价格上限是一种激励性监管政策,它可以刺激服务提供者降低成本以追求更大的利润。相比较而言,价格上限是最优的选择,但它要求监管机构充分掌握企业成本控制等方面的信息。

价格监督的程序包括政府定价或指导价、定期审价和价格稳定机制等。变动价格需要提出申请,举行公开听证。听证必须走到实处,其关键是解决信息不对称以及定价权力的参与问题。听证会需要各种利益攸关方参与。听证会还需要解决代表性问题,即大多数听证代表应该具有听证行业、听证专业方面较深的专业知识,必须是与听证问题相关的专家。公共服务提供者需要公布决定价格的各种信息文件。

3.服务质量与安全监督

就公共产品和公共服务的数量和质量、实施状况、设施和安全、设备保养等问题进行监督,监督方式包括现场调查、定点和定期检测以及不定期抽查服务状况,并向社会公布结果,保障公众的知情权并接受公众监督。

质量安全管制的范围是广泛的,如产品质量、最低安全、服务水平、环境影响等。就其手段而言,则包括了数量控制、(环境污染排放量)、安全标准规定(建筑及其他设施的结构、强度、式样等标准)、检查和鉴定(进入检查、定期检查、产品质量等)、专业资格制度等(认可具有一定资格的从业者从事特定领域业务等)。

4.经营网络监管

一些公用事业具有网络性,如自来水管道、燃气管道网。市政公用事业的自然垄断性主要体现在它们的网络性。这是自然垄断性业务。监管机构要通过制定经营网络监管政策,制止经营网络性业务的公共服务提供者的垄断行为或不正当竞争行为,确保相关网络经营者有同等权力,以合理的联网价格适用对方的网络。

5.信息获取和经营状况检查

监管机构有权调阅账目、价目表、运营计划、备忘录等文件，对被监管对象提供服务的能力和资质进行检查，并相应做出年度报告、中期报告和终期报告。报告应包括以下问题：被监管对象提供公共服务的整体状况如何，是否需要整改，是否适宜继续经营，问题在哪里，如何改善等。遇有不良记录和违约违法行为，应及时向公众公布；遇有服务不能时，终止资格。

6.投诉制度

投诉制度的内容包括投诉的发起条件、主体、接受投诉及初步处理、听证与事实调查程序、处理结果等。投诉发起的条件是服务相对人如果认为公共服务提供者的收费有任何的不合理或不公正的歧视，或任何相关的规定、措施、做法或行为不合理、无效率或存在不合理的歧视，或服务不充分或无法实际获得服务。

投诉有内部受理机制和外部受理机制。内部受理机制是指提供公共服务的法人或其他组织(主要是公用事业单位)内部设立受理投诉机制，促其自我纠正和检查；外部受理机制是指在提供公共服务的法人或其他组织不能解决问题时，政府监管机构可以受理，引入外部监督。

7.临时接管与资格终止(退出制度)

在出现危及或可能危及公共利益、公共安全的紧急情况时，采取临时接管措施。遇有公共服务合同到期、服务提供者不再具备能力和资质时，重新确定服务提供者。

第二节　公共服务法律责任

一、政府提供公共服务法律责任

(一)政府提供公共服务法律责任的特点

一般认为，法律责任是指法律关系的主体(限定主体范围)违反法律设定的或约定的义务(法律责任产生的前提)所导致的否定性法律后果(社会评价)。[1]值得注意的是，法律责任可免于承担，也可以以自愿或强制的方式承担(承担方式)。根据对法律责任的理解，可以将政府服务法律责任定义为：政府服务法律关系的主体在政府服务活动过程中违反法定的义务(含约定义务)所导致

---

① 古力，余军.行政法律责任的规范分析——兼论行政法学研究方法[J].中国法学，2004(5).

的否定性法律后果。该定义揭示了政府服务法律责任内涵的如下特征。

首先，政府服务法律关系具有多重性。法律关系是由法律对社会关系的调整而形成的权利义务关系，对政府服务法律关系而言，该"社会关系"就是在政府服务活动过程中发生的社会关系——"政府服务过程中"不仅包括具体行政行为（如给付），也包括有关的抽象行政行为（如制定和发布有关规范性文件），还包括辅助性行为（如在办公场所公示相关材料）和民事行为（如购买服务）。因此，同传统行政法所调整的社会关系比较起来，政府服务活动过程中发生的社会关系具有多重性：既大量存在"服务申请—提供"这样的简单社会关系，又经常可见"政府—中间主体—服务相对人"这样的社会关系，在后者中，"政府—中间主体"之间可以是行政合同关系（如通过服务外包提供服务），也可以是行政委托关系（如政府委托特定主体向公众提供服务），而在"中间主体—服务相对人"之间则通常可见民事关系（即经营者同消费者之间的关系）。社会关系的多重性决定了法律关系的多重性，即，政府服务法律关系既可以是单纯的行政法律关系，也可以是复杂的行政合同法律关系（因为行政合同法律关系的性质有争议，后面再分析其属性），还可以是民事法律关系。①

其次，政府服务法律责任产生原因既可以基于违法，也可以基于违约。从广义上看，违约也属于违法，但就政府服务法律责任而言，这种区分还是有必要的，这是因为，尽管一般行政领域的法律责任产生也可以基于行为主体的违约行为，但其"违约"一般仅限于行政合同法律关系中的违约，而对服务行政法律责任来说，该"违约"却不仅包括行政合同法律关系中的违约，还特别包括合同法意义上的民事违约（前面提到政府服务法律关系包括民事法律关系）。②

再次，政府服务法律责任的主体具有多样性。法律责任的主体不能超越法律关系主体的范围，同样，政府服务法律责任的主体只能是政府服务法律关系的主体。如前所述，由于政府服务法律关系具有多重性，政府服务法律关系的主体也便具有广泛性，既包括承担政府服务职能的行政机关、被授权的主体、受委托的主体及其他承担服务职能的组织和个人，也包括作为服务相对人的公民、法人、其他组织。政府服务法律关系的主体的广泛性决定了政府服务法律责任的主体也是多样的。值得指出的是，服务相对人能否作为责任主体一直以来是争议的焦点之一，笔者认为，作为服务相对人的公民、法人、其他组织应当成为政府服务责任的主体。首先，其是行政法律关系的另一方相对人，在享受权利的同时，肯定也存在义务。当服务相对人违反这些义务时必然导致责任

① 翟翌. 行政特许法律关系新论[J]. 比较法研究，2016(5).
② 梁慧星. 论民事责任[J]. 中国法学，1990(3).

的出现。因此服务相对人也可以成为行政法律责任的承担者。其次，如果将相对人排除在行政法律责任主体范围之外，那么几乎所有行政法律规范中确定的行政处罚就无从理解，毫无疑问，行政处罚是针对相对人而非行政主体的。

最后，政府服务法律责任性质具有多元化。政府服务法律关系的多重性（行政法律关系、行政合同法律关系、民事法律关系）决定了政府服务法律责任形式的多元化。同行政法律关系相对应的是行政法律责任，同民事法律关系相对应的是民事法律责任，此外还有同行政合同法律关系相对应的法律责任。"同行政合同法律关系相对应的法律责任"较为复杂，需要具体分析。根据德国学者毛雷尔的"两阶段"理论，行政合同属于公私法混合方式①。以补贴贷款为例，两阶段即①第一阶段：决定（是否）批准——公法性质——行政行为；②第二阶段：（如何）发放补贴——私法性质——贷款合同。但"两阶段"理论现在也遇到了质疑，比如，原本统一的社会关系——通过发放贷款建立起来的补贴关系——不仅分成两个法律关系，而且分属两个不同的法律领域及其相应的法律途径；又如，两个阶段的划分困难不时发生，是否存在两个阶段的划分不能是抽象的推论，而必须具有实质内容，必须包含可以在贷款合同确认的实体内容（如有关支付方式、利息和还款等）等。那么，违反行政合同的法律责任到底该如何定性呢？本研究认为取决于对具体的行政合同的考察情况：①如果一个行政合同要经过行政单方决定，再以合同的方式实现，则为两阶段，行政单方行为为行政行为，合同行为为私法行为，同前者相应的法律责任为行政法律责任，后者为民事责任；②如果一个行政合同的第一阶段和第二阶段的区分不明显，如仅需行政单方决定而事实上无须签订合同，则直接可认定为行政行为，相应的法律责任为行政法律责任；③如果一个行政合同无须行政单方决定而直接以签订合同的方式实现，则为私法合同，相应的法律责任为民事法律责任。②当然，就政府服务中的行政合同而言，其一般要经过行政单方决定（如决定招标），再以合同的方式实现，因而相应的法律责任就是行政法律责任和民事法律责任的复合。

（二）一般政府服务主体（行政主体）法律责任的产生及形式

1. 行政主体法律责任的产生

法律责任的产生基于主体对法定义务的违反，在政府服务中，行政主体的

---

① 哈特穆特·毛雷尔. 行政法学总论[M]. 高家伟，译. 北京：法律出版社，2000：426－432. 我国台湾学者陈新民教授也介绍了此"双阶段理论"及其意义，并对其作了检讨，参见：陈新民. 行政法学总论[M]. 8 版. 台北：三民出版社，2005：44－48.

② 余凌云. 行政契约论[M]. 北京：中国人民大学出版社，2006：20.

违法形式可以分为两类：一是在政府服务过程中违反法律对其的一般要求，二是违反法律对其的特殊要求，这主要是指法律对行政主体的进一步要求。当然，这种划分也是相对的。

违反法律对行政主体的一般要求主要体现为：①违反程序制定和发布有关政府服务的规范性文件的，限制或剥夺服务相对人权利的；②应当制定政府服务的实施细则或具体规定而未予制定和公布的；③对符合法定条件的政府服务申请不予受理的；④在受理、审查、决定政府服务过程中，未依法向申请人、利害关系人履行告知义务的；⑤申请人提交的申请材料不齐全、不符合法定形式，不一次告知申请人必须补正的全部内容的；⑥做出不予受理政府服务申请或者不予提供政府服务的决定时，不书面说明理由的；⑦不履行或者不在法定期限内履行政府服务义务的；⑧不履行或者拖延履行政府服务义务的；⑨超越或者滥用职权，侵害服务相对人或第三人权益的；⑩违反平等、普惠原则提供政府服务，侵害服务相对人或第三人权益的；⑪实施政府服务违反法定程序，侵害相对人或第三人利益的；⑫订立服务合同违反法定程序的；⑬不履行服务合同义务被追究违约责任的；⑭因违法实施政府服务导致行政赔偿的；⑮不按照约定履行公开义务的；⑯其他违反法律、法规、规章和本规定行为的。

违反法律对行政主体的特殊要求主要体现为：①行政机关工作人员提供政府服务时，有索取、收受他人财物或者谋取其他私利等违反廉政纪律行为；②行政主体提供政府服务，擅自收费或者不按照法定项目和标准收费的，或者截留、挪用、私分或者变相私分提供政府服务依法收取的费用。

2.行政主体法律责任的形式

按照胡建淼教授的解释，行政主体的行政法律责任的形式包括承认错误、赔礼道歉，恢复名誉、消除影响，履行职务，撤销违法行为，纠正不当，返还权益，恢复原状，行政赔偿等。① 朱新力教授将行政法律责任形式分为停止侵害形式、恢复性责任形式和补救性责任形式三种形式。② 由于停止侵害形式适用的前提是行政损害正在进行中，并主要适用于干涉行政领域。

本研究认为，根据行政主体的不同违法形式，可以将行政主体法律责任的形式分为三类。

(1)恢复性责任。恢复性责任就是为恢复到违法以前的状态所设定的责任承担。在行政侵权领域，恢复性责任形式即广义的恢复原状(包含返还财产)，是指特定国家机关要求行政主体采取一定的措施，来重现行政相对人遭受行政

① 胡建淼.行政法学[M].北京：法律出版社，1998：518－520.
② 朱新力.行政法律责任研究——多元视角下的诠释[M].北京：法律出版社，2004：198－223.

损害的合法权益的原貌，并使之达到如同行政损害未曾发生的状态。① 而在政府服务领域，政府服务行为一般为授益行为，而授益行为的实施一般不会在实体上造成相对人权益的损害，但是如果行政主体违法撤销、废止或变更该授益行为，该作为行为就完全可能造成相对人权益的损害，此时的行政主体应承担恢复性责任形式，如恢复原状(该恢复原状为狭义上的，本研究认为此原状是指授益行政行为实施后违法撤销、废止或变更前的状态，而非授益行为实施前的状态)、恢复资格(如行政许可被违法取缔后，行政主体再次发放许可恢复原资格)、承认错误、赔礼道歉，恢复名誉、消除影响(后四种恢复性责任形式适用于违法撤销、废止或变更行政行为后损害了行政相对人名誉权和荣誉权等情形)。另外，在服务行政中，恢复性责任也可以适用于特殊的违法行政，责任形式主要体现为责令改正，即对非法收取的费用予以退还，涉及截留、挪用、私分或者变相私分提供政府服务依法收取的费用的，予以追缴。

(2)补救性责任。有人认为，补救性责任形式有广义与狭义之分。广义的补救性责任形式指的是，一切行政法律责任形式都以填补行政损害为目标，包括恢复性责任形式和金钱赔偿，而狭义的补救性责任形式仅指金钱赔偿。② 本书认为，政府服务中的补救性责任主要是为了弥补对相对人及第三人的损害。因此，该补救性责任主要适用于行政主体不作为或者行政作为违法导致的相对人和第三人的损害。该责任形式不同于恢复性责任形式，恢复性责任是对原有合法状态的一种恢复，而补救性责任形式则适用于仅靠恢复或者无法通过恢复达到弥补损害目的的情形。因此，政府服务主体实施行政行为，侵犯公民、法人或者其他组织合法权益造成损害的，依法承担行政赔偿责任。但是值得一提的是，就政府服务行为而言，在我国新修订的《国家赔偿法》的行政赔偿范围中，尚无直接列举规定，只能根据其兜底条款进行进一步推导。当然，行政机关承担行政赔偿责任是一种外部责任，根据行政法律责任理论，应实现外部行政责任向内部行政责任的转化。③ 该责任的转化简言之就是在国家承担赔偿责任后，应由违法的行政主体或工作人员等承担责任。如，根据新修订的《国家赔偿法》第16条规定："赔偿义务机关赔偿损失后，应当责令有故意或者重大过失的工作人员或者受委托的组织或者个人承担部分或者全部赔偿费用。"这也可理解为对行政机关工作人员的追偿责任，即行政机关履行赔偿义务后，应当

---

① 朱新力.行政法律责任研究——多元视角下的诠释[M].北京：法律出版社，2004：209.
② 朱新力.行政法律责任研究——多元视角下的诠释[M].北京：法律出版社，2004：219.
③ 行政法律责任的转化是指对由于内部行政的原因造成的外部行政行为的违法，行政责任在明确外部责任承担主体后依据内外部行政违法的某种逻辑关系，按一定的规则和程序确定行政机关内部相应主体的法律责任的过程。参见：黄金富.论行政法律责任的转化[J].行政与法，2002(8)：17.

责令有故意或者重大过失的行政机关工作人员、受委托的组织或者个人,承担部分或者全部赔偿费用。

(3)惩罚性责任。如果说恢复性责任和补救性责任是一种对他责任(对相对人或第三人)的话,惩罚性责任可以看作本体责任,即针对行政机关、主要负责人和其他直接责任人员的责任。这种责任可以分为行政处理和行政处分两类——对行政机关的行政处理包括责令限期整改、公开道歉、通报批评、取消当年评比先进的资格等;对行政机关工作人员的行政处理包括告诫、道歉、通报批评、离岗培训、调离执法岗位、取消执法资格、责令辞职等;对行政机关工作人员的行政处分包括警告、记过、记大过、降级、撤职、开除。行政处分和行政处理可以视情况合并适用。

(三)特殊政府服务主体法律责任的产生及形式

特殊政府服务主体即除行政主体以外的主体,在服务行政中,一般是指三类主体。

一是被购买服务单位。其一般通过接受政府委托或行政合同的方式向公众提供服务。一方面,其可能要承担公法上的责任,如,政府服务以购买服务合同的方式由特定单位提供,被购买服务的单位在提供政府服务过程中违反购买服务合同或者有关法律、法规、规章的规定,购买行政机关可以依法追究其法律责任(如单方解除行政合同)。又如,被购买单位违反购买服务合同的行为同时违反其他行政法律义务的,相关部门可以对其处以罚款、没收违法所得、吊销营业执照等。另一方面,其还可能承担私法上的责任,如,被购买服务单位在提供政府服务过程中违反购买服务合同或者有关法律、法规、规章的规定或者与服务相对人之间合同的规定,造成服务相对人损失的,该单位可能要承担赔偿损失、继续履行等民事责任。

二是村委会、居委会。村委会和居委会可以基于法律授权,也可以基于政府的委托向村民和居民提供服务。村委会和居委会违反有关法律、法规、规章及自治章程或公约提供政府服务的,可依照相关法律、法规、规章及自治章程或公约追究法律责任。这种法律责任一般是私法性的责任,向其村、居民承担,如赔偿、赔礼道歉等民事责任。在接受委托实施政府服务的时候,村委会、居委会也可能成为公法性法律责任的主体。

三是志愿者。其同样可以基于法律授权,也可以基于政府的委托向公众提供服务。志愿者的责任可以是公法性的,如志愿者在志愿服务活动中违反有关法律、法规、规章的,由民政、工商行政管理、劳动和社会保障、公安等相关部门按照职责依法追究法律责任;也可以是私法性的,如志愿者在服务过程中给服务相对人造成损失的，应当承担赔礼道歉、恢复原状、赔偿损失等民事责任。

（四）政府服务相对人法律责任的产生及形式

政府服务虽然是授益性的，但相对人依然负有一般义务，如提供真实信息的义务、遵守法定程序的义务。在实践中，相对人为了获得或获得更多的服务，存在违反此类义务的现象，如根本未实施法律规定的行为或不符合法律规定的条件而隐瞒有关情况或者提供虚假材料，甚至以欺骗、贿赂等不正当手段取得服务。因此，立法可以规定：服务申请人隐瞒真实情况或者提供虚假材料要求提供政府服务的，行政机关不予受理或者不予提供政府服务。申请人以欺骗、贿赂等不正当手段获得政府服务及相关经济利益，或者造成国家利益、公共利益或者他人利益损失的，行政机关应当责令其退还获得的利益，赔偿经济损失，并可予以行政处罚。

有时，服务行政中也可能存在由行政机关事先予以经济给付的情形，尤其是在持续性政府服务中，行政主体可以对相对人进行前期的给付。对于这种政府服务（即前期经济给付），相对人负有"正当消费"的义务，"授益行政无论是有形的还是无形的，其提供的无论是某种产品还是某种服务，受益人都必须合理正当地使用、利用或者消费相关权益和利益。否则，除非影响受益人生存，对于此项义务的违反将构成剥夺或限制其相关权益的正当理由"①。

值得注意的是，在相对人法律责任的形式中，可能还有资格罚。从广义上看，前面提到的对行政相对人的行政处罚也包含了资格罚，例如吊销营业执照、责令停业整顿等，但此处仅指狭义上的，即如果相对人实施了某些行为（如隐瞒有关情况或者提供虚假材料、欺诈、贿赂），则限制相对人在一定期间内享有政府服务的资格。本研究认为，这种资格罚实际上是一种惩罚性的法律责任形式，在政府服务中，对相对人设置这种惩罚性责任有悖政府服务的本意。

（五）政府服务法律责任的追究

从前文的分析可见，政府服务法律责任的形式归根到底就是行政法律责任和民事法律责任两类，由于民事法律责任是一种私法责任，责任的追究既可以采取诉讼的，也可以采取非诉讼的方式，且责任追究完全取决于权利人的态度，因而本研究不予讨论，在具体的立法中也无须特别说明，本研究仅讨论行政法律责任的追究。按照胡建淼教授的解释，行政法律责任包括行政责任和行

---

① 柳砚涛. 授益行政领域个人义务研究[J]. 山东大学学报（哲学社会科学版），2009（1）：144.

政相对人的责任①，由于行政相对人责任主要是指行政处罚，对其追究由行政机关决定，因而，完全可以适用《行政处罚法》等立法规定。因此，进一步地，本研究仅分析政府服务主体（包括行政主体、授权或受委托主体）的行政法律责任追究。

1. 行政主体法律责任的追究

行政主体法律责任的追究应当区分行政机关和工作人员，正如有学者指出的，"从广义上说，行政法律责任的主体包括行政主体、行政工作人员（公务员和受委托人）和行政相对人，因而行政法律责任的承担方式也具有相当广泛的包容性，许多责任形式对他们都是共同适用的；但从狭义上看说，行政主体、行政人员和行政相对人毕竟是不同的责任主体，因而各自的责任承担形式也应有所区别"②。行政机关工作人员包括直接责任人员和直接主管人员。直接责任人员是指行政行为的具体承办人；直接主管人员是指行政行为的审核人和批准人——审核人包括行政机关内设机构负责人、行政机关分管负责人，以及按规定行使审核职权的其他审核人；批准人包括签发行政决定的行政机关负责人，以及按规定或者经授权行使批准职权的其他批准人。

（1）行政机关的行政法律责任追究。前文已提及，行政机关的行政法律责任仅限于行政处理，包括责令限期整改、公开道歉、通报批评、取消当年评比先进的资格等。从责任追究的权限来看，对行政机关给予行政处理的，应当由本级人民政府或者其上级行政机关决定。这在我国《地方各级人民代表大会和地方各级人民政府组织法》中可以找到依据，如该法第 59 条规定，"县级以上的地方各级人民政府行使下列职权……（二）领导所属各工作部门和下级人民政府的工作；（三）改变或者撤销所属各工作部门的不适当的命令、指示和下级人民政府的不适当的决定、命令……"；第 61 条规定："乡、民族乡、镇的人民政府行使下列职权……（二）执行本行政区域内的经济和社会发展计划、预算，管理本行政区域内的经济、教育、科学、文化、卫生、体育事业和财政、民政、公安、司法行政、计划生育等行政工作……"就湖南省而言，《湖南省行政程序规定》第 171 条也直接规定了对行政机关进行行政法律责任追究的权限，即对行政机关给予行政处理的，由本级人民政府或者其上级行政机关决定。值得一提的是，在追究行政法律责任之前，除了本级人民政府或者其上级行政机关可

---

① 胡建淼. 行政法学［M］. 北京：法律出版社，1998：516，518 – 520.

② 张志勇. 行政法律责任探析［M］. 上海：学林出版社，2007：120.

进行调查和决定外，监察机关可以根据其检查和调查结果提出监察建议。① 自《中华人民共和国监察法》通过以来，监察体制改革向"全面派驻"②的模式转变，派驻对象为参照公务员法管理的单位和全民所有制企业。这样一来，在追究行政机关法律责任时，监察机关的检查和调查结果更具有权威性和准确性。

（2）工作人员的法律责任追究。前文提及，行政机关工作人员的行政法律责任包括行政处理和行政处分。行政处理分为告诫、道歉、通报批评、离岗培训、调离执法岗位、取消执法资格、责令辞职等；行政处分分为警告、记过、记大过、降级、撤职、开除。根据我国现行法律的规定，对行政机关工作人员法律责任的追究权限应根据法律责任的种类作如下划分：①监察机关。根据《行政监察法》第24条规定："监察机关根据检查、调查结果，遇有下列情形之一的，可以作出监察决定或者提出监察建议：（一）违反行政纪律，依法应当给予警告、记过、记大过、降级、撤职、开除行政处分的……"第25条："监察机关依法作出的监察决定，有关部门和人员应当执行。"②县级以上领导机关或者公务员主管部门。根据《公务员法》第101条："对有下列违反本法规定情形的，由县级以上领导机关或者公务员主管部门按照管理权限，区别不同情况，分别予以责令纠正或者宣布无效；对负有责任的领导人员和直接责任人员，根据情节轻重，给予批评教育或者处分……"③本级人民政府。根据《地方各级人民代表大会和地方各级人民政府组织法》第59条，"县级以上的地方各级人民政府行使下列职权……（四）依照法律的规定任免、培训、考核和奖惩国家行政机关工作人员……"同样，上述法律在规定了行政机关工作人员法律责任追究权限的同时也明确了责任追究的程序。

当然，在实际的操作中，可能还存在一些特殊的有权主体，例如，若行政法律责任表现为取消执法资格的，则由发证机关决定，《湖南省行政程序规定》第171条就有类似的规定，"取消行政机关工作人员执法资格的，由发证机关决定"。

综上分析，本研究认为，政府服务法律责任的追究可以借鉴现行《湖南省行政程序规定》第171条的有关规定，而无须另起炉灶，即政府服务行政法律责任追究机关按照下列权限进行责任追究：（一）对行政机关给予行政处理的，由本级人民政府或者其上级行政机关决定；（二）对行政机关工作人员给予告

---

① 《中华人民共和国行政监察法》第23条 监察机关根据检查、调查结果，遇有下列情形之一的，可以提出监察建议：（一）拒不执行法律、法规或者违反法律、法规以及人民政府的决定、命令，应当予以纠正的；（二）本级人民政府所属部门和下级人民政府作出的决定、命令、指示违反法律、法规或者国家政策，应当予以纠正或者撤销的；（三）给国家利益、集体利益和公民合法权益造成损害，需要采取补救措施的；……

② 秦前红，石泽华.《监察法》派驻条款之合理解释[J].法学,2018(12).

诚、道歉、通报批评、离岗培训、调离岗位处理的，由本行政机关决定或者由任免机关决定；（三）取消行政机关工作人员执法资格的，由发证机关决定；（四）对行政机关工作人员依法依纪应当采取组织处理措施的，按照管理权限和规定程序办理；（五）对行政机关工作人员给予行政处分的，由任免机关或者监察机关决定，按照管理权限和规定程序办理。

二、法律授权或委托的主体和社会组织提供公共服务的法律责任

对于法律授权的主体，法律授权是其实施政府服务的依据，同样，其行政法律责任的追究权限和程序也由法律规定。例如，志愿者组织可以依据法律、法规的授权提供政府服务，其行政法律责任的追究也有授权法规定。如《浙江省志愿者服务条例》第 30 条规定："违反本条例规定，利用志愿服务组织、志愿者或者以志愿服务组织、志愿者的名义、志愿服务标识进行非法活动或者营利性活动的，由民政、工商行政管理、劳动和社会保障、公安等部门按照职责依法追究法律责任。"但值得指出的是，并非任何法律授权的主体均存在行政法律责任及承担问题，例如，村民委员会、居民委员会承担着一部分公共服务的职能，其提供政府服务的宪法依据是《宪法》第 111 条第 2 款，"居民委员会、村民委员会设人民调解、治安保卫、公共卫生等委员会，办理本居住地区的公共事务和公益事业，调解民间纠纷，协助维护社会治安，并且向人民政府反映群众的意见、要求和提出建议"。此外，《村民委员会组织法》《城市居民委员会组织法》中也有相关规定。但是，村民委员会、居民委员会却不应当成为行政法律责任的主体，因为其属于自我管理、自我教育、自我服务的基层群众性自治组织，现行宪法和基本法均未对其设定行政法律责任。

对于受委托的主体，行政机关的委托是其实施政府服务的依据，其责任的追究应由委托机关行使。也就是说，对于受委托主体的法律责任追究要进行两种分析，一是对外而言，由于受委托的主体对外不具有独立主体资格，因此其行为的后果由委托的行政机关承担；二是对内而言，受委托的主体可以成为最终责任的承担者。因为在委托的行政机关承担责任后，该机关或其他有权机关有权依法追究受委托主体的法律责任。值得指出的是，前面提到，作为法律授权的主体，村民委员会、居民委员会不是行政法律责任的主体，但如果其作为受委托的主体，则可能有行政法律责任及承担问题，责任的追究由委托机关进行。

参考文献

（一）中文论文

[1] 舒国滢. 求解当代中国法学发展的"戴逸之问"——舒国滢教授访谈录[J]. 北方法学，2018(4).

[2] 张鹏. 我国公共图书馆服务均等化问题与对策研究[J]. 图书馆工作与研究，2018(S1).

[3] 秦前红，石泽华.《监察法》派驻条款之合理解释[J]. 法学，2018(12).

[4] 孙晓莉，宋雄伟，雷强. 改革开放 40 年来我国基本公共服务发展研究[J]. 理论探索，2018(5).

[5] 赵浩华. 欧洲福利国家制度变迁研究[D]. 哈尔滨：黑龙江大学，2018.

[6] 张文显. 法理：法理学的中心主题和法学的共同关注[J]. 清华法学，2017(4).

[7] 王进文."人的尊严"义疏：理论溯源、规范实践与本土化建构[J]. 中国法律评论，2017(2).

[8] 翟翌. 行政特许法律关系新论[J]. 比较法研究，2016(5).

[9] 盛喜，毛俊响. 基本公共服务权利的性质和内容[J]. 湖南警察学院学报，2015(5).

[10] 马俊驹. 我国人格权基础理论与立法建构的再思考[J]. 晋阳学刊，2014(2).

[11] 汪太贤. 权利泛化与现代人的权利生存[J]. 法学研究，2014(1).

[12] 陈柏峰. 群体性涉法闹访及其法治[J]. 法制与社会发展，2013(4).

[13] 罗伯特·平克."公民权"与"福利国家"的理论基础：T. H. 马歇尔福利思想综述[J]. 刘继同，译. 社会福利，2013(1).

[14] 鲁伊. 重访蒂特马斯[J]. 三联生活周刊，2012(43).

[15] 雍正江. 论古代雅典的非公民妇女[J]. 贵州社会科学，2012(3).

[16] 武磊. 论国家主权的限制[D]. 重庆：西南政法大学，2012.

[17] 贺雪峰. 乡村的去政治化及其后果——关于取消农业税后国家与农民关系的一个初步讨论[J]. 哈尔滨工业大学学报(社会科学版)，2012(1)

[18] 杨清望. 公共服务的"意义"探析与内容重构[J]. 法律科学，2012(4).

[19] 陈柏峰. 无理上访与基层法治[J]. 中外法学，2011(2)

[20] 吕明.刚性维权与动态维稳——"权利本位说"在维稳时代所遭遇的挑战[J].法律科学（西北政法学院学报），2011(4).

[21] 周学荣.英国公共服务改革及其启示[J].国家行政学院学报，2010(6).

[22] 杨清望.权利的根基——兼评《实用主义、权利和民主》和《可操作的权利》[J].山东科技大学学报(人文社科版)，2010(5).

[23] 陈云良.服务型政府的公共服务义务[J].人民论坛，2010(29).

[24] 于建星."非公民"意识论——兼论臣民意识与惰民意识之异同[J].河北工程大学学报，2010(4).

[25] 申端锋.乡村治权与分类治理：农民上访研究的范式转换[J].开放时代，2010(6).

[26] 邓正来.中国模式的精髓——生存性智慧[J].社会观察，2010(12).

[27] 黄文艺.中国特色社会主义法律体系理论的总结与反思[J].河南社会科学，2010(5).

[28] 徐云俏.浅析现行分税制体制下地方政府"土地财政"的必然性[J].经营管理者，2010(21).

[29] 孙兵.公众参与：服务行政的合法证成与动力供给[J].河北法学，2010(7).

[30] 郭道晖.社会权力：法治新模式与新动力[J].学习与探索，2009(5).

[31] 江必新.行政法学研究如何回应服务型政府的实践[J].现代法学，2009(1).

[32] 柳砚涛.授益行政领域个人义务研究[J].山东大学学报(哲学社会科学版)，2009(1).

[33] 国家发展改革委宏观经济研究院课题组.促进我国的基本公共服务均等化[J].宏观经济研究，2008(5).

[34] 中国(海南)改革发展研究院.加快推进基本公共服务均等化(12条建议)[J].经济研究参考，2008(3).

[35] 闫平.文化产品和服务的公共性与公益就性文化事业建设[J].山东社会科学，2008(12).

[36] 高培勇.公共财政：概念界说与演变脉络[J].经济研究，2008(12).

[37] 梁迎修.方法论视野中的法律体系与法律思维[J].政法论坛，2008，26(1).

[38] 肖北庚.法律保留实质是权利保留[J].现代法学，2008(2).

[39] 童腾飞.欧洲国家公共服务平台建设情况[J].中国行政管理，2008(6).

[40] 靳永翥.德国地方政府公共服务机制改革与机制创新探微[J].中国行政管理，2008(1).

[41] 句华.美国地方政府公共服务合同外包的发展趋势及其启示[J].中国行政管理，2008(7).

[42] 于建嵘.当代中国农民的"以法抗争"——关于农民维权活动的一个解释框架[J].文史博览(理论)，2008(12).

[43] 范健.试论实现"基本公共服务均等化"的法制基础[J].甘肃理论学刊，2008(3).

[44] 董海军."作为武器的弱者身份"：农民维权抗争的底层政治[J].社会，2008(4).

[45] 贾康.以扁平化改革作为改造我国现行财政体制的切入点[J].中国金融，2008(8).

[46] 马歇尔.公民身份与社会阶级[M]//郭忠华，刘训练.公民身份与社会阶级.南京：江苏

人民出版社,2007.

[47] 吴毅."权力—利益的结构之网"与农民群体性利益的表达困境——对一起石场纠纷案例的分析[J].社会学研究,2007(5).

[48] 邹晓东.从公共服务的政府垄断到多样化供给[D].上海：复旦大学,2007.

[49] 安体富.完善公共财政制度逐步实现公共服务均等化[J].东北师大学报(哲学社会科学版),2007(3).

[50] 莫于川,郭庆珠.论现代服务行政与服务行政法——以我国服务行政法律体系建构为重点[J].法学杂志,2007(2).

[51] 范会君,柳学信,王家.英国、德国市政公用事业监管的经验及对我国的启示[J].经济与管理研究,2007(8).

[52] 张树义,蔡乐谓.回归与重构：服务行政在中国的源起[J].政法论坛,2007(2).

[53] 饶静,叶敬忠.税费改革背景下乡镇政权的"政权依附者"角色和行为分析[J].中国农村观察,2007(4).

[54] 曾维和.当代美国公务员职业精神及其启示[J].中国行政管理,2007(3).

[55] 吴水洁.析马歇尔的社会权利与公民权利矛盾[J].理论界,2007(4).

[56] 江民融.公共服务均等化问题研究[D].厦门：厦门大学,2007.

[57] 李向平.从"人民内部矛盾"到"公共供给不足"——中国当代社会主要矛盾的转移[J].江苏行政学院学报,2007(5).

[58] 党秀云,周晓丽.论德国公共服务改革及其对我国的启示[J].四川行政学院学报,2007(1).

[59] 杨清望.社会转型与物权法精神的现代化[J].政法论坛,2007(5).

[60] 王从虎.我国服务型政府的行政法分析[J].中国行政管理,2007(6).

[61] 袁宏曙.服务型政府互换公法转型——论通过公法变革优化公共服务[J].中国法学,2006(3).

[62] 冯为民,王名晖,李嘉荣.我国西部城市基础设施社会化融资体系研究[J].武汉理工大学学报(信息与管理工程版),2006(6).

[63] 陈云良.转轨经济法学：西方范式与中国现实之抉择[J].现代法学,2006(3).

[64] 周飞舟.从汲取型政权到"悬浮型"政权——税费改革对国家与地方关系之影响[J].社会学研究,2006(3).

[65] 张闫龙.财政分权与省以下政府间关系的演变——对20世纪80年代A省财政体制改革中政府间关系变迁的个案研究[J].社会学研究,2006(3)

[66] 高小平,林震.澳大利亚公共服务发展与改革[J].中国行政管理,2005(3).

[67] 吴汉东.论财产权体系——兼论民法典中的"财产权总则"[J].中国法学,2005(2).

[68] 唐铁汉,李军鹏.公共服务的理论演变与发展过程[J].新视野,2005(6).

[69] 齐勇峰.论市场经济条件下公共文化服务事业的改革和发展[C]//文化部社图司,中国文化报社.中国公共文化服务体系建设论丛("全国公共文化服务体系建设交流研讨会"会议论文集).2005.

[70] 国务院发展研究中心课题组.中国政府间财政转移支付制度的现状、问题与完善[J].经济要参,2005(28).

[71] 吴伟达.论设置自然垄断产业政府管制机构[J].政法论坛,2005(03).

[72] 周志忍.英国执行机构改革及其对我们的启示[J].中国行政管理,2004(7).

[73] 余晖.论行政体制改革中的政府监管[J].江海学刊,2004(1).

[74] 古力,余军.行政法律责任的规范分析——兼论行政法学研究方法[J].中国法学,2004(5).

[75] 王学庆.垄断性行业的政府管制问题研究[J].管理世界,2003(8).

[76] 周洪敬.服务行政——公共行政的新方向[J].党政论丛,2002(3).

[77] 黄金富.论行政法律责任的转化[J].行政与法,2002(8).

[78] 武守志.权力机制与传统中国[J].社会·经济·科学,2002(2).

[79] 吴泽波.城市基础设施投资体制改革对策[J].中国投资,1999(9).

[80] 崔卓兰.行政法观念更新试论[J].吉林大学社会科学学报,1995(5).

[81] 关信平.西方"福利国家之父"——贝弗里奇——兼论《贝弗里奇报告》的诞生和影响[J].社会学研究,1993(6).

[82] 梁慧星.论民事责任[J].中国法学,1990(3).

[83] 钱家骏,毛立本.要重视国民经济基础结构的研究和改善[J].经济管理,1981(3).

(二)中文著作

[1] 阿瑟·塞西尔·庇古.福利经济学[M].金镝,译.北京:华夏出版社,2017.

[2] 习近平:决胜全面建成小康社会,夺取新时代中国特色社会主义伟大胜利[M].北京:人民出版社,2017.

[3] 密尔.功利主义[M].徐大建,译.北京:商务印书馆,2014.

[4] 亚里士多德.尼各马可伦理学[M].廖申白,译.北京:商务印书馆,2013.

[5] 边沁.道德与立法原理导论[M].时殷弘,译.北京:商务印书馆,2012.

[6] 郭春镇.法律父爱主义及其对基本权利的限制[M].北京:法律出版社,2010.

[7] 李林.新中国立法60年[M]//李林.新中国法治建设与法学发展60年.北京:社会科学文献出版社,2010.

[8] 丁元竹.向社会共同体——丁元竹谈社会建设[M].北京:中国友谊出版公司,2010.

[9] 詹姆斯·M.布坎南.公共物品的需求与供给[M].马珺,译.上海:上海人民出版社,2009.

[10] 孟德斯鸠.论法的精神(第一卷)[M].许明龙,译.北京:商务印书馆,2009.

[11] 仇保兴,王俊豪,等.市政公用事业监管体制与激励性监管政策研究[M].北京:中国社会科学出版社,2009.

[12] 曹现强.当代英国公共服务改革研究[M].济南:山东人民出版社,2009.

[13] 安瓦·沙.公共服务提供[M].孟华,译.北京:清华大学出版社,2009.

[14] 徐贲.通往尊严的公共生活:全球正义和公民认同[M].北京:新星出版社,2009.

［15］张五常.中国的经济制度［M］.北京：中信出版社，2009.

［16］保罗·萨缪尔森，威廉·诺德豪斯.经济学［M］.18 版.萧琛，等译.北京：人民邮电出版社，2008.

［17］全国人大常委会法制工作委员会行政法室.中华人民共和国科学技术进步法解读［M］.北京：中国法制出版社，2008.

［18］张曙光.中国制度变迁的案例研究（第六集）［M］.北京：中国财政经济出版社，2008.

［19］托马斯·伯根索尔，黛娜·谢尔顿，戴维·斯图尔特.国际人权法精要［M］.黎作恒，译.北京：法律出版社，2008.

［20］张翔.基本权利的规范构建［M］.北京：高等教育出版社，2008.

［21］汪自成.论服务型政府的合法性［M］.长春：吉林大学出版社，2008.

［22］孙晓莉.中外公共服务体制比较［M］.北京：国家行政学院出版社，2007.

［23］龚向和.作为人权的社会权：社会权法律问题研究［M］.北京：人民出版社，2007.

［24］夏勇.人权概念起源：权利的历史哲学［M］.北京：中国社会科学出版社，2007.

［25］敖双红.公共行政民营化法律问题研究［M］.北京：法律出版社，2007.

［26］亚当·斯密.国富论［M］.北京：新世界出版社，2007.

［27］李军鹏.公共服务学——政府公共服务的理论与实践［M］.北京：国家行政学院出版社，2007.

［28］张志勇.行政法律责任探析［M］.上海：学林出版社，2007.

［29］赵成根.新公共管理改革——不断塑造新的平衡［M］.北京：北京大学出版社，2007.

［30］赵新峰，宋立根.地方政府公共服务部门改革研究［M］.北京：人民出版社，2007.

［31］刘星.服务型政府：理论反思与制度创新［M］.北京：中国政法大学出版社，2007.

［32］赫尔南多·德·索托.另一条道路［M］.于海生，译.北京：华夏出版社，2007.

［33］陈共.财政学［M］.5 版.北京：中国人民大学出版社，2007.

［34］李军鹏.公共服务学［M］.北京：国家行政学院出版社，2007.

［35］任治俊，陈学明.美国公共管理研究［M］.成都：西南财经大学出版社，2007.

［36］井敏.构建服务型政府：理论与实践［M］.北京：北京大学出版社，2006.

［37］梅格纳德·德赛.公共产品：一个从历史角度的探讨［M］//英吉·考尔，等.全球化之道——全球公共产品的提供与管理.北京：人民出版社，2006.

［38］埃莉诺·奥斯特罗姆.公共事务的治理之道——集体行动制度的演进［M］.余逊达，陈旭东，译.上海：上海译文出版社，2012.

［39］霍菲尔德.基本法律概念［M］.张书友，译.北京：中国法制出版社，2006.

［40］张文显.二十世纪西方法哲学思潮研究［M］.北京：法律出版社，2006.

［41］余凌云.行政契约论［M］.北京：中国人民大学出版社，2006.

［42］陈振明，等.竞争型政府——市场机制与工商管理技术在公共部门管理中的应用［M］.北京：中国人民大学出版社，2006.

［43］姜明安.行政法与行政诉讼法［M］.北京：北京大学出版社，高等教育出版社，2005.

［44］陈新民.行政法学总论［M］.8 版.台北：三民出版社，2005.

[45] 詹镇荣.民营化法与管制革新[M].台北:元照出版社,2005.

[46] 吴经熊.法律哲学研究[M].北京:清华大学出版社,2005.

[47] 富勒.法律的道德性[M].郑戈,译.北京:商务印书馆,2005.

[48] 詹姆斯·L.多蒂,德威特·R.李.市场经济读本[M].林季红,等译.南京:江苏人民出版社,2005.

[49] 珍妮特·V.登哈特,罗伯特·B.登哈特.新公共服务:服务,而不是掌舵[M].丁煌,译.北京:中国人民大学出版社,2004.

[50] 史蒂芬·霍尔姆斯,凯斯·R.桑坦斯.权利的成本——为什么自由依赖于税[M].毕竞悦,译.北京:北京大学出版社,2004.

[51] 博登海默.法理学:法律哲学与法律方法[M].邓正来,译.北京:中国政法大学出版社,2004.

[52] 朱新力.行政法律责任研究——多元视角下的诠释[M].北京:法律出版社,2004.

[53] 张文显.法理学[M].北京:高等教育出版社,2003.

[54] 韦恩·莫里森.法理学——从古希腊到后现代[M].李桂林,等译.武汉:武汉大学出版社,2003.

[55] 张维迎.信息、信任与法律[M].北京:生活·读书·新知三联书店,2003.

[56] 哈贝马斯.在事实与规范之间——关于法律与民主法治国的商谈理论[M].童世骏,译.北京:生活·读书·新知三联书店,2003.

[57] 邵沙平,余敏友.国家法问题专论[M].武汉:武汉大学出版社,2002.

[58] 科斯塔斯·杜兹纳.人权的终结[M].郭春发,译.南京:江苏人民出版社,2002.

[59] 萨瓦斯.民营化与公私部门的伙伴关系[M].周志忍,等译.北京:中国人民大学出版社,2002.

[60] 阿玛蒂亚·森.以自由看待发展[M].任赜,于真,译.北京:中国人民大学出版社,2002.

[61] 詹姆斯·C.斯科特.农民的道义经济学:东南亚的反叛与生存[M].程立显,刘建,等译.南京:译林出版社,2001.

[62] 桑德尔.自由主义与正义的局限[M].万俊人,等译.南京:译林出版社,2001.

[63] 陈新民.公法学札记[M].北京:中国政法大学出版社,2001.

[64] 陈新民.德国公法学基础理论(下册)[M].济南:山东人民出版社,2001.

[65] 文森特·奥斯特罗姆.多中心[M]//迈克尔·麦金尼斯.多中心体制与地方公共经济.毛寿龙,译.上海:三联书店,2000.

[66] 俞可平.治理与善治[M].北京:社会科学文献出版社,2000.

[67] 安东尼·吉登斯.现代性的后果[M].田禾,译.南京:译林出版社,2000.

[68] 哈特穆特·毛雷尔.行政法学总论[M].高家伟,译.北京:法律出版社,2000.

[69] 许宗力.基本权的功能与司法审查[M]//许宗力.宪法与法治国行政.台北:元照出版公司,1999.

[70] 格德门德尔·阿尔弗雷德松,阿斯布佐恩·艾德.《世界人权宣言》:努力实现的共同

标准[M].中国人权研究会,译.成都:四川人民出版社,1999.

[71] 杨建顺.日本行政法通论[M].北京:中国法制出版社,1998.

[72] 胡建淼.行政法学[M].北京:法律出版社,1998.

[72] 刘楠来,等.人权的普遍性与特殊性[M].北京:社会科学文献出版社,1996.

[74] 奥尔森.集体行动的逻辑[M].陈郁,等译.上海:格致出版社,上海三联书店,上海人民出版社,1995.

[75] 罗伯特·诺齐克.无政府、国家与乌托邦[M].何怀宏,等译.北京:中国社会科学出版社,1991.

[76] 约翰·斯图亚特·穆勒.政治经济学原理(下卷)[M].北京:商务印书馆,1991.

[77] 罗尔斯.正义论[M].何怀宏,何包钢,廖申白,译.北京:中国社会科学出版社,1988.

[78] 陈世材.国际组织——联合国体系的研究[M].北京:中国友谊出版公司,1986.

[79] 托马斯·霍布斯.利维坦[M].黎思复,黎廷弼,译.北京:商务印书馆,1985.

[80] 大卫·休谟.人性论[M].关文运,译.北京:商务印书馆,1980.

[81] 洛克.政府论(下)[M].叶启芳,瞿菊农,译.北京:商务印书馆,1970.

[82] 黑格尔.法哲学原理[M].范扬,张企泰,译.北京:商务印书馆,1970.

[83] 丁建定.英国济贫法制度史[M].北京:人民出版社,2014.

(三)英文文献

[1] Yakita A. Population Aging, Fertility and Social Security[J]. Population Economics, 2017.

[2] Ditch J. Introduction to Social Security: Policies, Benefits and Poverty[J]. Health & Social Care in the Community, 2015, 10(1): 60–60.

[3] Hayashi M. Forecasting Welfare Caseloads: The Case of the Japanese Public Assistance Program[J]. Socio-Economic Planning Sciences, 2014, 48(2): 105–114.

[4] Wolf F, Zohlnhöfer R, Wenzelburger G. The Politics of Public and Private Pension Generosity in Advanced Democracies[J]. Social Policy & Administration, 2014, 48(1): 86–106.

[5] Mechelen B C N V. Cracks in a Policy Paradigm-poverty Reduction and Social Security: the Case of Belgium[J]. International Review of Sociology, 2014, 24(2): 270–290.

[6] Yew S L, Zhang J. Socially Optimal Social Security and Education Subsidization in a Dynastic Model with Human Capital Externalities, Fertility and Endogenous Growth[J]. Journal of Economic Dynamics & Control, 2013, 37(1): 154–175.

[7] Zhang S, Levin D C, Halpern E J, et al. The Study on the Influencing Factors of Chinese Residents Willingness to Participate in Community Micro-public Welfare Activities[C]// International Conference on Management of E-commerce & E-government. 2013.

[8] Michael Sullivan Justifying Limitations on the "Right" to Exclude Non-Citizens. Mary's University 2012 APSA Meeting-New Orleans 31 August 2012.

[9] Castles F, Mckinlay R D. Does Politics Matter: an Analysis of the Public Welfare Commitment in Advanced Democratic States[J]. European Journal of Political Research, 2010, 7(2): 169

—186.

[10] Daniel P. L. Chong, Five Challenges to Legalizing Economic and Social Rights, Human Rights Review (2009).

[11] Centralization, Organizational Strategy, and Public Service Performance. Journal of Public Administration Research and Theory, Vol. 19, Issue 1, 2009.

[12] Organizational Learning and Knowledge in Public Service Organizations: A Systematic Review of the Literature. International Journal of Management Reviews, Vol. 11, Issue 4, December 2009.

[13] Ming-Sung Kuo, Between Fragmentation and Unity: The Uneasy Relationship between Global Administrative Law and Global Constitutionalism. San Diego International Law Journal, Vol. 10, 2009.

[14] Jacob E. Gersen and Anne Joseph O'Connell, Deadlines in Administrative Law. University of Pennsylvania Law Review, 2008.

[15] Informal Procedure, Hard and Soft, in International Administration. Chicago Journal of International Law, Vol. 5, 2008.

[16] Public Service Expenditures as Compensating Differentials in U. S. Metropolitan Areas: Housing Values and Rents. Cityscape, Vol. 9, No. 1, 2007.

[17] Warren E, Baum S, Sitaraman G. Service Pays: Creating Opportunities by Linking College with Public Service. Harvard Law and Policy Review, Vol. 1, No. 1, 2007.

[18] Compulsory Labor in a National Emergency: Public Service or Involuntary Servitude? The Case of Crippled Ports. Berkley Journal of Employment and Labor Law, Vol. 28, No. 2, 2007.

[19] SchultzBressman L. Procedures as Politics in Administrative Law. Columbia Law Review, December 2007.

[20] Benvenisti E. The Interplay between Actors as a Determinant of the Evolution of Administrative Law in International Institutions. Law and Contemporary Problems, 2005.

[21] Alfred C. Aman Jr. , Privatization, Prisons, Democracy and Human Rights: The Need to Extend the Province of Administrative Law. Indiana Journal of Global Legal Studies, Vol. 12, 2005.

[22] Chavez D. Beyond the Market: the Future of Public Services. Public Services Yearbook, 2005. 6.

[23] Vinodh J. Public Interest Litigation Strategies for Advancing Human Rights in Domestic Systems of Law. International Journal on Human Rights, 2004.

[24] Engler R. Normalcy After 9/11: Public Service as the Crisis Fades. Fordham Urban Law Journal, Vol. 31, p. 983, 2004.

[25] Boyne G. A "3Rs" Strategy for Public Service Turnaround: Retrenchment, Repositioning and Reorganization. Public Money & Management, Vol. 24, No. 2, April 2004.

［26］ Changing Public Service Organizations: Current Perspectives and Future Prospects. British Journal of Management, Vol. 14, No. S1, December 2003.

［27］ Libby A M. Contracting Between Public And Private Providers: A Survey of Mental Health Services in California, Administration and Policy in Mental Health, Vol. 24, No. 4, March 1997.

［28］ Grindle M S. The Good Government Imperative: Human Resources, Organizations, and Institutions[C]. Harvard University Press, 1997.

［29］ Perry J L. Measuring Public Service Motivation: an Assessment of Construct Reliability and Validity. Journal of Public Administration Research and Theory, January 1996, p.5.

［30］ Rabin M. Incorporating fairness into game theory and economics. The American Economic Review, Vol. 83, No. 5 (Dec., 1993), pp. 1281 – 1302.

［31］ Christine K. Institutional Options for the Provisions of Infrastructure [J]. World Bank Discussion Paper212. Washington, D. C, 1993: 81.

［32］ Perry J L, Wise L R. The Motivation Bases of Public Service. Public Administration Review, May/June, 1990: 368.

［33］ Bogdanor V. The Blackwell Encyclopedia of Political Institutions. Basil Blackwell Ltd, 1987.

［34］ David Coats D, Passmore E. Public Value: The Next Steps in Public Service Reform[M]. London: The Work Foundation, 2008: 56.

［35］ Kamarck E C. Globalization and Public Administration Reform[M]//Nye J S, Donahue J D. Governance in a Globalizing World. Washington DC: Brookings Institution Press, 2000.

［36］ Donders Y. Foundations of Collective Cultural Rights in International Human Rights Law [M]. Amsterdam Law School Legal Studies Research Paper No. 2015 – 23, p. 18.

［37］ Komori T, Wellens K. Public Interest Rules of International Law[M]. Ashgate Publishing Company, 2009.

［38］ Graham J. A Well-Tailored Safety Net: the Only Fair and Sensible Way to Save Social Security. Greenwood publishing group, 2009.

［39］ Elhauge E. Statutory Default Rules: How to Interpret Unclear Legislation[M]. Harvard University Press, Cambridge, Massachusetts, and London, England, 2008.

［40］ Perry J L. Hondeghem A. Motivation in Public Management: the Call of Public Service[M]. Oxford University Press, 2008.

［41］ Jaquith A. Security Metrics: Replacing Fear, Uncertainty and Doubt, Pearson Education, Inc, 2007.

［42］ Robin C. Fear: the History of a Political Idea[M]. Oxford University Press, 2004.

［43］ Batley R, Larbi G. The Changing Role of Government[M]. University of Birmingham, UK, 2003.

［44］ Davies H T O, Nutley S M, Smith P C. What Works? Evidence-based Policy and Practice in Public Services[M]. The Policy Press, 2000.

［45］Prosser T. Public Service Law：Privatization's Unexpected Offspring［M］. Law and Contemporary Problems, Vol. 63, No. 4, Public Perspectives on Privatization (Autumn, 2000), pp. 63 – 64.

［46］Francois P. Public Service Motivation' as An Argument for Government Provision［M］. Journal of Public Economics, Volume 78, Issue 3, November 2000, p. 275.

［47］Lauterpacht H. Sovereignty and Human Rights［M］//Lauterpacht E. International Law, Being the Collected Papers of Hersch Lauterpacht. Vol. 3, Cambridge University Press, 1977.

［48］Grotius. On the Law of War and Peace［M］. Campbell A C. Batoche Books, 2001：7 – 8.

［49］Stearns J E. Voluntary Bond：The impact of habitat Ⅱ on U. S. housing policy［M］. Saint

［50］Louis University Public Law Review, 1997：419.

［51］Rowley K, Schneider F, TollIson R D. The Next Twenty-five Years of Public Choice［M］. Public Choice, Volume 77, No. I, 1993.

［52］Nowotny K, Smith D B, Trebing H M. Public Utility Regulation［M］. The Economic and Social Control of Industry, 1989.

（五）其他文件

［1］国务院.国务院关于2014年度中央预算执行和其他财政收支的审计工作报告.

［2］广东省人民政府文件粤府〔2009〕153号.印发广东省基本公共服务均等化规划纲要(2009—2020年)的通知.

［3］联合国开发计划署.中国人类发展报告2007/2008惠及13亿人的基本公共服务［M］.北京：中国对外翻译出版公司, 2008：24.

［4］贫穷人口法律赋权委员会和联合国开发计划署.让法律为每一个人服务. 2008.

［5］经济、社会和文化权利委员会在1999年第21届会议上所做的"一般性意见"(受教育的权利), 文件编号：HRI/GEN/1/Rev. 7, 第51段.

［6］国务院."十三五"推进基本公共服务均等化规划.

［7］国务院.基本公共服务领域中央与地方共同财政事权和支出责任划分改革方案.

［8］中共中央办公厅, 国务院办公厅.关于建立健全基本公共服务标准体系的指导意见.

后　记

　　人都要经历生、老、病、死的过程，所以自从有了人类，就有了在生存和生活等方面获得相应帮助的需要，这就是社会保障和公共服务制度产生的最初动因。总的说来，这种获得帮助的需要根源于农业文明时代人与自然的矛盾。但是自工业革命以降，人与作为最重要的生产和生存资料即土地的疏离使得人的社会关系趋于复杂，人与自然的矛盾、人与人的矛盾、人与社会的矛盾等交织在一起，现代性与后现代性时空错置，这一方面为人的发展带来了巨大机遇，另一方面也将人置于更大的不确定性和不安全的社会风险之中。作为风险管控的直接工具，公权力相应地膨胀、扩张，甚至走向其服务初衷的反面。这些多元因素的共同作用改变甚至重塑了人的境遇，人在法律人格上似乎更加独立，但是现实却很骨感甚至充满挫折，人的尊严、人性自由面临前所未有的新挑战。最终，我们要么陷入欧阳锋式对自我镜像的无限追问："我是谁？我从哪里来？我到哪里去？"要么走向市侩，陷入一场注定短暂的、自我麻木的、物欲的狂欢之中。

　　英国1601年的《济贫法案》开创了现代社会福利制度之先河，福利国家的标识一度成为资本主义国家自证合法性的王牌（Trump）。西方经济学界、行政管理学界一直都有关于社会保障提供的市场优先与国家（政府）义务的争论。不过从其理论预设上看，基本都是秉持福斯多夫的"生存照顾"理念，亦即认为社会保障和公共服务是国家和社会对弱势群体或者"失败者"的照顾，从而，社会保障和公共服务顺乎逻辑地成为权贵"污名"的对象和笑料。卡尔·波兰尼指责福利和救助制度为人心的腐化剂。后来蒂特马斯的"普遍福利"论和马歇尔的"公民资格"论，都试图为社会福利去污名化并拓展出公共服务的附加值。但是，总的说来，其对公共服务之于人的尊严和人性自由的维护和建构意义的认识依然不足。阿玛蒂亚·森则希冀为经济发展和效率注入自由的德性因素，秘鲁著名经济学家德·索托极力挖掘底层民众创造和创新的制度保障，他在《另一条道路》中论证道："通过一种恰当而合理的法律体制，可以使资源和财富得到增长和提升……即使底层的民众也能创造财富。"但是，无论诉诸价值或

259

者效率,这仍然只是为救助穷人而提出的"功利主义"思路。其实难题不在于说服资本家鼓励人民参与财富创造,难题在于资本家不愿意承认社会福利和公共服务在德性上的崇高。所以,这些研究往往成为学术场域的欢歌与实践场域的悲鸣。人的卑微、无根感、自我迷失并没有随着现代化进程而消退。

对这些问题的思考一度是促使我从法理学专业转向关注公共服务及其法治化的重要动因,我曾经调侃我的一位朋友:"去研究什么虚头巴脑的人的尊严,远不如公共服务来得实在。"其实这不是否定人的尊严和人性自由作为根本价值诉求的崇高地位,而是说我们需要给人的尊严和人性自由找到一个护身符、一个出口。世道变迁,人心不古,后现代已经不再"迷思(myth)"启蒙,我们只能将所欲求的启蒙理念融入制度建设,找不到出口。我们的研究要么不食人间烟火、曲高和寡,要么只剩下为既有政策做背书。或许,公共服务法治化就是这个出口。

就本书形成而言,必须感谢中南大学法学院服务型政府法治化研究团队。感谢蒋建湘教授、陈云良教授、敖双红教授、毛俊响教授、李沫博士、金大宝博士等团队领导和成员给予的智识启迪和无私帮助,我们的团队随着中南大学法学院的成长而成长,同时也留下了我们不朽的情谊。感谢我的博士后导师黄健柏教授的支持,他提供的管理学研究平台让我这个法律人对公共服务的思考有了新的感悟。感谢我的研究生代秦、王现斌、张旭清、陶华强、彭文鑫、张磊等的辛苦工作和无私帮助。感谢我的家人的默默支持。感谢所有鼓励和帮助我的人。感谢上天的缘分让我们相识相聚,甚至让我们可以在公共服务法治化的领域一起书写属于我们也属于中国乃至人类命运的故事。

本书停笔之际,我的脑海又浮现出挥之不去的一幕。那是在留学美国期间,我到波士顿郊外的一所敬老院参观,目睹几乎所有老人都无助地看着天空或者大地,打发着余下的生命时光。或许他们的"法律尊严"在肉体上"存在着",但是或许他们内心的尊严早已经消失殆尽。回望我国,城镇化进程正在如火如荼推进,中华民族的伟大复兴也必将指日可待。真心希望人的尊严和人性自由也能在现代化的过程中彰显,并成为这个伟大新时代的名片。而从法律的视角研究公共服务,目的就是祈愿公共服务法治化的过程也是人的尊严和人性自由的再建构和实现过程,希望地不分南北,人无论贫贱富贵、无论男女老少,当我们每个人仰望天空或者俯首大地的时候,脸上写着的不是失落和无助,而是希望和梦想。

杨清望

2020 年 1 月 11 日

于中南大学法学院"清读学园"